Volker Detlef Heydorn
Nachrichtennahaufklärung (Ost) und sowjetrussisches
Heeresfunkwesen bis 1945

Einzelschriften zur militärischen Geschichte
des Zweiten Weltkrieges

28

Herausgegeben vom Militärgeschichtlichen Forschungsamt

Volker Detlef Heydorn

Nachrichtennahaufklärung (Ost) und sowjetrussisches Heeresfunkwesen bis 1945

 Verlag Rombach Freiburg

© 1985, Rombach: Verlagshaus KG, Freiburg im Breisgau.
1. Auflage. Alle Rechte vorbehalten. Herstellung im Rombach:
Druckhaus KG, Freiburg im Breisgau. Printed in Germany.
ISBN 3-7930-0187-3

Den Kameraden des
NAZ 292
die aus dem Osten
nicht heimgekehrt
sind

Leutnant Georg Schönrock
Karl Friedrich Blank
Cecil Brandenburg
Heinz Philipps
Kurt Möller
Josef Schlüter
Alfred Vahl

Vorwort

Zahlreiche Publikationen der Nachkriegszeit, besonders auch der letzten Jahre, haben sich mit dem weiten Feld der Nachrichtenaufklärung, ihren Methoden, Ergebnissen und Rückwirkungen auf den Verlauf des Zweiten Weltkrieges beschäftigt. Das Militärgeschichtliche Forschungsamt konnte mit dem Band 25 der vorliegenden Reihe, Hans-Otto Behrendt, »Rommels Kenntnis vom Feind im Afrikafeldzug. Ein Bericht über die Feindnachrichtenarbeit, insbesondere der Funkaufklärung«, bereits einen Erfahrungsbericht aus dem Bereich der kämpfenden Truppe auf dem nordafrikanischen Kriegsschauplatz veröffentlichen. Volker Detlef Heydorn schildert nun aus der Sicht eines Beteiligten den Dienst in einer Nachrichtennahaufklärungskompanie während des Ostfeldzuges. Seine im Kriege gemachten Aufzeichnungen konnte er durch erhalten gebliebene Akten seines Feldtruppenteils ergänzen.

Am Beispiel eines Nachrichtennahaufklärungszuges im Feldzug gegen die Sowjetunion 1941–1943 wird deutlich, daß ein wichtiger Bereich der Feindnachrichten nur durch die Improvisationskunst junger Funker erfaßt werden konnte, die mit ihrer Horchtätigkeit zunächst sogar gegen die befohlene Begrenzung ihrer Aufgabe verstießen. Arbeitsweise und Erfahrungen aus dieser Zeit sind auch im Radarzeitalter noch von Interesse.

Über das Funkwesen der Roten Armee im Zweiten Weltkrieg liegt eine zusammenfassende Darstellung nicht vor. So ist es zu begrüßen, daß der Autor aufgrund der reichen Erfahrungen, die sein Truppenteil beim Abhören sowjetrussischen Funkverkehrs machen konnte, und der verstreuten Bemerkungen in der russischen Literatur eine Darstellung vorlegt, die genügen muß, solange der Einblick in die Akten der Roten Armee verwehrt bleibt.

Dr. Othmar Hackl
Oberst i. G.
Amtschef des Militärgeschichtlichen Forschungsamts

Inhalt

Vorwort 7
Einführung 13
Begriffsbestimmungen 20

I. Teil
Entwicklung der deutschen Heeres-Nachrichtenaufklärung bis zum Sommer 1939 23
1. Frühformen bis 1914 23
2. Erster Weltkrieg 26
   a) Ostfront 26
   b) Westfront 30
   c) Vorderer Orient 38
   d) Lauschdienst – Frühform der Nachrichtennahaufklärung 40
   e) Störsender 46
   f) Funktäuschung 50
3. Nachrichtenaufklärung von 1921 bis 1939 ... 55
   a) Provisorische Fernaufklärung von 1921 bis 1924 ... 55
   b) Organisierte Fernaufklärung von 1925 bis 1936 ... 56
   c) Versuche mit organisierter Nachrichtennahaufklärung in den 30er Jahren 57
   d) Organisation der Nachrichtenaufklärung im Zweiten Weltkrieg 60

II. Teil
Die Entwicklung der Nachrichtennahaufklärung im Zweiten Weltkrieg, dargestellt an Einzelbeispielen 66
1. Die 2. (Funk-)Kompanie der Nachrichtenabteilung 292 66

2. Der Nachrichtenaufklärungszug der 2. (Funk-)Kompanie der Nachrichtenabteilung 292 73
   a) Aufstellung 73
   b) Einsatz an der Grenze 76
   c) Einsatz vom 22. Juni 1941 bis zum 11. Mai 1942 ... 83
3. Die 10. (Nachrichtennahaufklärungs-)Kompanie des Panzerarmeenachrichtenregiments 4 101
4. Nachrichtennahaufklärungskompanie 954 104
   a) Organisationsgeschichte 104
   b) Kritische Anmerkungen zur Organisation 110
5. Arbeitsweise der Nachrichtennahaufklärungskompanie 111
   a) Horchdienst 111
   b) Entzifferung 115
   c) Auswertung und Peildienst 118
   d) Lauschdienst......................... 119
   e) Verhältnis zu den Nahaufklärungstrupps der Divisionen 122
   f) Innere Führung 123
   g) Beispiele von Ergebnissen 124

III. Teil
Art und Geschichte des sowjetischen Fernmeldewesens 137
A. Sowjetisches Fernmeldewesen im Spiegel der deutschen Nachrichtennahaufklärung 137
1. Sowjetischer Funkbetrieb und -verkehr 137
2. Schlüsselverfahren......................... 141
   a) Grundsätzliches 141
   b) Sowjetische Zahlenschlüssel 146
   c) Sowjetische Rasterschlüssel 151
3. Entzifferung von sowjetischen Schlüssel- und Tarnverfahren bei der NANAK 153
   a) Rasterschlüssel 153
   b) Einfache Buchstabenchiffren 154
   c) Getarnte Landkartenkoordinaten 156

B. Geschichte des sowjetischen Fernmeldewesens im Spiegel sowjetischer und deutscher Quellen verschiedenen Grades 158
1. Sowjetisches Fernmeldewesen von 1920 bis zum 22. Juni 1941 159
   a) Sowjetisches Fernmeldewesen im Jahre 1920 159

b) Sowjetisches Fernmeldewesen während des
      1. Vierjahresplanes........................... 160
   c) Sowjetisches Fernmeldewesen während des
      2. Vierjahresplanes........................... 163
   d) Sowjetisches Fernmeldewesen während der
      verschleierten Mobilmachung.................. 168
   e) Sowjetische Nachrichtenaufklärung 178
2. Sowjetisches Fernmeldewesen während des Feldzuges
   1941 185
   a) Verbindungsschwierigkeiten und -zusammenbrüche
      in den Grenzschlachten....................... 185
   b) Verluste an Fernmeldepersonal und -material 1941 . 192
   c) Probleme des Personalersatzes.................. 194
   d) Krise der Versorgung mit Fernmeldematerial im
      ersten Kriegsjahr 209
   e) Aussagen sowjetischer Offiziere über die Fern-
      meldesituation im Spätsommer und Herbst 1941 ... 211
3. Die Reorganisation des sowjetischen Fernmeldewesens
   von 1942 bis zum Kriegsende 218
   a) Personelle, materielle und organisatorische
      Entwicklung................................... 218
   b) Sicherung des sowjetischen Fernmeldeverkehrs
      gegen feindliche Aufklärung und Einsatz der
      Fernmeldetruppe in Angriffsschlachten........... 226

Schlußbetrachtung................................... 230
Anlagen 235
Erklärung dienstlicher Begriffe..................... 269
Abkürzungen 272
Quellen und Literatur 275

Einführung

Die US-amerikanischen Erfolge auf dem Gebiete der Funkaufklärung sowohl in früherer Zeit als auch im Zweiten Weltkriege sind in zahlreichen Publikationen freimütig dargelegt worden[1]. Seit 1974 ist auch eine Sonderleistung polnischer, französischer und englischer Kryptographen bekannt: Ihnen gelang im Zweiten Weltkrieg die Entzifferung der mit der deutschen Schlüsselmaschine »Enigma« verschlüsselten Sprüche[2].

Angesichts der bekannten hervorragenden Ergebnisse der Arbeit der westlichen Alliierten im letzten Kriege scheint die deutsche Fernmeldeaufklärung in den Hintergrund zu treten – dies jedoch zu Unrecht! General der Nachrichtentruppe a. D. Albert Praun schrieb dazu in seiner »Untersuchung«:

»Auch hier [bei den Heeresgruppen] wie bei der Armee war bis zum Jahre 1943 die Beteiligung der Nachrichtenaufklärung an der gesamten Feindaufklärung auf 75 % gestiegen und hielt sich mindestens so bis in die letzten Wochen des Krieges, wo einschließlich der genannten Fernsprechaufklärung die Verbände der deutschen Nachrichtentruppe 95 % aller Feindaufklärung brachten[3].«

---

[1] Zu ihnen zählt Ladislas Farago, The Broken Seal, deutsch: Codebrecher am Werk. Trotzdem kam es zu Pearl Harbor, Berlin 1967.

[2] Ausführlich darüber: Die Funkaufklärung und ihre Rolle im Zweiten Weltkrieg, hrsg. von Jürgen Rohwer und Eberhard Jäckel, Stuttgart 1979, sowie bei Ronald Lewin, Entschied Ultra den Krieg? Die alliierte Funkaufklärung im Zweiten Weltkrieg, hrsg. und mit einem Vorwort versehen von Jürgen Rohwer, Bonn 1981.

[3] Praun (im Zweiten Weltkrieg Nachrichtenführer hoher Kommandobehörden und zuletzt Chef H. Nachr. W. im OKH und Chef des Wehrm.Nachrichtenverbindungswesen): Eine Untersuchung über den Funkdienst des russischen, britischen und amerikanischen Heeres im Zweiten Weltkrieg vom deutschen Standpunkt aus (zusammen mit Kunibert Randewig), ungedr. Manuskript, im Auftrag der Historical Division, Headquarters, United States Army, Europe, 1950, P–038, S. 33 (Bibliothek der Führungsakademie der Bundeswehr, Hamburg).

Zwar finden sich in zahlreichen Biographien sowie in wissenschaftlichen und populären Veröffentlichungen zu den Ereignissen zwischen 1939 und 1945 Hinweise auf die außergewöhnlichen Arbeitsergebnisse der damals im Horch-, Lausch- und Peildienst eingesetzten Formationen, zwar hat die Funkaufklärung der Marine in den trefflichen Schriften von Heinz Bonatz eine zusammenfassende Darstellung gefunden[4], doch steht eine umfassende Veröffentlichung über die Nachrichtenaufklärung des Heeres noch aus, wenn auch bereits bedeutende Vorarbeiten hierfür geleistet worden sind[5].

Das Schwergewicht der bisherigen Publikationen über die Nachrichtenaufklärung des Heeres liegt auf der Fernaufklärung und hier speziell auf ihrer Entwicklung und auf der bei ihr durchgeführten Endauswertung der Ergebnisse, d. h. auf jenem Teil der Nachrichtenaufklärung, der sich mit dem gegnerischen Fernmeldeverkehr im operativen Bereich befaßt.

Einen hohen Anteil an der Feindaufklärung – auch im operativen Bereich – hatte jedoch auch die Nachrichtennahaufklärung, deren Aufgabe die Überwachung des feindlichen Fernmeldewesens von der vorderen Front bis zur Armee-Ebene war.

Wenn man von dem Sonderfall des Einsatzes einer Fernaufklärungskompanie in der Nahaufklärung seit dem 25. Februar bzw. 24. April 1941 beim Afrikakorps absieht[6], so sind die Leistungen der Nachrichtennahaufklärung publizistisch kaum berücksichtigt worden. Nur in Divisionsgeschichten, in der Memoirenliteratur oder in mehr populären Darstellungen werden sie hin und wieder erwähnt.

---

[4] Die deutsche Marine-Funkaufklärung 1914–1945, Darmstadt 1970 (= Beiträge zur Wehrforschung, Bd 20/21), und (posthum erschienen): Seekrieg im Äther. Die Leistungen der Marine-Funkaufklärung 1939–1945, hrsg. im Auftrag des Arbeitskreises für Wehrforschung und der Bibliothek für Zeitgeschichte von Jürgen Rohwer, Herford 1981.

[5] Zu ihnen gehören u. a. die Arbeiten von Leo Hepp, Kunibert Randewig, Albert Praun, Karl Heinz Wildhagen, Wilhelm Arnold, Reinhard Gehlen, Manfred Kehrig, die verschiedenen Beiträge in: Die Funkaufklärung und ihre Rolle, und schließlich die Arbeit von Hans-Otto Behrendt (siehe Literaturverzeichnis).

[6] Hans-Otto Behrendt, Rommels Kenntnis vom Feind im Afrikafeldzug. Ein Bericht über die Feindnachrichtenarbeit, insbesondere die Funkaufklärung, Freiburg 1980 (= Einzelschriften zur militärischen Geschichte des Zweiten Weltkrieges, Bd 25).

Wesentlicher Grund hierfür ist, daß die Feind- bzw. Funklagemeldungen der Nahaufklärung bei den übergeordneten Stellen der Nachrichtenaufklärung in die Ergebnisse der Nachrichtenfernaufklärung eingeflossen sind, ohne als Leistungen der Nahaufklärung erkenntlich zu sein.

Auch über die Entwicklung der Nahaufklärung wird in Publikationen lediglich festgestellt, daß es sie gegeben hat und daß ihre Keimzellen, die von den Divisionen aufgestellten Nachrichtenaufklärungszüge, die sogenannten NAZ, 1942 zu Nachrichtennahaufklärungskompanien zusammengefaßt wurden.

Umfangreichere Aussagen über die Nahaufklärung befinden sich in der oben erwähnten »Untersuchung«, die Albert Praun in Zusammenarbeit mit insbesondere Kunibert Randewig 1950 erarbeitet hat.

Die Angaben von Praun und Randewig in der genannten »Untersuchung« über Organisation, Einsatz und Arbeitsweise der Nachrichtennahaufklärung decken sich nicht immer mit der Realität. Wesentlicher Grund hierfür ist, daß die Nachrichtennahaufklärung während des Rußlandfeldzuges organisatorisch einer ständigen Entwicklung unterworfen war, die erst kurz vor Kriegsende – und dann auch nur annähernd – den geplanten Abschluß erreichte. Mitteilungen über »am grünen Tisch« festgelegte Formen kontrastieren also mit der Wirklichkeit des Einsatzes[7].

Genauere Informationen über die Tätigkeit der NAZ der Divisionen liefert auch die »Untersuchung« nicht. Der Grund hierfür ist, daß die wesentlichen Erfolgsmeldungen der NAZ den Fernaufklärungsdienststellen weitgehend verborgen geblieben sind. Nach Einarbeitung in den russischen Funkverkehr begann ihre »große« Zeit nämlich im Spätsommer und Herbst 1941. Sie besaßen keine Funkverbindungen zur Fernaufklärung, waren

---

[7] Offensichtlich sind die Angaben über die Nachrichtennahaufklärungskompanien in der »Untersuchung« ohne wesentliche eigene Erfahrung und Ermittlung niedergeschrieben worden und basieren lediglich auf dem 24. Juni 1942 vom OKH herausgegebenen Merkblatt »Die Nachrichtennahaufklärungskompanie«. Das Datum der Herausgabe dieses Merkblatts – nur wenige Wochen nach Aufstellung der Kompanien – erhärtet, daß es im wesentlichen theoretisch erarbeitet wurde. Der provisorische Charakter wird unterstrichen in Ziff. 2, wo es heißt: »Geräte- und Personalmangel haben eine ideale Ausstattung der aus Nachrichtennahaufklärungszügen zusammengezogenen Kompanie nicht zugelassen. Mängel müssen daher in Kauf genommen und durch Anpassung ausgeglichen werden.«

vielmehr auf Kradmelder angewiesen. Diese aber fielen im Herbst, Winter und Frühjahr 1941/42 völlig bzw. weitgehend aus. So konnten sich die Dienststellen der Fernaufklärung auch kein zutreffendes Bild davon machen, was bei den NAZ geschah, das heißt, die Ergebnisse der NAZ kamen unmittelbar den Feindlagesachbearbeitern der Divisionen zugute, erreichten aber nur sporadisch oder verspätet die Horchkompanien der Fernaufklärung.

Nur in Ausnahmefällen kam es zu einer direkten Zusammenarbeit der Fernaufklärung mit den NAZ. Randewig berichtet über einen solchen Ausnahmefall[8]. Er bezieht sich auf die Herbstkämpfe 1941 im Raum von Charkow, während denen die NAZ ihre selbsterworbene Leistungsfähigkeit und Kriegswichtigkeit unter Beweis stellen konnten:

»Nunmehr begann der Russe den Betrieb auf den vorderen Führungsnetzen erheblich einzuschränken. Um den Anschluß an die weitere Entwicklung nicht zu verlieren, wurden in der Erwartung, daß die russischen Truppenfunker nicht die gleiche Zurückhaltung im Funkverkehr wahren würden, die eigenen Divisionen nachdrücklich angewiesen, ihre Nachrichten-Nahaufklärungs-Züge stärker als bisher zur Wirkung zu bringen... Die eigene Auswertung erarbeitete das Feindfunkbild nunmehr von vorn nach rückwärts, statt wie bisher von rückwärts nach vorn. Diese ungewöhnliche Maßnahme führte, nachdem die Dolmetscherfrage leidlich gelöst war, zum Erfolg: aus den größtenteils schlecht vertarnten gegnerischen Sprechverkehren konnten weitreichende Schlüsse gezogen werden.«

Noch in anderer Hinsicht sollten die NAZ der Divisionen hohes Interesse der Militärgeschichtsforschung finden. Mit ihnen ist nämlich ein seltenes Beispiel dafür gegeben, wie sich autodidaktisch unter erschwerten Umständen und kriegsbedingten Behinderungen ein umfangreicher Stamm von Auswertungs-, Entzifferungs-, Horchfunk- und Nachrichtendolmetscher-Experten gebildet hat, der es ermöglichte, ohne nennenswerte Kaderabgabe seitens der Horcheinheiten ab Frühjahr 1942 insgesamt 16 leistungsfähige Nahaufklärungskompanien aufzustellen[9].

Um dieses Phänomen richtig zu würdigen, muß man sich vor Augen führen, daß ein Betriebsfunker, der sich im Frühjahr 1941 zum Aufbau eines Divisions-NAZ meldete, über Entziffe-

---

[8] Randewig, in: Praun, Untersuchung, P–038, S. 7.
[9] Vgl. Schema auf S. 65.

rung sowjetischer Schlüsselverfahren und Enttarnung verschlüsselter Koordinaten nichts, über Nachrichtenaufklärung im allgemeinen und über sowjetischen Funkbetrieb im speziellen nur einen Bruchteil dessen wußte, was im folgenden geschildert wird.

Der hier vorgelegte Versuch, das Defizit an Informationen über die Nachrichtennahaufklärung abzubauen, stellt in den Mittelpunkt einen aus ehemaliger Praxis heraus erwachsenen Erfahrungsbericht über die Entstehung und autodidaktische Ausbildung eines NAZ im Rahmen der Funkkompanie der 292. Infanteriedivision (8. Welle) und über die 10. (Nachrichtennahaufklärungs-)Kompanie des Panzerarmeenachrichtenregiments 4 – später in NANAK 954 umbenannt –, zu deren Aufstellung auch der NAZ 292 im Mai 1942 hinzugezogen wurde.

Bei der Arbeit an diesem Erfahrungsbericht stellte sich zwangsläufig die Frage nach der Entstehung der Nachrichtennahaufklärung im Rahmen der Geschichte der modernen Nachrichtenaufklärung. Ihre Beanwortung wird im ersten Teil versucht. Schließlich hat der im Rahmen des Erfahrungsberichtes behandelte Funkverkehr der sowjetischen Landstreitkräfte dazu angeregt festzustellen, was von sowjetischer Seite selbst nach dem Krieg hierüber gesagt worden ist. Auf diese Weise entstand ein dritter Teil, der sowohl Bestätigungen als auch bemerkenswerte Erklärungen über Erfahrungen der Nachrichtenaufklärung liefert. – Es ist also angestrebt worden, die Nachrichtennahaufklärung in einem umfassenderen Zusammenhang darzustellen.

Bei der Niederschrift des Erfahrungsberichts hat den Verfasser aber noch ein anderes bewegt.

Wer sich im historischen Bereich betätigt, stößt immer wieder auf die Erscheinung des Quellenschwundes. Durch Unverständnis, Nichtachtung von Nachlässen und durch Unglücksfälle verschiedenster Art treten – insbesondere in den ersten 50 bis 80 Jahren nach den Ereignissen – mit sich steigernder Geschwindigkeit Verluste an Quellen ein. Zwar verlangsamt sich später das Verlusttempo wieder, doch sind dann oftmals schon so schwerwiegende Einbußen eingetreten, daß Zeugnisse, die zunächst nur von zweitrangiger Wichtigkeit zu sein schienen, allein durch die Tatsache ihrer oft nur zufälligen Erhaltung hohe Bedeutung gewinnen. In diesem Sinne sah der Verfasser die sogenannte »Spurensicherung« ebenfalls als eine seiner Aufgaben an. Manche sehr ins einzelne gehende Schilderungen erklären sich hieraus.

Die detaillierten Angaben über die Frühzeit der 2/NA 292 haben jedoch im Rahmen dieser Arbeit noch eine wesentlich andere Bedeutung. Die kurzfristig und nahezu improvisierend aufgestellte Funkkompanie der 292. Infanteriedivision bietet in manchen Bezügen Analogien, in vielen anderen eindrucksvolles Vergleichsmaterial zu den sowjetischen Problemen in bezug auf Organisation, Ausbildungsstand, Betrieb und Verkehr einer nach Kriegsbeginn aufgestellten Funkeinheit der mittleren Ebene. Erst die naturgemäß leichter zu gewinnenden Kenntnisse über eigene Verhältnisse machen eine Vertiefung des Verständnisses für sowjetische Zustände möglich.

Der Verfasser ist seit Aufstellung des NAZ 292 – März 1941 – in der Nachrichtennahaufklärung tätig gewesen. Im Rahmen dieser Einheit hat er maßgebend mitgewirkt bei der zunächst befehlswidrig und ausschließlich autodidaktisch erfolgenden Einarbeit in das Entziffern russischer chiffrierter Texte und war dann in der 10. Kompanie des Panzerarmeenachrichtenregiments 4 (später NANAK 954) – von kurzen Unterbrechungen abgesehen – als Entzifferer, zeitweilig stellvertretender Leiter der Kompanieentzifferung, eingesetzt.

Als Unterlagen für die Niederschrift standen ihm zunächst zur Verfügung: Tagebuchnotizen, seit Mai 1941 sporadisch angefertigte Abschriften von – teilweise sogar geheimen – Unterlagen, während der Ereignisse gezeichnete Kartenskizzen mit Begleittext zur Geschichte der 292. Infanteriedivision sowie Gedächtnisprotokolle, die kurz nach dem Kriege entstanden sind.

Die erste Fassung der Niederschrift entstand bereits vor einigen Jahren. Nach Aufnahme der Aktenforschung fand der Verfasser in den Ic-Akten der 292. Division die gesammelten NAZ-Meldungen aus dem Zeitraum vom 22. Juni bis zum 31. Dezember 1941, die zum großen Teil damals von ihm selber handgeschrieben worden sind. Diese Originalmeldungen bestätigten einerseits die Richtigkeit der ersten Fassung der Niederschrift und ermöglichten andererseits ihre Ergänzung mit detaillierten Angaben über Betrieb, Verkehr und Spruchinhalt der vom NAZ überwachten sowjetischen Sender bzw. ihrer Durchgaben.

Daß diese Meldungen noch vollständig erhalten sind, ist zweifellos ein besonderer Glücksfall. Über die Tätigkeit des NAZ zwischen Januar und Mitte Mai 1942 liegen keine Originalakten mehr vor. Sie sind wahrscheinlich während der Abwehrschlacht an der Istra am 13., 14. oder 15. August 1942, als der Divisionsstab wiederholt in unmittelbare Gefahr geriet, zusammen mit anderen Akten vernichtet worden.

Der Verfasser dankt denjenigen Angehörigen der 2/NA 292 und der NANAK 954, die ihm durch bestätigende oder ergänzende Mitteilungen bei der Arbeit geholfen haben. Dankbar ist er auch für die Unterstützung, welche er beim Militärgeschichtlichen Forschungsamt besonders von Herrn Dr. Freiherr Hiller v. Gaertringen und Frau Grampe erfahren hat. Insbesondere aber gilt sein Dank dem Leiter des Bundesarchivs-Militärarchivs Freiburg, Herrn Dr. Manfred Kehrig, der ihn ermutigte, seine partiell vorliegenden Abhandlungen in größerem Rahmen zusammenzufassen, und der durch Bereitstellung von Quellenmaterial die Arbeit wesentlich erleichterte.

Begriffsbestimmungen

Nachrichtenaufklärung ist dasjenige Mittel zur Erlangung von Informationen, welches sich auf den Einbruch in fremde Fernmeldesysteme und die in ihnen gebräuchlichen Tarnungen stützt.
Die Nachrichtenaufklärung im militärischen Bereich wird heute unterteilt in Fernaufklärung und Nahaufklärung. Erstere befaßt sich mit der »Beobachtung der feindlichen operativen Funkverkehre«, letztere mit der »Beobachtung des feindlichen taktischen Funkverkehrs und des Gefechtsfunkverkehrs«[10] sowie mit dem Ablauschen des feindlichen Fernsprechverkehrs. Weiterer Unterbegriff der Nachrichtenaufklärung ist die Funkabwehr. Ihre Aufgabe ist »die Beobachtung des Funkverkehrs der feindlichen Agenten und Widerstandsgruppen«[11].
Der Begriff »Nachrichtenaufklärung« ist erst jüngeren Datums. Er wurde – vermutlich seit Beginn der Wiederaufrüstung Anfang der 30er Jahre – benutzt zur Bezeichnung der bei den Divisions-Nachrichtenabteilungen aufgestellten Züge, deren Aufgabe es war, feindlichen Funk- und Fernsprechverkehr der Truppen-Nachrichtenverbände und Divisions-Nachrichtentruppe zu überwachen. Diese Züge führten die Bezeichnung NAZ = Nachrichtenaufklärungszug[12]. Ab 1942 wurde der Begriff »Nachrichtenaufklärung« offiziell zum Oberbegriff für alle militärische Aufklärungstätigkeit mit Hilfe von Nachrichtenmitteln.

---

[10] H.Dv. g. 92, Teil I, Abschnitt IV B; H.Dv. g. 17/1 und 2; H.Dv. g. Anhang 2 (Merkblatt geh. 16b/4, Die Nachrichtennahaufklärungskompanie, vom 24. 6. 1942).
[11] Praun, Untersuchung, P–038, S. 2.
[12] Vgl. dazu Randewig, die Organisation der deutschen Nachrichtenaufklärung 1918–1945, in: Praun, Untersuchung, P–038, S. 8.

Während des Ersten Weltkrieges gab es in der Benennung keine Unterschiede zwischen Fern- und Nahaufklärung. Die beim Heer damals üblichen Begriffe waren:
E(Empfangs)-Dienst = Bezeichnung für die gesamte Funkaufklärungstätigkeit; Funkempfangsstation = Station zur Überwachung feindlichen Funkverkehrs; Richtempfangstrupp = Peiltrupp zum Orten feindlicher Funkstellen; Arendt-Abteilung bzw. -Trupp = Lauschtrupp zum Abhören von feindlichen Fernsprechverkehren[13]; Auswertungsstelle = Zentrale bei Armeen, Heeresgruppen und im Großen Hauptquartier zur Auswertung der Aufklärungsergebnisse bzw. zur Entzifferung von chiffrierten Sprüchen[14].

In den 20er Jahren und bis 1942 galt als Oberbegriff: »Horch-Dienst« mit den Untergliedern »Feste Horchstelle«, »Horchkompanie« mot. und NAZ; die Arendt-Trupps waren in Lauschtrupps umbenannt worden, die Richtempfangstrupps in Peiltrupps[15].

Nachdem 1942 der Oberbegriff »Nachrichtenaufklärung« eingeführt worden war, wechselten auch die anderen Bezeichnungen. Die »Feste Horchstelle« wurde umbenannt in »Fernaufklärungsstelle« = FENAST, die »Horchkompanie« in »Fernaufklärungskompanie« = FENAK, der zur gleichen Zeit erfolgte Zusammenschluß der NAZ in Kompanien erhielt die Bezeichnung »Nachrichtennahaufklärungskompanie« = NANAK[16]. Die Divisions-Nachrichtenabteilungen bildeten an Stelle der ihnen entzogenen NAZ sogenannte »Nahaufklärungstrupps« = NATRU.

---

[13] Benannt nach dem Konstrukteur des dabei benutzten Gerätes.
[14] Vgl. dazu: Vorschriften für den Stellungskrieg für alle Waffen, hrsg. vom Chef des Generalstabes des Feldheeres, Teil 9: Nachrichtenmittel und deren Verwendung, vom 15. 12. 1917, Gliederungs- und Ausstattungsnachweis im Anhang.
[15] Vgl. Kunibert Randewig, 50 Jahre Deutsche Heeres-Funk-, Nachrichten- und Fernmelde-Aufklärung. Ein Rückblick auf ihre organisatorische Entwicklung, in: Wehrwissenschaftliche Rundschau, 14. Jg. (1964), S. 615–621 und S. 685–693.
[16] Siehe S. 65.

I. Teil
Entwicklung der deutschen Heeres-Nachrichtenaufklärung bis zum Sommer 1939

1. Frühformen bis 1914

Arbeitsweise und Technik der Nachrichtenaufklärung sind Korrelate der Entwicklung des Fernmeldewesens. Sie verändern sich im gleichen Maße, wie sich dieses verändert. Beide wirken aufeinander ein.

In diesem Sinne sind auch Nutzung der drahtlosen Telegraphie für militärische Zwecke und Entstehung der (Horch-)Funk-Aufklärung kausal wie zeitlich eng miteinander verknüpft.

1896 erzielte Marconi erste praktische Erfolge mit der Funkentelegraphie. 1898 brachte die »Kriegstechnische Zeitschrift« einen längeren skeptischen Artikel über »Die Telegraphie ohne Draht«[1]. In ihm wurde u. a. auf die Gefahr feindlichen Mithörens der Funksprüche und feindlicher planmäßiger Störung des eigenen Funkverkehrs hingewiesen.

Nachdem um 1900 erste Versuche mit Funkstationen auf Kriegsschiffen stattgefunden hatten, sind bereits für 1901 Beispiele von Funkaufklärung nachweisbar:

Während der französischen Flottenmanöver im Juli 1901 soll Admiral de Maigret vom A-Geschwader »eine durch Funkentelegraphie übermittelte Depesche abgefangen [haben], die den Versammlungsort für [die Geschwader] B und C angab«[2].

Während der englischen Flottenmanöver im Juli/August 1901 gelang es dem Kreuzer Furious, zugehörig zur X-Hauptflotte, »die Depeschen abzufangen und zu entziffern, welche Admiral Noël [B-Flotte] vermittelst drahtloser Telegraphie an die ver-

---

[1] Berlin, 1. Jg (1898), H. 1, S. 30–37.
[2] Die französischen Flottenmanöver im Jahre 1901 (gez. M.), in: Marine-Rundschau, 12. Jg (1901), S. 1007.

schiedenen Signalstationen auf seinem Marsche nach Portland aufgab«[3].

1905 – im russisch-japanischen Krieg – waren zum mindesten beim Stabe von Roshdjestwensky, dem Kommandeur der Baltischen Flotte, alle Hauptaspekte der Funkaufklärung und Funkverschleierung bekannt: Inhaltsauswertung, Verkehrsauswertung, Peilung (damals mit primitiven Mitteln), Funkstille als Verschleierungsmittel[4].

Obwohl also seit mindestens 1901 bei besonderen Anlässen Funkaufklärung getrieben wurde, obwohl spätestens 1905 die Grundaspekte der Funkaufklärung und Funkverschleierung bekannt waren und obwohl Berichte darüber in der Literatur vorlagen, wurden von den verantwortlichen deutschen Dienststellen nur geringe Konsequenzen gezogen.

Sie bestanden beim Heer darin, daß – gemäß Weisung für den Funken-Telegraphie (F.T.)-Verkehr beim Heer – Festungsradiostationen angewiesen wurden, den Heeresfunk-Betrieb bzw. -Verkehr benachbarter Staaten aufzunehmen, um Unterlagen für eine planmäßige Beobachtung und eventuell auch Funkstörung – letzteres nur auf ausdrücklichen Befehl der OHL – im Ernstfall zu schaffen[5].

An Festungsfunkstellen bestanden 1913 die Stationen: Cöln, Graudenz, Königsberg, Mainz, Metz, Neubreisach, Posen, Straßburg i. E. und Thorn. Nicht alle diese Stationen sollen sich an der Funküberwachung im Frieden beteiligt haben, wie Randewig in bezug auf Graudenz und Posen feststellt[6].

Auch über die Nutzung mobiler Funkstellen für die Funkaufklärung machte man sich Gedanken. In der Dienstvorschrift F.T.L. (Funkentelegraphie für das Landheer) heißt es darüber:

---

[3] Die englischen Flottenmanöver 1901, ebd., H. 10, S. 1151, 1154.
[4] Vgl. Wladimir Ssemenow, Die Schlacht bei Tsuschima, Berlin 1907, S. 10, 15, abgedruckt in Anlage 1.
[5] Kunibert Randewig, Die deutsche Funkaufklärung in der Schlacht bei Tannenberg, in: Wissen und Wehr, 13. Jg (1932), S. 128. R. gibt hier allerdings als Beleg die Vorschrift F.T.L. (D.V.E. Nr. 663, F.T.-Bestimmungen für das Landheer, Berlin 1912, Neudruck Berlin 1916) an. Diese verweist jedoch in bezug auf die Aufgaben der einzelnen F.T.-Stationen auf die gesonderten »Weisungen für den F.T.-Verkehr«. Vgl. weiter auch: Schott, Gen. Maj. a. D., Geschichtlicher Überblick über die Entwicklung unserer Truppe, in: Zur Geschichte der Nachrichtentruppe 1899–1924, Bd 1, hrsg. von Fritz Thiele, Berlin 1925, S. 25–93, hier S. 62.
[6] Randewig, Funkaufklärung Tannenberg, S. 128.

»*II. F.T.-Verkehr des Gegners.*
51. Über Mithören des feindlichen Funkverkehrs treffen die Kommandostellen Anordnungen.
52. Der F.T.-Verkehr der eigenen Partei und gründliche Materialpflege sind wichtiger als das Mithören.
53. Vom Stören ist nur dann Erfolg zu erwarten, wenn zuvor durch Mithören die gegnerische Verkehrswelle genau gemessen worden ist und die feindlichen Stationen sich innerhalb der eigenen wirksamen F.T.-Weite befinden. Andernfalls ist das Stören zwecklos und zu unterlassen.
Der Befehl zum Stören durch Großstationen ist ausschließlich der Obersten Heeresleitung vorbehalten.
Der Befehl zum Stören durch *Feldstationen* kann *ausnahmsweise* von der vorgesetzten Kommandobehörde ausgehen. Es ist dabei aber sorgfältig zu erwägen, ob die dadurch zu gewärtigende Störung des eigenen Nachbarverkehrs nicht den Vorteil einer Störung des feindlichen Verkehrs aufwiegt[7].«

Hauptamtliche Empfangsstellen für Funkaufklärung wurden jedoch vor Kriegsbeginn 1914 ebensowenig geschaffen wie Einrichtungen für Entzifferung chiffrierter Texte und für Auswertung.

Die Kaiserliche Marine setzte um 1907/08 die Funkstelle Helgoland und zwei Schiffs-Funkstellen ein, um den Funkverkehr der Royal Navy abzuhören. Dies soll jedoch mehr aus funktechnischen Gründen geschehen sein[8]. Weiterhin war für den Kriegsfall – analog zum Heer – die Nebennutzung der Kriegsschiffs-Funkstellen für Funkaufklärung vorgesehen[9]. Eine eigentliche Funkaufklärungs-Organisation als Voraussetzung für systematische Arbeit wurde aber erst 1915/16 geschaffen[10].

Auch England ging ohne eigentliche Nachrichtenaufklärungsorganisation in den Krieg. Lediglich Österreich und Frankreich haben bereits vor 1914 derartige Einrichtungen gehabt[11]. Oberst Cartier schreibt darüber: »Die Festungsfunkstationen Köln, Koblenz und Straßburg wurden schon im Frieden abgehört,

---

[7] Zit. nach Neudruck 1916.
[8] Vgl. Bonatz, Deutsche Marine-Funkaufklärung, S. 13.
[9] Ebd., S. 17 ff.
[10] Ebd., S. 22 f.
[11] Vgl. ebd., S. 31 f., Max Ronge, Kriegs- und Industrie-Spionage. Zwölf Jahre Kundschaftsdienst, Zürich, Leipzig, Wien 1930, S. 58, sowie David Kahn, Fernmeldewesen, Chiffriertechniken und Nachrichtenaufklärung in den Kriegen des 20. Jahrhunderts, in: Funkaufklärung und ihre Rolle, S. 17–47, hier S. 18.

und wir lernten daraus die Geheimnisse, die militärische Befehlssprache usw.[12].«

2. Erster Weltkrieg

a) Ostfront

Während im Verlauf der Sommeroffensive 1914 im Westen – wegen des Versagens der operativen Fernsprechleitungen, insbesondere auf dem rechten Flügel[13] – alle Funkstationen mit eigenem Spruchverkehr voll ausgelastet waren[14], blieb ihnen in Ostpreußen ausreichend Zeit für Horchdienst.
Dieser führte hier zu Ergebnissen von außergewöhnlicher Tragweite. Bereits am 8. August 1914 legte das Gouvernement der Festung Königsberg dem in Ostpreußen befehlsführenden Armeeoberkommando 8, dem es unterstand, eine Funk-Feindlagemeldung vor. Sie war das Ergebnis der Auswertung russischer Klartextsprüche, welche die Festungsfunkstelle Königsberg aufgenommen hatte.
Nach dieser Funk-Feindlagemeldung waren festgestellt: von der Narew-Armee (Samsonow) das I., VI., XIII., XV. und XXIII. Korps sowie die 15. Kavalleriedivision, ferner von der Njemen-Armee (Rennenkampf) das III. und IV. Korps sowie die Zusammenarbeit dieser Korps mit der 3. Kavalleriedivision und das Vorgehen des II. Korps auf die See-Enge von Lötzen[15].
Am 8. August schlug zweifellos eine Sternstunde der Nachrichtenaufklärung. Was bisher nur vage vermutet worden war, lag nun klar und unübersehbar zu Tage und löste eine erstaunliche Kettenreaktion aus:

---

[12] Zit. nach Georg Bychelberg, Kamerad Funker. Geschichte und Einsatz des Nachrichtenwesens, Berlin 1940, S. 86.
[13] Siehe Anlage 2.
[14] Vgl. Erich Fellgiebel, Verwendung von Nachrichtenmitteln im ersten Kriegsjahr und Lehren daraus für heute, in: Militär-Wochenblatt, 119. Jg (1935), Nr. 34, Sp. 1331–1336.
[15] Vgl. Der Weltkrieg 1914 bis 1918, bearb. im Reichsarchiv. Die militärischen Operationen zu Lande, Bd 2: Die Befreiung Ostpreußens, Berlin 1925, S. 59 und 97; ferner Randewig, Funkaufklärung Tannenberg, S. 129 (R. hat 1962 in einer unveröffentlichten Schrift den Tatbestand, wie hier geschildert, niedergelegt. Bei seinem Aufsatz von 1932 hatte er offengelassen, ob nicht die Angaben über die Narew-Armee einige Tage nach dem 8. August aufgenommen wurden).

9. August 1914: Befehl des Funkerkommandeurs der 8. Armee, daß die beiden schweren Funkstellen des Armeeoberkommandos – soweit es ihre sonstigen Aufgaben zuließen – an der Überwachung des russischen Funkverkehrs teilnehmen sollten[16].

12. August 1914: Verfügung des Chefs der Feldtelegraphie im Großen Hauptquartier, des späteren Generalmajors Balck, *alle* Festungs-Großfunkstellen hätten den feindlichen Funkverkehr zu überwachen und einmal wöchentlich die Ergebnisse an das Große Hauptquartier zu melden.

20. August 1914: Befehl des Funkerkommandeurs des Armeeoberkommandos 8, daß – unabhängig von den wöchentlichen Meldungen an das Große Hauptquartier – alle mit Funkaufklärung beauftragten Funkstationen im Armeebereich dem AOK 8 täglich über die Feindfunklage zu melden hätten.

September 1914: Einsatz der Festungs-Großfunkstelle Posen auch für Funkaufklärung sowie Militarisierung der Versuchsfunkstelle der Technischen Hochschule Breslau mit entsprechender Aufgabe.

Ende September 1914: Aufstellung der ersten mobilen Spezialeinheit für Funkaufklärung – der »Funkenempfangsstation Nr. 1« – beim AOK 8.

Anfang Dezember 1914: Schaffung einer Zentralstelle zur einheitlichen Leitung der Funkaufklärung beim neugebildeten Stab »Oberbefehlshaber Ost«.

Mit der letztgenannten Maßnahme war erstmalig – und zwar für die gesamte unter deutschem Oberbefehl stehende Ostfront – eine großangelegte und zentralgelenkte Organisation der Funkaufklärung geschaffen.

Ohne die sensationellen Aufklärungsergebnisse zwischen dem 24. und 30. August während der Schlacht bei Tannenberg wäre diese schnelle Entwicklung kaum möglich gewesen. Sie beruht also auf der Tatsache, daß die Russen wichtigste operative Befehle und Meldungen in Klartext funkten[17].

Beachtenswert ist, daß diese Ergebnisse mit einer sehr geringen Anzahl von Funkempfängern erzielt worden sind. Während die Russen bei Kriegsbeginn 1914 auch Korpsstäbe mit Funkensta-

---

[16] Randewig, Funkaufklärung Tannenberg, S. 128 f. und 140.
[17] Vgl. hierzu Weltkrieg 1914 bis 1918, Bd 2, S. 59, 97, 116, 128, 136 ff., 144, 155, 161, 174 f., 178, 191, 199, 207, 218 f., 232, 352; ferner Randewig, Funkaufklärung Tannenberg.

tionen ausgerüstet hatten, wurden beim deutschen Heer lediglich den Armeestäben je 2 schwere und den Heeres-Kavalleriedivisionen je 1 schwere und 2 leichte Stationen zugeteilt[18]. Im August 1914 waren demnach in Ostpreußen bzw. Posen-Westpreußen vorhanden: die Festungsgroßfunkstellen Königsberg, Thorn, Graudenz, Posen und an mobilen Funkstationen 2 schwere beim AOK 8 sowie 1 schwere und 2 leichte bei der 1. Kavalleriedivision – insgesamt also 9 Stationen. Von ihnen haben wenigstens 2 immobile und 2 mobile Stationen Funkaufklärung getrieben.

Diese Zahl mutet gering an, wenn man sich vor Augen führt, daß eine Nachrichtenfernaufklärungskompanie im Zweiten Weltkrieg über 36 Horchempfänger verfügte. Jedoch – in Relation gesetzt zu den vorhandenen Feindfunkstellen – bedeuteten 1914 4 Funkempfänger einen prozentual weitaus größeren Aufklärungsansatz. Er konnte noch verbessert werden, als ab Herbst 1914 – auch durch Abgaben von der Westfront – die im Osten eingesetzten Korpsstäbe allmählich mit Funkstationen ausgerüstet wurden. Der Übergang zum Stellungskrieg im Westen und der damit dort verbundene Ausbau des Fernsprechnetzes hatte derartige Überstellungen möglich gemacht.

Auch während der Herbstkämpfe 1914 südwestlich von Warschau und bei Lodz haben Horchergebnisse eine Rolle gespielt[19]. Bemerkenswert ist, daß bereits zu dieser Zeit eine Zusammenarbeit mit der österreichischen Funkaufklärung zustande kam. Hierüber berichtet der österreichische Generalmajor Max Ronge:

»Die am 13. November [1914] abgehorchte Disposition für den am folgenden Tag anzutretenden allgemeinen Vormarsch der Dampfwalze bis tief nach Deutschland hinein, lag schon nachmittags entziffert auf dem Tisch unserer Operationskanzlei und jener des Oberkommandos Ost in Posen[20].«

Durch Presseindiskretionen auf die Horcherfolge der Deutschen bei Tannenberg aufmerksam gemacht, waren die Russen inzwischen zur Verschlüsselung ihrer Sprüche übergegangen. Da es beim deutschen Heer zu dieser Zeit keine Kryptographen

---

[18] Vgl. Anlage 3.
[19] Vgl. Erich Ludendorff, Meine Kriegserinnerungen 1914–1918, Berlin 1919, S. 83.
[20] Ronge, Kriegs- und Industrie-Spionage, S. 132.

gab, traten wiederum Amateure auf den Plan. So soll dem Königsberger Philologieprofessor Ludwig Deubner und dem Leutnant Alexander Bauermeister schon bald die Lösung der gegnerischen Geheimschriftverfahren gelungen sein[21]. Generalmajor Max Hoffman schreibt darüber:

»Die chiffrierten Befehle machten gleichfalls keine Schwierigkeiten: wir hatten im Stab zwei Herren, die sich als Genies auf dem Gebiet des Dechiffrierens entpuppten, in kürzester Frist wurde stets der neue russische Schlüssel gefunden[22].«

Das österreichische Heer besaß bereits vor 1914 eine Militär-Entzifferung, die unter Leitung von Major Andreas Figl[23] die ohnehin wenig sicheren Schlüssel der Russen[24] bis zum Kriegsende ohne große Mühe zu lösen vermochte.

Der Horcheinsatz an der Ostfront scheint sich während des Ersten Weltkrieges im wesentlichen auf operative Fernaufklärung beschränkt zu haben. Dies schon deswegen, weil eine umfangreiche Ausstattung der russischen Armee mit Funkeinheiten unterhalb der Korpsebene – soweit bekannt – mangels eigener Industrie zur Herstellung von Geräten nicht stattgefunden hat. Die Erfolge aber waren von großer Tragweite, wie Max Hoffmann bekräftigt:

»Überraschend ist uns während des ganzen Krieges auf der Ostfront nur einmal ein russischer Angriff gekommen – an der Aa im Winter 1916/17 –, sonst zeigte das Zusammenziehen der ihren neuen Aufstellungsort meldenden Funkstationen der russischen Stäbe die Konzentration von Truppen zu irgendeiner Verwendung stets an[25].«

Nicht weniger positiv lautet auch das Urteil hierüber im offiziellen österreichischen Werk über den Ersten Weltkrieg:

»Bald aber eröffnete das Abhorchen und Entziffern russischer Funksprüche der Führung aller Grade ein Nachrichtenmittel von unübertrefflichem Wert. Der Radiohorchdienst, der die

---

[21] Kahn, Fernmeldewesen, S. 19.
[22] Die Aufzeichnungen des Generalmajors Max Hoffmann, hrsg. von Karl Friedrich Nowak, 2 Bde, Berlin ²1930, Bd 2, S. 36.
[23] Von November 1911 bis Kriegsende. Ronge, Kriegs- und Industrie-Spionage, S. 60.
[24] Praun, Untersuchung, P–038, S. 8: »Die russischen Schlüsselverfahren blieben den ganzen Ersten Weltkrieg über rückständig.«
[25] Aufzeichnungen des Generalmajors Hoffmann, Bd 2, S. 133. Über konkrete Fälle von Horcherfolgen ebd., S. 21 f., 35 f., 38, 47, 54 f., 77, 79–82, 90, 133.

Karten der Russen fast immer in einem den weitesten Ansprüchen genügenden Ausmaß und nicht selten früher als für ihre eigenen Führer aufdeckte, wog für die Verbündeten – das darf ohne Übertreibung gesagt werden – Armeen auf[26].«

Die Unzulänglichkeit der russischen Schlüsselverfahren wurde auch in der Frühzeit der Roten Armee nicht abgestellt. So lagen für die polnische Führung während des polnisch-sowjetrussischen Krieges 1920 die sowjetischen Karten – soweit Funkverkehr getrieben wurde – offen auf dem Tisch. U. a. ist die Bereitstellung der sowjetischen Reiterarmee des Budjenny vor ihrem berühmt gewordenen Durchbruch in Richtung Shitomir auf diese Weise bekanntgeworden[27].

b) Westfront

Die Geschiche der modernen deutschen Nachrichtenaufklärung hatte aus den oben genannten Gründen schlagartig an der »Sekundärfront« Ostpreußen eingesetzt, und die von der Ostfront ausgehenden Impulse für den Ausbau der Funkaufklärung dauerten während des ganzen Krieges an, weil der hier überwiegende Bewegungskrieg eine Beschränkung der Russen auf nur Telegraphen- und Fernsprechverkehr nicht zuließ. So wurden die im Osten entwickelten Organisationsformen maßgebend für den Aufbau einer zentralisierten deutschen Heeres-Nachrichtenaufklärung.

An der Westfront ist während der ersten Kriegsmonate wegen Überlastung der Funkstationen mit eigenem Spruchverkehr an Horchdienst nicht zu denken gewesen. Gleichwohl sind in diesem Zeitraum hier mit Sicherheit Denkanstöße gegeben worden, die sich auf die Gefahren und Möglichkeiten eines Horchdienstes bezogen. Diese Denkanstöße gingen von negativen Erfahrungen aus. Sie betreffen den Funkverkehr der beiden Kavalleriekorps auf dem deutschen rechten Flügel (Nr. 2, HKK v. d. Marwitz, und Nr. 1, HKK Frhr. v. Richthofen). Die Ka-

---

[26] Österreich-Ungarns letzter Krieg 1914–1918, hrsg. vom Österreichischen Bundesministerium für Heereswesen und vom Kriegsarchiv, Bd 2: Das Kriegsjahr 1915. Erster Teil: Vom Ausklang der Schlacht bei Limanowa-Łapanów bis zur Einnahme von Brest-Litowsk, Wien 1931, S. 21.

[27] Der polnisch-sowjetrussische Krieg 1918–1920, hrsg. vom Generalstab des Heeres, Bd 1, Berlin 1940, S. 164. Über weitere Horchergebnisse ebd., S. 111, 129, 140, 147, 152, 186, 197, 203, 224, 251.

valleriedivisionen dieser beiden Kommandobehörden waren – entsprechend den Schlußfolgerungen aus Manövern und Funkrahmenübungen der Vorkriegszeit – mit je einer schweren und zwei leichten Funkenstationen ausgerüstet – letztere für die Aufklärungseskadrons. Aus »Schlamperei« waren die Einheiten des Höheren Kavallerie-Kommandeurs 2 nicht mit Funk- und Schlüsselunterlagen versehen worden und sahen sich genötigt, ihre Meldungen im Klartext durchzugeben. Nur dort, wo Funkstelle und Gegenstelle mobilmachungsgemäß von der Kriegstelegraphenschule Spandau-Ruhleben stammten[28], konnte als Notschlüssel der Übungschlüssel der Schule benutzt werden[29].

Tatsächlich sind die Funkverkehre der Kavalleriekorps 2 und 1 von den Franzosen überwacht worden. Sie prägten ironisch das Kennwort »Marwitz-Telegramme« für unverantwortlich abgewickelten Spruchverkehr[30].

Erich Fellgiebel – von 1939 bis zum 20. Juli 1944 Chef des Heeresnachrichtenwesens – ist als Führer der leichten Funkenstation Nr. 10 bei der 4. Kavalleriedivision an diesen Ereignissen beteiligt gewesen und hat aus ihnen Folgerungen gezogen, die sein zukünftiges Wirken mitbestimmten. Sie betrafen auch die Nachrichtenaufklärung, für deren weiteren Ausbau er sich ab 1916 als Funkerkommandeur der Armee v. Mackensen einsetzte[31]. Bei der Reichswehr und im deutschen Heer ist er später zum Motor für den Aufbau einer leistungsfähigen Nachrichtenaufklärung geworden.

---

[28] Leichte Funkenstation 10 (Fellgiebel), 12 (Meydam), beide bei der 4. Kav. Div.
[29] Vgl. Wilhelm Meydam, Auf Aufklärungseskadron, in: Zur Geschichte der Nachrichtentruppe, S. 147–170; Erich Fellgiebel, Die Schwierigkeiten für die Nachrichtenverbindungen vorausgesandter Heereskavallerie (2. Kav.-Korps, Herbst 1914), in: Die F-Flagge, 8. Jg (1932), S. 130–133; Karl Heinz Wildhagen, Erich Fellgiebel. Meister operativer Nachrichtenverbindungen. Ein Beitrag zur Geschichte der Nachrichtentruppe, hrsg. von K. H. Wildhagen, Selbstverlag 1970, S. 174–215, hier S. 180. Zur gleichen Zeit war Heinz Guderian Truppführer der schweren Funkenstation 3 bei der 5. Kav.Div. des H.K.K. Nr. 1, vgl. H. Guderian, Erinnerungen eines Soldaten, Heidelberg 1950, S. 425.
[30] Vgl. Bychelberg, Kamerad Funker, S. 72 (Wiedergabe von Äußerungen des Obersten Givierge in »Revue militaire française« und des Majors Cartier).
[31] Vgl. dazu Oberst Göhring, zit. bei Wildhagen, Erich Fellgiebel, Charakterbild, S. 181.

Die negativen Erfahrungen an der Westfront wirkten sich erst spät aus. Sie fanden u. a. 1917 ihren Niederschlag in der Vorschrift »Nachrichtenmittel und deren Verwendung«, wo es heißt:

»13. Zum Schutz gegen den mithörenden Feind müssen alle F.T.-Nachrichten geschlüsselt werden (vgl. Vorschrift für den F.T.-Dienst im Heer, sowie Teil 10 des Sammelheftes der Vorschriften für den Stellungskrieg für alle Waffen).
Um zu verhindern, daß der Feind aus dem F.T.-Verkehr auch dann noch Rückschlüsse ziehen kann, wenn es ihm nicht gelingt, die einzelnen Funksprüche zu entschlüsseln, ist es erforderlich:
a) daß die F.T.-Station häufig ihren Rufnamen wechselt,
b) daß bei jedem Stellungswechsel einer F.T.-Station grundsätzlich der Rufname geändert wird,
c) daß die Rufnamen nicht periodisch wiederkehren, nicht nach Generalkommandos usw. geordnet werden und nicht die taktischen Verbände erkennen lassen. Sie müssen vielmehr *willkürlich* gewählt sein[32].«

Die Ergebnisse des deutschen Horchdienstes an der Westfront scheinen – insbesondere im operativen Bereich – relativ bescheiden gewesen zu sein. Jedenfalls geben die Veröffentlichungen des Reichsarchivs zum Ersten Weltkrieg keinen Aufschluß über wesentliche Erfolge. An Gründen hierfür können genannt werden:
1. Übergang zum Stellungskrieg mit eingeschränktem oder ganz eingestelltem Funkdienst auch des Gegners (auf operativer Ebene),
2. höhere Funkdisziplin und bessere Schlüsselverfahren der Westmächte,
3. anfangs geringe Zahl eigener Funkstellen.

Das deutsche Heer ging mit lediglich 30 schweren und 22 leichten Funkenstationen in den Ersten Weltkrieg[33]. Hiervon war zwar zunächst die Mehrzahl an der Westfront eingesetzt, doch

---

[32] Vorschriften für den Stellungskrieg für alle Waffen, Teil 9, vom 15. 12. 1917 (Hervorhebung im Original). Als Funktruppführer mußte für jeden mit verschlüsselten Sprüchen arbeitenden Funktrupp ein Offizier eingesetzt werden: »Unteroffiziere und Funker dürfen zum Chiffrieren nicht herangezogen werden; *sie dürfen keine Kenntnis von dem Schlüsseltext erhalten.* Auch ist ihnen *kein Einblick* in die gewonnene *Klarschrift* zu gestatten;« (ebd., Ziff. 66).

[33] Kunibert Randewig, Organisatorische Entwicklung der Nachrichtentruppe im Weltkrieg, in: Zur Geschichte der Nachrichtentruppe, S. 94–124, hier S. 96 (abgesehen von 4 mobilen Funkenstationen in Deutsch-Südwestafrika).

verringerte sich der dortige Bestand im Winterhalbjahr 1914/15 durch Abgaben an Ober-Ost – insbesondere, als hier für die Winteroffensive bei Augustowo auch die Korpsstäbe mit Funkenstationen ausgerüstet wurden[34].

Mit der Bereitstellung von besonderen Horch-Empfangsstationen war vor Mitte 1915 nicht zu rechnen. Dies lag insbesondere an Personalmangel. Durch die Verdoppelung der Funkeinheiten im Jahr 1913/14 war bei der Mobilmachung eine Soll-Besetzung aller Stationen nicht möglich gewesen. Da die Ausbildung brauchbarer Funker nahezu ein Jahr dauert, war frühestens um die Mitte des Jahres 1915 die personelle Voraussetzung für eine Vermehrung der Funk- bzw. Funkempfangseinheiten gegeben[35]. Eine grundsätzlich andere Situation im Fernmeldewesen der Westmächte kann nicht angenommen werden.

Änderungen ergaben sich zuerst im Fernsprechwesen. Eine Ausbildung zu Fernsprechern ist relativ kurzfristig möglich. Ferdinand Hoff z. B. berichtet[36], er sei am 26. August 1914 als Freiwilliger zur Telegraphentruppe eingerückt und bereits am 9. November 1914 einer Korps-Nachrichtenabteilung bei Reims zugewiesen worden. Auch die Produktion von Fernsprechgeräten ist weniger material- und zeitaufwendig als die von Funkstellen. So setzte ab Winter 1914/15 – d. h. relativ früh – eine enorme Ausweitung insbesondere auch des Truppen-Fernsprechwesens ein[37]. Dies wiederum provozierte die Aufstellung von Lauschtrupps[38].

Da bereits im Winter 1915/16 Lauschtrupps planmäßig zum Einsatz kamen, ist anzunehmen, daß spätestens in der zweiten Hälfte des Jahres 1915 ein Sachbearbeiter für Nachrichtenaufklärung beim Chef der Feldtelegraphie beim Generalquartiermeister (später umbenannt in Chef des Nachrichtenwesens im Großen Hauptquartier) tätig war. Auf diese Datierung weisen

---

[34] Karl Litzmann, Lebenserinnerungen, Bd 1, Berlin 1927, S. 336. Weiterer Verlust: die leichte Funkenstation 12 wurde am 13. 8. 1914 verbrannt, um sie feindlichem Zugriff zu entziehen (Meydam, Aufklärungseskadron, S. 165).
[35] Randewig, Organisatorische Entwicklung, S. 100.
[36] Erlebnis und Besinnung. Erinnerung eines Arztes, Frankfurt, Berlin, Wien 1980, S. 96, 99.
[37] Albert Praun, Soldat in der Telegraphen- und Nachrichtentruppe, Selbstverlag, Würzburg 1965, S. 17; Randewig, Organisatorische Entwicklung, S. 100 f.
[38] Siehe S. 43 f.

auch Analogien zur Kaiserlichen Marine sowie Horchergebnisse in Flandern hin[39].

In Flandern begannen nach Beendigung des »Wettlaufs zum Meer« die nun weniger mit Spruchverkehr belasteten Funkstellen, Horchdienst zu betreiben. Dabei gelang es der Funkenstation einer Kavallerieeinheit in Roubaix im Bereich der 6. Armee, einen englischen Marinefunkverkehr zu finden, der Klartext funkte. Bei den aufgenommenen Sprüchen handelte es sich um Nachrichten über Aufstellung und Ablösung von Vorpostenstreitkräften im Bereich des östlichen Kanalausganges (Dover Patrol). Meldung hierüber erging sowohl an den deutschen Admiralstab wie auch an eine der Funkstellen im Großen Hauptquartier. Diese beteiligte sich dann auch an der Beobachtung[40]. In der Folgezeit schaltete sich die Marine an Ort und Stelle in die Auswertung (ab Juli 1915) – später auch in die Horchtätigkeit ein. Die Nachrichtenaufklärung in Roubaix scheint später (1916/17) von der Armeefunkabteilung 6 fortgeführt worden zu sein[41].

1916 endlich waren die personellen und technischen Voraussetzungen für eine wesentliche Vermehrung der Funkeinheiten – insbesondere auch für frontnahen Einsatz – gegeben. Man hatte kleine tragbare Funkenstationen entwickelt sowie Bordfunkstellen für Artilleriebeobachtungsflugzeuge. Der Einsatz dieses Geräts auf beiden Seiten provozierte nun wiederum die Schaffung eines frontnahen Horchdienstes. So trat neben die seit Ende 1915 betriebene Fernsprech-Nahaufklärung im Laufe des Jahres 1916 eine Funk-Nahaufklärung.

Im Mittelpunkt stand dabei das Abhorchen feindlicher Artillerieflieger. Hatte man anfangs versucht, deren Funkverbindungen zu den von ihnen gesteuerten Artilleriestellungen durch Störfunk zu lähmen[42], so ging man später dazu über, die im Feindfunk genannten Ziele zu warnen[43] oder Jagdflieger per Funk auf abgehorchte feindliche Artillerieflieger anzusetzen[44].

---

[39] Vgl. Bonatz, Deutsche Marine-Funkaufklärung, S. 23 f.
[40] Ebd., S. 23.
[41] Vgl. Praun, Soldat, S. 25 f.
[42] Siehe S. 48 und Randewig, Organisatorische Entwicklung, S. 106.
[43] Vgl. Praun, Soldat, S. 31.
[44] Vgl. Vorschriften für den Stellungskrieg für alle Waffen, Teil 9: Nachrichtenmittel und deren Verwendung, Ziff. 96: »Die Ergebnisse des Abhördienstes bilden die wichtigsten Grundlagen für das Ansetzen der Jagdstaffeln gegen feindliche Artillerieflieger.«

Um die Wende 1916/17 wurden generell auch die Gruppen-Kommandos (Korps-Stäbe) mit Gruppen-Funkerabteilungen ausgerüstet, denen nach und nach auch Horchempfangsstellen sowie ein Richtempfangsgerät (Peilgerät) angegliedert wurden[45].

Dies geschah im Rahmen einer Umorganisation der Telegraphentruppe, der durch Kabinettsorder vom 18. Juli 1917 eine Neuorganisation folgte. Die Telegraphentruppe wurde zur Nachrichtentruppe und umfaßte nun auch alle Nachrichteneinheiten der Fliegertruppe[46].

Im Zuge dieser Neuorganisation fand auch die Nachrichtenaufklärung ihre bis zum Kriegsende gültige Gliederung. In einem mühsamen Lernprozeß hatte sie sich von autodidaktischen Anfängen zu einem brauchbaren Instrument entwickelt. Sie verfügte über erfahrene Auswerter und Entzifferer und über eine zweckmäßige Gliederung. Letztere ist aus der folgenden Graphik zu ersehen.

---

[45] Vgl. dazu Praun, Soldat, S. 27, sowie Hoff, Erlebnis und Besinnung, S. 156.
[46] Vgl. Randewig, Organisatorische Entwicklung, S. 116 ff., und Praun, Soldat, S. 27.

Organisation der Nachrichtenaufklärung 1917 bis Kriegsende

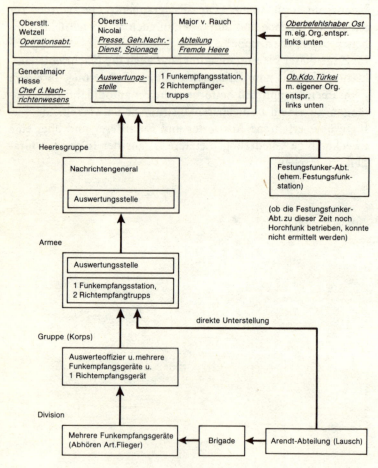

Erläuterungen zur nebenstehenden Graphik:
Dienststellen sind nur soweit aufgeführt, als sie Bedeutung für Organisation und Meldelauf haben. Das Schema basiert auf Gliederungs- und Ausstattungsnachweis im Anhang der Vorschriften für den Stellungskrieg für alle Waffen, Teil 9: Nachrichtenmittel und deren Verwendung, vom 15.12.1917.
Hinzugezogen wurden ferner: Zur Geschichte der Nachrichtentruppe (S. 21, 25, 114 und 116f.); Randewig, 50 Jahre (S. 616); Praun, Soldat (S. 25 und 31); Hoff, Erlebnis und Besinnung (S. 167); Hoff, seit August 1917 Adjutant des Gruppenkommando-Nachrichtenkommandeurs bei Kowel, berichtet, daß dort neue Abhörstationen und ein Auswertungsoffizier – Lt. Wietusch – mit russisch sprechenden Mannschaften eingetroffen seien.
Bis zur Einführung einer neuen »Geräte-Generation« kurz vor 1930 waren zur Aufrechterhaltung des Betriebes neben Funkstationen auch noch zusätzliche Funkempfangsstationen notwendig, da wegen gegenseitiger Störung dicht beieinander aufgebauter Sender jeweils nur ein Sender bei einer Dienststelle eingesetzt werden sollte. Diese Funkempfangsstationen wurden nur nebenamtlich, wenn der Betriebsdienst es zuließ, mit Funkaufklärung betraut. Insbesondere auf höherer Ebene gab es jedoch auch Funkempfangsstationen, die ausschließlich der Nachrichtenaufklärung dienten (vgl. H.Dv. 487, Führung und Gefecht der verbundenen Waffen, Abschn. XV, Ziff. 656 u. 657, Berlin 1923).

c) Vorderer Orient

Zum Abschluß der Darstellung des Nachrichtenwesens und der Nachrichtenaufklärung im Ersten Weltkrieg soll noch der Nebenkriegsschauplatz »Vorderer Orient« berührt werden. Wie schon erwähnt, führte dort das deutsche Nachrichtenwesen ein gewisses Eigenleben, soll sogar Schlüssel gehabt haben, die von den an der deutschen Westfront gebräuchlichen abwichen – und zwar angeblich solche von minderer Qualität[47].

Als die Türkei im November 1914 in den Krieg eintrat, hatte sie drei verlorene Kriege bzw. Feldzüge hinter sich. Das Heer war im Neuaufbau begriffen. Noch herrschte erheblicher Mangel an »Technik«. Dies betraf in hohem Maße auch das Fernmeldewesen. So verfügte die Türkei bei Kriegseintritt lediglich über 21 Telegraphen-Kompanien und 1 Funker-Kompanie. Im Laufe des Krieges wurden bis zum 28. März 1917 noch zusätzlich 15 Telegraphen-Kompanien und 4 Funker-Kompanien aufgestellt, eine für die Weitläufigkeit und Verbindungsarmut des Landes völlig unzulängliche Ausstattung[48].

Die Öffnung des Tranportweges von Deutschland nach der Türkei im Anschluß an die Niederringung Serbiens im November 1915 ermöglichte deutsche personelle und materielle Hilfe. Auf dem Sektor »Nachrichtenwesen« konnte sie umfangreicher erst gewährt werden, als gegen Mitte des Krieges in Deutschland die Voraussetzungen dafür geschaffen worden waren. Mit zeitlichem Schwerpunkt Herbst 1917 und Anfang 1918 gingen insgesamt an Funker-Einheiten und Nachrichten-Aufklärungsorganen in die Türkei:

3 Radio-Großstationen
1 immobile Funker-Abteilung,
ferner an mobilen Einheiten:

4 Funker-Abteilungen
2 einzelne Funker-Züge
1 mobile Funker-Station

sowie an Nachrichten-Aufklärungs-Einheiten:

---

[47] Vgl. E.W.B. Gill, War, Wireless and Wangels, Oxford 1934, zit. in Bychelberg, Kamerad Funker, S. 79 und 89.
[48] Vgl. Übersicht der Armee-Abteilung des türkischen Kriegsministeriums vom 28. 3. 1917, in: Carl Mühlmann, Das deutsch-türkische Waffenbündnis im Weltkrieg, Leipzig 1940, Anl. 4, S. 323.

1 Auswertestelle (Auswertungsstelle bei Armee-Nachrichten-Kommandeur 70)
1 Funkenempfangsstation (Nr. 801)
ferner Nachrichtenführer mit Hilfspersonal.
Zum mindesten bei der Funkerabteilung 151 (siehe Anlage 4) befanden sich neben 6 schweren Funkenstationen auch Richtempfänger, so daß sie zu selbständiger Nachrichtenaufklärung befähigt war[49].
Der vorderasiatische Kriegsschauplatz umfaßte drei durch topographische Gegebenheiten getrennte Frontabschnitte: den Kaukasus, Mesopotamien sowie die Sinai-Halbinsel bzw. später Palästina.
Während im Kaukasus deutsche Nachrichtentruppen lediglich als Lehrkommandos eingesetzt waren[50], sorgte die erwähnte Funkerabteilung 151 – neben Fernsprecheinheiten – für Verbindungen in Mesopotamien und von dort nach Konstantinopel. Ferner betrieb sie Funkaufklärung in diesem Raum[51].
Die Masse der deutschen Nachrichtenverbände stand an der Sinai- bzw. Palästina-Front. Der Einsatz der Nachrichtenaufklärung entsprach hier etwa der an den europäischen Fronten durchgeführten Gliederung, d. h.: Auswertestelle beim Armeestab (in diesem Falle beim Armee-Nachrichten-Kommandeur 70), dazu ihm unterstellte Funkempfangsstation mit Empfangs- und Richtempfangs-Geräten. Carl Schmid, der damalige Armee-Nachrichten-Kommandeur 70, berichtet darüber:

»Ein Abhördienst mit einer A-Stelle wurde eingerichtet, die Ergebnisse waren ausgezeichnet, mit Peilungen konnten englische Truppenverschiebungen festgestellt werden, Täuschungs-F.T.-Verkehr suchte Truppenansammlungen vorzutäuschen[52].«

Es handelte sich hier also eindeutig um Nachrichten-Nahauf-

---

[49] Vgl. Major Salzmann, Bilder vom Kriegsschauplatz in Mesopotamien, in: Zur Geschichte der Nachrichtentruppe, S. 194–197, hier S. 196.
[50] Vgl. Yildirim IIc Nr. 1454/18 vom 3.(?) 1. 1918, Nachweisung der dem Heeresgruppenkommando F unterstellten Formationen, die nicht in der Pascha II-Vorschrift aufgeführt sind, in: Mühlmann, Waffenbündnis, S. 320 ff., Lehrkommando für den Kaukasus, S. 322.
[51] Salzmann, Bilder vom Kriegsschauplatz, S. 194 ff.
[52] Die deutschen Nachrichtentruppen auf dem ägyptischen und türkischen Kriegsschauplatz, in: Zur Geschichte der Nachrichtentruppe, S. 198–214, hier S. 211.

klärung im Sinne der Aufgabenabgrenzung zur Fernaufklärung, wie sie im Zweiten Weltkrieg gehandhabt wurde.

Interessant ist die Parallele zu den Ereignissen in Nordafrika im Zweiten Weltkrieg: durch Wüste räumlich eingeengter Kriegsschauplatz, auf je eine Armee begrenzte Truppenzahlen, daraus sich ergebender Schwerpunkt »Nahaufklärung«, in beiden Fällen auch Ansatz von Funktäuschung[53]. Gemeinsam war ebenfalls, daß die operativen Funknetze sehr großräumig gespannt sein mußten und daher mit starken Sendern arbeiteten. Ihre Überwachung war weitab vom Kriegsschauplatz möglich. So wurde im Zweiten Weltkrieg die Fernaufklärung für das östliche Mittelmeer und den Vorderen Orient vom Balkan aus betrieben[54]. Dem entspricht auch ein Fernaufklärungsergebnis, das Mesopotamien im Ersten Weltkrieg betrifft:

»An der vom Feldmarschall [von der Goltz] mehrfach betonten russischen Absicht, die schwierig gewordene Lage der Engländer südlich von Bagdad zu erleichtern, war nicht mehr zu zweifeln, als am letzten Februartag [1916] durch eine an der Balkanfront stehende deutsche Infanteriedivision ein Funkspruch des im südlichen Persien operierenden englischen Generals Sir Percy Sykes an den britischen Befehlshaber im Irak aufgefangen wurde, der letzterem die erfolgreichen russischen und englischen Operationen in Persien mitteilte und mit den Worten schloß: ›Wir werden bald in der Lage sein, zu Ihnen zu stoßen und Ihnen in Mesopotamien die Hände zu schütteln‹[55].«

d) Lauschdienst – Frühform der Nachrichtennahaufklärung

Erste Ansätze zu einer organisierten Nachrichtennahaufklärung wurden naturgemäß dort gemacht, wo auf der Gegenseite Fernmeldemittel frontnah zum Einsatz kamen, d. h. im Bereich des Truppen-Fernsprechverkehrs. Ausgangspunkt der Nachrichtennahaufklärung ist also der sogenannte Lauschdienst. Auch er hat eine ähnliche Entwicklung durchgemacht wie der Horchdienst.

Den ersten praktisch verwendbaren Fernsprecher stellte der Amerikaner Bell – nach Vorarbeiten von Philipp Reis (1861) und Yeates – im Jahre 1875 her. Bereits drei Jahre später wurde in Deutschland der Fernsprecher versuchsweise und kurz dar-

---

[53] Vgl. Behrendt, Rommels Kenntnis vom Feind.
[54] Vgl. Praun, Untersuchung, P–038, S. 57 ff.
[55] Mühlmann, Waffenbündnis, S. 79.

auf als militärverwendungsfähiges zusätzliches Fernmeldemittel (neben der bisherigen Draht-Telegraphie) bei der Telegraphentruppe eingeführt.

In bezug auf den drahtgebundenen Telegraphen[56] lagen bereits aus dem Krieg 1870/71 Nachrichten-Aufklärungserfahrungen vor:

»Während des Loire-Feldzuges schloß man aus gewissen Zeichen, daß von französischen Technikern Apparate in deutsche Leitungen eingeschaltet und Telegramme mitgelesen wurden. Bald darauf versuchte man selbst mit Glück das nämliche Mittel[57].«

So wurde nun auch frühzeitig an eine Nachrichten-Fernsprech-Aufklärung gedacht. Dabei hatte man zunächst das direkte Anzapfen gegnerischer Leitungen im Auge. Dies konnte selbstverständlich nur im Bewegungskrieg, durch Kommandounternehmen, Kavalleriepatrouillen oder Spione erfolgen. Dementsprechend wurden sowohl in Deutschland (1897)[58] wie auch in Frankreich bei der Kavallerie schon frühzeitig Einschaltungsapparate eingeführt[59]. War in der Felddienst-Ordnung des Jahres 1887 noch kein Hinweis auf den Fernsprecher und seine Einsatzmöglichkeiten gegeben worden, so bringt die Felddienstordnung von 1900 bereits eine ganze Reihe von Instruktionen in dieser Hinsicht. Da heißt es beispielsweise in Ziffer 10 der Einleitung:

»Für den Kavallerieoffizier sind Übungen ... im Anschließen mit Fernsprechern und im Telegraphiren zu betreiben. Für jeden Offizier ist die Kenntniß der Morseschrift werthvoll.«

Und über Nachrichtenaufklärung sagt die Ziffer 59 folgendes aus:

---

[56] Begründung der Militärtelegraphie in Preußen 1854; vgl.: Die Heeresnachrichtenschule im neuen Standort Halle, in: Militär-Wochenblatt, 120. Jg (1935), Sp. 366 f.

[57] Colmar Frhr. v. d. Goltz, Das Volk in Waffen. Ein Buch über Heerwesen und Kriegführung unserer Zeit, 5. umgearb. und verb. Aufl., Berlin 1899, S. 194.

[58] Brixen gen. v. Hahn, Taktik der Kavallerie. 1897, in: Löbell's Jahresberichte über die Veränderungen und Fortschritte im Militärwesen, 24. Jg (1897), Berlin 1898, S. 340–366, hier: Sonderdruck, S. 9.

[59] Willibald Stavenhagen, Verkehrs-, Beobachtungs- und Nachrichtenmittel in militärischer Beleuchtung, Berlin 1896, S. 93.

»Neben den Aussagen der Einwohner kann die Beschlagnahme von Zeitungen, Briefen, Telegrammen (Schriftenstreifen) und sonstigen Schriftstücken auf den Verkehrsanstalten, von Brieftauben, Abfangen von Telegrammen mittelst des Kavallerietelegraphen u.s.w., wichtige Aufschlüsse geben. Das Sammeln derartiger Nachrichten ist vorzugsweise Sache der in vorderster Linie thätigen Kavallerie.«

Nachdem der Fernsprecher als Melde- und Verständigungsmittel bei Kavallerie und Fuß-Artillerie bereits relativ früh eingeführt worden war, forcierten die Erfahrungen des Russisch-Japanischen Krieges die Aufstellung von Truppen-Nachrichteneinheiten auch bei Infanterie und Pionieren[60]. Am 6. August 1910 wurde die »Vorschrift für den Infanterie-Fernsprechdienst« erlassen. Am 1. August 1914 folgte ihr bereits eine Neufassung, die D.V.E. Nr. 376. In ihr wird ausschließlich der Bau von Einfachleitungen – d. h. von Leitungen, deren Rückleitung durch Erdung geschieht – behandelt.

Zu dieser Zeit war bereits bekannt, daß die sich nach allen Seiten ausbreitenden Erdströme der Erd-Rückleitung durch einfache Leitungskontaktnahme mit dem Boden und Verstärkung der dabei empfangenen Impulse die Möglichkeit bieten, Ferngespräche ohne direkte Einschaltung in die Leitung abzulauschen. Bereits 1901 war auf diese Gefahr hingewiesen worden:

»Nichtsdestoweniger heißt es auf der Hut sein, angesichts der Leichtigkeit, welche eine Telephonlinie mit Rückleitung durch den Erdboden einem Gegner darbietet, der im Kriege das Geheimnis der Unterhaltungen und Mittheilungen zu erhaschen suchen wollte[61].«

Um so erstaunlicher ist es, daß in der »Vorschrift für den Infanterie-Fernsprechdienst« von 1914 mit keinem Wort auf diese Gefahr hingewiesen wurde und daß die Vermittlungseinrichtungen an den Apparaten nur für Einfachleitungen eingerichtet waren[62].

---

[60] Ab 1907, vgl. Zur Geschichte der Nachrichtentruppe, S. 221.
[61] Fernsprechbetrieb ohne Draht, in: Kriegstechnische Zeitschrift, 4. Jg (1901), S. 383.
[62] Vgl. Ammon, Fernsprecher und Fernschreiber, in: Die Technik im Weltkriege. Unter Mitwirkung von 45 technischen und militärischen fachwissenschaftlichen Mitarbeitern hrsg. von M. Schwarte, Berlin 1920, S. 248–260, hier S. 251.

Offiziell hatte man also bis 1914 weder von den passiven noch von den aktiven Möglichkeiten eines Lauscheinsatzes Kenntnis genommen. Lauschgeräte waren nicht entwickelt worden.

Wie schon bei der Funkaufklärung ging nach Kriegsbeginn die Initiative für die Ausbildung eines Lauschdienstes mehr von privater Seite aus. Erschwerend kam hier allerdings hinzu, daß zunächst einmal die technischen Voraussetzungen (Geräte) für einen Lauscheinsatz geschaffen werden mußten.

Über die Anfänge des deutschen Lauschdienstes berichtet Albert Praun sehr anschaulich in seiner Selbstbiographie:

»Eines Tages im Monat Mai 1915 sollte ich die Wünsche des Postrats Arendt erfüllen, der mit zwei Blechkisten von Berlin kam. In ihnen waren faustgroße Kathodenröhren, die später mit ihrer Verstärkerwirkung alle Nachrichtenverbindungen verbessern sollten. Mit meinen ›Pionieren‹ stellte ich in der folgenden Nacht zehn Erdleitungen, möglichst nahe an den französischen Gräben her. Sie lagen im Bois Brulé nur 10 bis 15 Meter von den deutschen ab, manche Sappen näherten sich im Niemandsland auf 5 Meter dem Feind. Hier trieben wir unsere Erdstecker lautlos in den Boden oder schlossen das Drahthindernis als Erdleitung an. Die zehn Zuführungen endeten an einem ›Suchschalter‹. Als Arendt am nächsten Morgen in einem Zugführerunterstand seine Versuchsapparatur einschaltete, hörten wir über unsere Erdleitungen laut, wie der gegenüberliegende französische Kapitän mit seinem Leutnant sprach und seine Urlaubserlebnisse in Paris berichtete. Den ganzen Tag über waren Gespräche über Ablösungen, Stellungsbau, Beobachtungen über den Feind aufzunehmen. Es war ein verblüffender technischer Erfolg, der seiner taktischen Auswertung harrte. Arendt wurde gebeten, sein Gerät hierzulassen, um es sofort für die Feindaufklärung auszunutzen. Er versprach, bald ein solches zu liefern, packte ein und verschwand. Ein halbes Jahr dauerte es, bis ich wieder mit dieser Erfindung arbeiten konnte. Inzwischen machten wir selbst Abhörversuche ohne Verstärker. Eigentümlicherweise brachten einander nahe gerückte Erden auf dem fruchtbaren Lehmboden der Woevre-Ebene keine Ergebnisse, während das Wurzelwerk des trockenen Waldbodens der Côtes es ermöglichte, ohne elektrische Verbindung und Verstärker fremde Gespräche zu hören[63].«

Die sich anbahnenden Erfolge im Lauschdienst wiesen nachdrücklich hin auf die Notwendigkeit von Schutzmaßnahmen gegen feindliche Unternehmungen dieser Art. So wurde im

---

[63] Praun, Soldat, S. 18 f.

Winter 1915/16 eine Ablausch-Gefahrenzone eingeführt, die bis 3 km hinter die vorderste Linie reichte. Innerhalb dieser Zone durfte nur in dringenden Fällen vom Fernsprecher Gebrauch gemacht werden. Auch wurden Maßnahmen zur Straffung und Tarnung der Ferngespräche getroffen[64]. Sie fanden etwas später ihren Niederschlag in den »Vorschriften für den Stellungskrieg für alle Waffen, Teil 9: Nachrichtenmittel und deren Verwendung« vom 15. Dezember 1917[65]. Die Franzosen verfuhren entsprechend[66].

Ebenfalls im Winter 1915/16 kamen erstmals planmäßig Lauschtrupps zum Einsatz. Sie waren mit Arendt-Lauschgeräten, einem Dolmetscher und nach Möglichkeit einem Meldefahrzeug – u. U. Kleinauto – ausgerüstet, unterstanden der Korps-Telegraphenabteilung und meldeten ihre Ergebnisse primär an das Generalkommando. In Berlin liefen Kurse zur Ausbildung von Offizieren im Lauschdienst an[67].

1917 wurden die Arendt-Stationen im Armeebereich zu Arendt-Abteilungen zusammengefaßt[68].

Als man begann, Erdtelegraphie für militärische Zwecke zu nutzen, wurden die Arendt-Trupps hierfür eingesetzt, weil das Arendt-Gerät zugleich als Erdtelegraphie-Empfangsgerät brauchbar war. Diese Trupps wurden zusätzlich mit einem Erdtelegraphie-Sendegerät ausgerüstet. Die Armee-Arendt-Abteilungen bestanden dann zunächst aus sowohl reinen Arendt-Trupps wie auch aus Erdtelegraphie-Trupps. Dies erwies sich schnell als unzweckmäßig, da die Erdtelegraphie-Verkehre ergänzender Bestandteil des frontnahen Fernmeldesystems waren. So wurden die Erdtelegraphie-Trupps aus den Arendt-Abteilungen ausgegliedert und den Divisions-Nachrichtenabteilungen direkt zugeteilt[69].

---

[64] Verwendung von Decknamen und Gebrauch von dem Feinde unverständlichen Mundarten. – Im Zweiten Weltkrieg setzten die Amerikaner hin und wieder Navaho-Indianer ein, die den Sprechverkehr in ihrer Stammessprache abwickelten.

[65] Siehe Anlage 5.

[66] Praun, Soldat, S. 19f.; William Balck, Entwicklung der Taktik im Weltkriege, Berlin 1920, S. 144.

[67] Praun, Soldat, S. 19 bzw. 22.

[68] Randewig, Organisatorische Entwicklung, S. 109; speziell für die 6. Armee: Praun, Soldat, S. 25.

[69] Randewig, Organisatorische Entwicklung, S. 117.

Über die Ergebnisse des Lauschdienstes während des Ersten Weltkrieges liegen unterschiedliche Bewertungen vor. Albert Praun faßt seine Erfahrungen etwas zurückhaltend folgendermaßen zusammen:

»Wenn auch die Aufnahmen infolge der Wirkung der ›Gefahrenzone‹ sich auf Bruchstücke und Zufälle der Unvorsichtigkeit beschränkten, eine sehr wichtige Feststellung brachten sie sicher: Die wechselnde Grenze zwischen der britischen und französischen Front, welche Schlüsse auf die Absichten des Feindes zuließ.
Als 1917 eine portugiesische Division an der Front der 6. Armee auftauchte, war sie 24 Stunden später örtlich und in ihrer Zusammensetzung durch die Arendtabteilung erkannt[70].«

Noch skeptischer äußert sich Praun 1950:

»Infolge der Sprechdisziplin im Schützengraben bei allen Gegnern standen die bescheidenen Ergebnisse nicht im richtigen Verhältnis zum Aufwand an Personal und Gerät[71].«

David Kahn äußert sich dagegen zu diesem Thema sehr positiv:

»Beide Seiten verstanden es meisterhaft, die Feldtelephongespräche des Feindes abzuhören. 1916 fielen Tausende von britischen Soldaten in der blutigen Schlacht um Ovillers-la-Boiselle an der Somme. Ganze Bataillone wurden beim Ansturm auf den Hügel dezimiert. Als die Engländer endlich ihr Ziel erobert hatten, fanden sie in einem feindlichen Unterstand die genaue Aufzeichnung ihrer Einsatzbefehle. Ein Major im Brigadestab hatte sie alle über Feldtelephon weitergegeben, obwohl einer seiner Untergebenen ihn darauf hingewiesen hatte, wie gefährlich das sein könnte[72].«

Hierzu muß allerdings bemerkt werden, daß David Kahn als Quelle wohl eine mehr populäre Darstellung der Ereignisse vorgelegen haben muß, die – dem Vorbild antiker und mittelalterlicher Schlachten-Chronisten folgend – das Moment des »Verrats« zu besonderer Wirksamkeit gebracht hat. Aus deutscher Sicht stellt sich der Sachverhalt folgendermaßen dar:

»3.45 vorm. meldete 56. R.I.Br. von ihrem Gef.St. in Contalmaison der 28. R.D. ein durch Mithören auf der Abhörstation ›Moritz‹ in der vordersten Spitze von La Boiselle aufgefangenes Bruchstück eines Befehls der engl. 34. Div.: ›Die Infanterie muß

---

[70] Praun, Soldat, S. 25.
[71] Praun, Untersuchung, P–038, S. 10.
[72] Kahn, Fernmeldewesen, S. 20.

jede Elle Boden, die gewonnen ist, hartnäckig verteidigen. Es steht eine glänzende Artillerie hinter ihr.‹ Dieser Befehl, der scheinbar ein Zusatz zu einem Befehl der engl. 4. Armee war, deutete auf den Beginn des allgemeinen feindlichen Angriffs am Morgen hin[73].«

Tatsächlich war die Fernsprechdisziplin der Franzosen und Engländer – insbesondere in der zweiten Hälfte des Krieges – beachtlich. So lag vor Beginn der englischen Offensive bei Cambrai im Herbst 1917 deutschen Dienststellen höchstwahrscheinlich nur eine einzige Lauschmeldung vor, die auf das bevorstehende Unternehmen hinwies – und dies auch nur sehr verschleiert:

»Schließlich wurden die Bruchstücke eines von der Arendt-Station 18 in Riencourt abgehörten englischen Gesprächs ›Tuesday Flanders‹ (Dienstag Flandern) als auffällig bewertet[74].«

Vor der englisch-französischen Offensive des 8. August 1918 scheint die Geheimhaltung noch effektiver gewesen zu sein. Jedenfalls finden sich in dem entsprechenden Band des Reichsarchivs[75] keinerlei Hinweise auf Lauschergebnisse. Auch weist der tatsächliche Verlauf der Offensive auf weitgehende Überraschung hin.

e) Störsender

Zwangsläufig wurde mit der Entstehung der drahtlosen Telegraphie auch das Problem der Funkempfangs-Behinderung durch störende Sender bzw. planmäßig eingesetzte Störsender aufgeworfen.

Dies Problem war anfangs sogar besonders schwerwiegend, weil in der Frühzeit der Funkentelegraphie Sender wie auch Empfänger ohne die Möglichkeit einer Differenzierung der Wellenlänge arbeiteten. Erst ab 1900 machten die Forschungsarbeiten von Slaby und Graf Arco in Deutschland sowie gleich-

---

[73] Albrecht v. Stosch, Somme-Nord. I. Teil: Die Brennpunkte der Schlacht im Juli 1916, Oldenburg, Berlin 1927, S. 54.
[74] Georg Strutz, Die Tankschlacht bei Cambrai 20.–29. November 1917, Oldenburg, Berlin 1929, S. 12.
[75] Thilo v. Bose, Die Katastrophe des 8. August 1918, Oldenburg, Berlin 1930. Ein Beispiel für Drahtaufklärung mittels Einschaltung in feindliche Leitungen aus dem Polenfeldzug ist in Anlage 6 wiedergegeben.

zeitig Marconi in England die »Mehrfachtelegraphie ohne Draht« möglich[76].

Zwar war mit der Wellendifferenzierung eine gewisse Entlastung der Funkverkehre in bezug auf Störungen eingetreten, doch blieb die Störanfälligkeit noch bis fast zur Mitte des Ersten Weltkrieges sehr groß. Erst zu diesem Zeitpunkt wurden feldverwendungsfähige Geräte entwickelt (Röhrensender, Röhrenempfänger und Röhrenverstärker), die ein Arbeiten mit ungedämpften anstatt mit gedämpften Wellen (tönende Funken) ermöglichten[77]. Aber auch dann noch mußten zufällige wie auch planmäßige Störungen in die Überlegungen der Nachrichtenoffiziere einbezogen werden. Tatsächlich sind dann auch bereits vor dem Ersten Weltkrieg Versuche in dieser Richtung angestellt und Pläne für den Ernstfall ausgearbeitet worden. So hatte man 1913 während einer Funkübung planmäßig Störung betrieben:

»Bei dieser Übung hatte eine einzige Störstation den Verkehr von 2 Kav.Div. mit ihrer Armee und dem H.K.K. völlig lahmgelegt[78].«

Was die Pläne für den Kriegsfall anbelangt, so haben die Festungsgroßfunkstellen bereits vor 1914 den Auftrag gehabt, zum mindesten den russischen Funkverkehr zu überwachen und sich dabei Einblick in die Betriebseigentümlichkeiten zu öffnen mit dem Ziel, im Ernstfall durch Störfunk die Meldewege des Gegners zu lähmen.

Auch französische Großfunkenstationen hatten – wie bereits erwähnt – vor dem Kriege unter diesem Aspekt gearbeitet. Nach Beginn der Operationen wurde zumindest die Großfunkenstation Eiffelturm eingesetzt, um Horch- und gelegentlich auch Stördienst zu leisten[79].

---

[76] Mehrfachtelegraphie ohne Draht, in: Marine-Rundschau, 12. Jg (1901), S. 233 f.
[77] Vgl. Anlage 7.
[78] Alexander Bernay, Der Rahmen, sein Aufbau, seine Bedeutung für die Nachrichtenverbindungen der Division im Bewegungskrieg, Berlin 1926, S. 8.
[79] Vgl. Hanns Günther, Radiotechnik. Das Reich der elektrischen Wellen, Stuttgart 1921, S. 27 ff. Dort auch eine anschauliche Schilderung von Leutnant Meydam über einen ohne entsprechende Betriebszeichen durchgeführten Wellenwechsel im Verkehr zwischen Nauen und Pola, um dem Störsender Eiffelturm auszuweichen; siehe Anlage 8.

Während des Ersten Weltkrieges ist bei der Marine planmäßig Funkstörung, insbesondere im Kaper- und Kreuzerkrieg, betrieben worden[80].

Beim Heer haben die exzeptionellen Horchergebnisse vor und während der Schlacht bei Tannenberg zu der Erkenntnis geführt, daß Horchdienst für die eigene Kriegführung von weitaus größerer Effektivität ist als Störfunk. So wurde im operativen und höheren taktischen Bereich auf letzteren verzichtet.

Lediglich im Gefechtsführungsbereich scheinen derartige Versuche unternommen worden zu sein. So wurden bereits 1915 deutsche Funkstellen eingesetzt mit dem Ziel, den Funkverkehr englischer Artillerieflieger zu stören. Dies mißlang damals, weil die Entfernung des Artillerliefliegers zu seiner Batterie kürzer war als die des Störsenders dorthin, so daß die deutschen Störzeichen klanglich dominiert wurden von den Meldungen des englischen Beobachters[81].

Immerhin wurde die Möglichkeit auch der Unterbindung des eigenen Funkverkehrs durch feindliche Störsender weiterhin sehr ernst genommen. A. Bernay schrieb 1926 hierzu:

»Die Verwendung der Funkverbindung für den militärischen Nachrichtenverkehr wird im Kriege immer begrenzt bleiben. Selbst wenn es gelingt, Abhörsicherheit zu gewährleisten, so bleibt die Gefahr beabsichtigter Störung stets bestehen.

Die Benutzung der Funkerei, wie sie allein der Verkehr mit den Luftstreitkräften erfordert, wird beim Gegner das Bestreben auslösen, den feindlichen Funkverkehr durch Störung mehr oder minder zu unterbinden.

Die Bedeutung der Störung wird allgemein unterschätzt, weil sie im Weltkriege, vor allem im Bewegungskriege, so gut wie keine Rolle gespielt hat ...

Die Möglichkeit, daß der Gegner, welcher die Funkerei nicht oder nur in geringem Maße benötigt [wegen ausreichender Fernsprechverbindungen], den eigenen Funkverkehr schwer stören kann, zwingt dazu, die Verwendung der Funkerei auf das unbedingt nötige Maß zu beschränken[82].«

---

[80] Z. B. Reinhard K. Lochner, Die Kaperfahrten des kleinen Kreuzers Emden. Tatsachenbericht, München 1979, S. 223. Das Buch enthält zahlreiche Angaben über Horchfunk und Versuche zur Ortung feindlicher Sender seitens des Funkpersonals der »Emden«.
[81] Vgl. Praun, Untersuchung, P–038, S. 9.
[82] Der Rahmen, S. 7 und 95.

Die einzige Möglichkeit, trotz planmäßiger oder sonstiger Störung stärkeren Grades einen Funkverkehr ordnungsgemäß durchzuführen, bestand im Ausweichen auf eine andere Wellenlänge. Hierfür war natürlich eine Verständigung zwischen den Funkstellen notwendig. Sie mußte schnell und mit Signalen erfolgen, die wegen ihrer Kürze in Sendepausen des Störers durchgegeben werden konnten, d. h. mit den Mitteln eines reinen Betriebsfunks.

Bereits die »F.T.-Bestimmungen für das Landheer (F.T.L.)«, D.V.E. Nr. 663 von 1912, enthalten in ihren Ziffern 38 d–h sowie 40–43 Bestimmungen über Wellenwechsel mit dem ausdrücklichen Ziel, feindlichen Störsendern oder atmosphärischen Störungen auszuweichen[83].

Während des Zweiten Weltkrieges wurden beim Wellenwechsel folgende Betriebsverständigungszeichen (Betriebsgruppen, auch Q-Gruppen genannt) benutzt:

QRM = ich werde gestört durch fremden Störer
QSU? = soll ich auf Welle senden?
QSU = senden Sie auf Welle ...
QSW? = können Sie auf Welle senden ...?
QSW = ich werde auf Welle senden ...
QWL = Verfügungswelle
QWW? = beiderseitiger Wellenwechsel möglich?
QWW = beiderseitiger Wellenwechsel, ich gebe auf Welle ...

Außerdem waren für den Notfall noch brauchbar:

QZE = Welle zu hoch
QZF = Welle zu niedrig

Die Weiterentwicklung der Funktechnik in den 20er und 30er Jahren mit der Konstruktion von Empfängern mit großer Trennschärfe und mit der Erschließung von Kurz-, Ultrakurz- und schließlich Dezimeter-Welle für das Militärnachrichtenwesen sowie die ungeheure Ausweitung des Funkwesens überhaupt verringerten die Möglichkeiten großangelegter Störungsunternehmungen.

Auch behielten – zum mindesten in Deutschland – die Erkenntnisse des Ersten Weltkrieges in Hinblick auf den Vorrang des Horchdienstes vor dem Stördienst ihre Gültigkeit. Horcherfolge sind u. a. abhängig davon, daß der Gegner im ungewissen gehalten wird, ob und in welchem Maße seine Funkverkehre überwacht werden. Da Stördienst ohne vorhergehenden

---

[83] Ziffernangaben nach dem Neudruck von 1916.

Horchdienst nicht möglich ist, lenkt jede planmäßige Störung des Gegners dessen Aufmerksamkeit darauf, daß seine Verkehre überwacht werden. Weiterhin kann während des Störens der Spruchabsatz der gestörten feindlichen Funkstelle nicht abgehorcht werden. Aus diesen Gründen schließen sich angewandter Horchdienst und Stördienst gegenseitig weitgehend aus[84].

f) Funktäuschung

Das Lancieren von Falschnachrichten, die die feindliche Führung zu Fehldispositionen veranlassen sollen, ist ein uraltes Mittel der Kriegslist. Voraussetzung dafür war zu allen Zeiten die Herstellung einer Kommunikation mit dem Gegner, um die Falschmeldung übermitteln zu können, und die Glaubwürdigkeit der Falschmeldung.
Im Rahmen der militärisch genutzten drahtlosen Telegraphie entstand dann eine für Täuschungsmanöver brauchbare Kommunikation mit dem Gegner, wenn dieser über einen leistungsfähigen Horchdienst verfügte und Vertrauen in die Richtigkeit seiner Horchergebnisse gewonnen hatte.
So setzten im Ersten Weltkriege deutscherseits großangelegte Täuschungsaktionen ein, als man – aus negativen Erfahrungen und durch Rückschlüsse von der Entwicklung des eigenen Horchdienstes auf den des Gegners – die Gewißheit hatte, daß auch Täuschungsverkehre vom Feinde abgehorcht wurden.
Die Glaubwürdigkeit einer funkentelegraphischen Falschmeldung hängt ab von der Glaubwürdigkeit
a) des Funkbetriebs,
b) des Funkverkehrs und
c) des Inhalts.
Der Funkbetrieb darf sich in keiner Weise vom normalen Betrieb unterscheiden. Das bezieht sich nicht nur auf die vorschriftsmäßigen bzw. gebräuchlichen Formen, sondern auch auf das Gebetempo beim Morsen usw. Funker-Ersatzabteilungen mit minder geübtem Personal sind beispielsweise dafür ungeeignet.

---

[84] Vgl. H.Dv. 421/2, Ausbildungsvorschrift für die Nachrichtentruppe (A.V.N.), H. 2: Die Nachrichtenverbindungen der oberen Führung (Einsatz der Nachrichtentruppe), vom 29. 6. 1938.

Der Funkverkehr muß Funkbilder ergeben, die der üblichen Kriegsgliederung entsprechen. Die fingierten Dienststellen müssen an Orten anzupeilen sein, an denen sie tatsächlich auch zweckmäßig untergebracht sein würden. Der Funkverkehr darf auch nicht prononziert sein.

Der aus der Verkehrsauswertung durch den Gegner zu schließende Inhalt muß schließlich operativ glaubhaft sein. So muß ein vorgetäuschter Offensivaufmarsch als operativ sinnvolle Maßnahme einleuchten.

Eine Täuschung durch falsche Spruchinhalte ist weniger wirksam. Sie setzt die Entzifferungsmöglichkeit durch den Gegner voraus. Völlig unsinnig – weil für den Gegner in höchstem Maße verdächtig – wäre es, plötzlich von Schlüsseltext zu Klartext oder zu leichter deutbarem Schlüsseltext überzugehen. Doch wird man, um den Täuschungsverkehr glaubhaft zu gestalten, u. U. auch Schlüsseltexte mit fingiertem Inhalt absetzen müssen. Dem Klartext jedoch – insbesondere solchem mit operativ wichtigem Inhalt – haftet immer etwas Unglaubwürdiges an. Schon 1914 in Ostpreußen weckten die russischen Klartextsprüche eine gewisse Skepsis:

»Die Russen funken offen. Grunert – der Quartiermeister [der 8. Armee] – fragte mich immer besorgt: Sollen wir es ihnen glauben? Warum sollen wir es ihnen nicht glauben? Es kann uns höchstens einmal was passieren, und das, wenn wir vorsichtig sind, nur glimpflich. Ich glaube den Russen prinzipiell alles[85].«

Der Horchdienst ist nicht ausführendes Organ der Funktäuschung (zwei anders gelagerte seltene Ausnahmen werden unten behandelt). Zweckmäßigerweise zieht man ihn jedoch beratend hinzu.

Dagegen ist es für den Horchdienst lebenswichtige Aufgabe, feindlichen Täuschungsfunk zu entlarven, lebenswichtig deswegen, weil alle Tätigkeit des Horchdienstes nur sinnvoll ist, solange seine Meldungen einen hohen Grad an Zuverlässigkeit haben und deswegen von den Feindlage-Sachbearbeitern geglaubt werden. Maßstab hierfür ist oft die Übereinstimmung seiner Meldungen mit Meldungen anderer Aufklärungsorgane, wie z. B. Fliegeraufklärung und Gefangenenaussagen.

---

[85] Aufzeichnungen des Generalmajors Hoffmann, Bd 1, S. XVIII.

Die letztgenannte Tatsache wird bei der Anlage von Funktäuschungen berücksichtigt, indem man beispielsweise Bahn- und sonstigen Fahrzeugverkehr ohne Inhalt an Stellen inszeniert, in deren Nähe auch Täuschungsfunkstellen vom Gegner angepeilt werden können.

Ein glänzendes Beispiel hierfür – wie für eine gelungene Täuschung überhaupt – sind die deutschen Maßnahmen vor der Offensive bei Flitsch/Tolmein im Oktober 1917 in Oberitalien. General der Artillerie Krafft v. Dellmensingen, damals Generalstabschef der dort eingesetzten 14. Armee, berichtet darüber:

»Um die feindliche Spionage durch Erscheinen deutscher Truppen in Gegenden, wo ein Eingreifen der Deutschen vom Feinde erwartet werden konnte, möglichst lange irrezuführen, wurde das Alpenkorps zunächst nach Südtirol transportiert und traf vom 13. September ab bei Trient ein. Ende des Monats setzte es Erkundungsabteilungen, Gebirgsartillerie und ganze Bataillone hier an den österreichischen Fronten ein, um den Italienern deutsche Truppen zu zeigen. Als diese Absicht erreicht schien, wurde das Korps Anfang Oktober nach Veldes verlegt. Auch andere deutsche Abteilungen und Erkundungstruppen wurden auf österreichischen Wunsch in mehreren Tiroler Abschnitten, an der südlichen Karstfront und im Küstengebiet verwendet. Ebenso unternahm der Oberbefehlshaber, General v. Below, eine recht auffällig in Szene gesetzte Fahrt nach Südtirol[86].«

Mit Sicherheit wurde bei den genannten Truppenbewegungen in Südtirol auch Täuschungsfunk getrieben:

»Eine dritte Ausnutzung der Funkerei war der Verschleierungs- und Täuschungsverkehr, dessen hoher Wert beim Angriff gegen Italien zutage trat[87].«

Waren hier in Italien die Funktäuschungen – gekoppelt mit Truppenbewegungen – an einem Frontabschnitt angesetzt worden, der operativ sinnvoller Ausgangspunkt einer Offensive hätte sein können, so traf das nicht zu für deutsche Funktäuschungen in Lothringen, die von der an der Somme geplanten deutschen Märzoffensive 1918 ablenken sollten. Praun berichtet darüber, daß im Raum um Dieuze (Lothringen) zusätzlich zu der dort liegenden Funkerabteilung der 1. bayerischen Land-

---

[86] Konrad Krafft v. Dellmensingen, Der Durchbruch am Isonzo, Teil I: Die Schlacht von Tolmein und Flitsch (24. bis 27. Oktober 1917), Oldenburg, Berlin 1926, S. 22f.
[87] Randewig, Organisatorische Entwicklung, S. 107.

wehrdivision eine weitere Funkerabteilung eingesetzt wurde, um Täuschungsverkehre vorzunehmen[88].
Auch im taktischen Bereich wurden hin und wieder Täuschungen versucht, wie beispielsweise sowohl von den Deutschen als auch von den Engländern an der Palästinafront 1918[89]. In den taktischen Bereich fallen auch die populär gewordenen Funktäuschungen, die Rommel im Zweiten Weltkriege in Nordafrika durchführen ließ[90].
Am Rande sollen noch einige spektakuläre Täuschungen bzw. Täuschungsversuche während des Zweiten Weltkrieges erwähnt werden:
1. Ein als vermutliche Täuschung klassifizierter russischer Großverkehr im Kuban-Gebiet im November 1941. Hier hatten insbesondere ungewöhnliche Betriebs- und Verkehrsmerkmale den Verdacht erregt[91].
2. Die sowjetische Funkverschleierung und Funktäuschung im Raum um Tscherkassy im Januar 1944 sowie bei der am 26. Oktober 1943 beginnenden sowjetischen Rochade nach Norden zum Übergang über den Dnjepr nördlich von Kiew[92].
3. Die mit Hilfe verschiedenster Mittel – u. a. spielten dabei Doppelagenten eine große Rolle – breit angelegte Täuschung vor der alliierten Invasion und in ihrer Anfangsphase in Frankreich im Frühling 1944[93].

[88] Praun, Soldat, S. 31.
[89] Vgl. Anm. 52 auf S. 39 und Ronald Lewin, Funkaufklärung und Funktäuschung bei der alliierten Landung in der Normandie, in: Funkaufklärung und ihre Rolle, S. 202–221, hier S. 205.
[90] Vgl. Randewig, Englandaufklärung und Aufklärung gegen USA – Afrika/Naher Osten, in: Praun, Untersuchung, P–038, S. (59).
[91] Vgl. Randewig, Die deutsche Funkaufklärung gegen Rußland vor der Heeresgruppe Süd vom Juni 1941 bis November 1942, S. 9, in: Praun, Untersuchung, P–038.
[92] Die 3. Garde-Panzerarmee beließ bei der Rochade aus dem Raum um Bukrin südostwärts von Kiew in den Brückenkopf Ljutesch nördlich von Kiew Funkstellen an den alten Gefechtsständen, um ihren Abmarsch zu verschleiern. Auf solche Verfahren der Russen hatte bereits hingewiesen: Die Kriegswehrmacht der UdSSR, Stand Dezember 1941, S. 24, Ziff. 3c, BA–MA, RHD 7/11/4. Vgl. Kunibert Randewig, Die sowjetrussische Funktäuschung in der Schlacht von Tscherkassy, in: Allgemeine Schweizerische Militärzeitschrift, 1953, S. 429–437, ferner die populärwissenschaftlichen Darstellungen bei Paul Carell, Verbrannte Erde, Frankfurt a. M., Berlin 1966, S. 322.
[93] Leo Hepp, Funktäuschung. Ein Hilfsmittel der operativen Führung, in: Wehrwissenschaftliche Rundschau, 4. Jg (1954), S. 116–123; Lewin, Funkaufklärung; David Irving, Rommel. Eine Biographie, Hamburg 1978, S. 467.

4. Die großangelegte erfolgreiche Funkverschleierung und -täuschung vor der deutschen Ardennenoffensive[94].

Über sowjetische Täuschungsversuche mit Nachrichtenmitteln im Japan-Konflikt am Chalchin-Gol Mitte 1939 berichtet Shukow:

»Wir wußten, daß die Japaner Funkaufklärung betrieben sowie Ferngespräche abhörten, und entwickelten zur Täuschung des Gegners ein ganzes Programm von Funk- und Ferngesprächen. Gesprochen wurde lediglich über den Bau der Verteidigungslinie und deren Vorbereitung auf einen Herbst- und Winterkrieg. Für den täuschenden Funkverkehr wurde vorwiegend ein Kode benutzt, der sich leicht entschlüsseln ließ[95].«

Die Hauptaufgabe der Nachrichtenaufklärung bei der »Funktäuschung« ist die rein passive Tätigkeit, Täuschungsmaßnahmen des Gegners zu erkennen. Eine aktive Rolle fällt der Nachrichtenaufklärung dann zu, wenn es sich um das Einschalten in feindliche Nachrichtenverbindungen handelt mit dem Ziel, vorzutäuschen, selbst feindlicher Nachrichtenpartner zu sein. Die Gefahr der Entdeckung dabei ist sehr groß. Dementsprechend wird nur in Sonderfällen von dieser Täuschungsmöglichkeit Gebrauch gemacht. Ein Beispiel aus dem niederen taktischen Bereich wird im Rahmen der Schilderung der Tätigkeit des NAZ 292 unten auf Seite 83 gegeben. Es handelt sich dabei um das Mitsprechen beim Ablauschen feindlicher Ferngespräche. Eine bemerkenswerte Parallele hierzu im Funkverkehr schildert Graziani in seinem Buch »Somalifront«[96].

Das nach Kenntnis des Verfassers früheste spektakuläre Ereignis dieser Art stammt aus Garibaldis Feldzug gegen Neapel im Jahre 1860. Die sich von Süden in Richtung auf Neapel zurückziehenden Royalisten hatten versäumt, die Telegraphenlinie zu unterbrechen. Peard, ein Brigadegeneral Garibaldis, ließ daraufhin von Eboli aus Telegramme mit Falschmeldungen an feindliche Kommandeure, ja sogar an den königlichen Kriegsminister in Neapel durchgeben. Sie bewirkten die kampflose

---

[94] Hepp, Funktäuschung.
[95] G. K. Shukow, Erinnerungen und Gedanken, Berlin (Ost) ⁵1976, Bd 1, S.186. Die u. a. auf diese Weise verschleierte sowjetische Offensive begann am 20. 8. 1939.
[96] Siehe Anlage 9.

Räumung Salernos, das bis dahin von 12 000 neapolitanischen Soldaten besetzt gehalten worden war[97].

3. Nachrichtenaufklärung von 1921 bis 1939

a) Provisorische Fernaufklärung von 1921 bis 1924

Der Versailler Vertrag beließ der Reichswehr an Einheiten der Nachrichtentruppe lediglich für jede der sieben zugebilligten Infanteriedivisionen eine Nachrichtenabteilung mit einer Maximalstärke von 12 Offizieren und 300 Mann. In ihrem Rahmen wurde ausdrücklich auch die Aufstellung einer »Abhörabteilung« zugelassen[98]. Eine Aufstellung von Nachrichtenabteilungen auf höherer Ebene war de jure nicht möglich. Nach Artikel 197 durften lediglich »drahtlose Großstationen« betrieben werden. Damit war die deutsche Nachrichtenaufklärung durch das Diktat der Siegermächte auf die Nahaufklärung beschränkt worden.

Inoffiziell wurde jedoch bereits ab 1921 unter der Bezeichnung »Horchdienst« eine provisorische Fernaufklärung aufgebaut.

---

[97] C. S. Forbes, Garibaldi's Feldzug in Beiden Sicilien, Leipzig 1861, S. 141 ff.
[98] Versailler Vertrag, Teil V: Bestimmungen über Landheer, Seemacht und Luftfahrt. I. Abschnitt, Kap. 1, Art. 160, und ergänzend »Übersicht 1. Abschnitt II«.
Setzt man bei jeder Nachrichtenabteilung für organisatorische und nachrichtentaktische Führung beim Stab und den beiden Kompanien einen Bedarf von 10 Offizieren an, so bleiben für den Chiffrierdienst lediglich 2 Offiziere übrig. Deshalb wurden im Zweiten Weltkrieg Unteroffiziere und Mannschaften im Chiffrierdienst eingesetzt. Sämtliche Mannschaften der Funkkompanien incl. Kraftfahrer waren als Schlüssler ausgebildet. Offiziere schlüsselten in der Regel nicht. Risiken mußten dabei in Kauf genommen werden: 1. Die große Anzahl der als Schlüssler Eingesetzten erhöhte im Falle der Gefangennahme die Gefahr der Kompromittierung eigener Schlüsselsysteme; 2. Die Fehlerquote beim Schlüsseln wuchs, blieb jedoch wegen des Intelligenzgrades des Personals und wegen der Disziplin sehr klein. Beim »Handschlüssel« konnte sie sich nur auswirken in einzelnen verkehrten Buchstaben, die sich meistens sinngemäß berichtigen ließen; dazu wurden Namen im Spruch vor der Verschlüsselung doppelt niedergeschrieben und am Anfang und Ende mit »x« markiert, Zahlen mit Buchstaben ausgeschrieben. 3. Durch fehlerhaftes Schlüsseln konnte die Kompromittierung der Verfahren möglich werden, doch waren die deutschen Schlüsselverfahren so angelegt, daß sie – im Gegensatz zu den sowjetischen Code-Verfahren – keine individuelle Freiheit in der Benutzung boten (abgesehen von der »ungefährlichen« willkürlichen Auffüllung angebrochener Endgruppen von Funksprüchen. Siehe auch Anlage 12.

Als Aufnahmeorgan setzte man die Festen Funkstellen ein. Sie waren durch Betriebsfunk nicht voll ausgelastet. Die Organisation dieses provisorischen Horchdienstes sah folgendermaßen aus[99]:

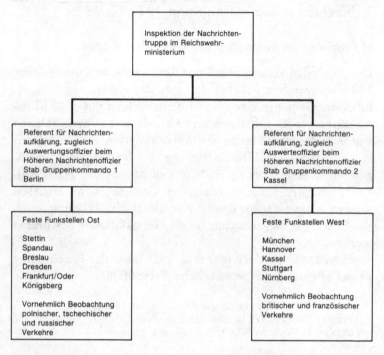

b) Organisierte Fernaufklärung von 1925 bis 1936

Im Jahre 1925 begann die Aufstellung von speziellen Nachrichtenaufklärungseinheiten. Die Festen Funkstellen wurden von der nebenamtlichen Horchtätigkeit entbunden; räumlich wie dienstlich unabhängig von ihnen entstanden als Grund-Einheiten der neuen Organisation Feste Horchstellen. Auch wurden Chiffrier- und Auswertedienst erweitert und zweckmäßig aufgebaut. Die Gliederung der Nachrichtenaufklärung sah dann zunächst wie folgt aus:

---

[99] Randewig, Die Organisation der deutschen Nachrichtenaufklärung 1918–1945, in: Praun, Untersuchung, P–038, S. 1 ff.

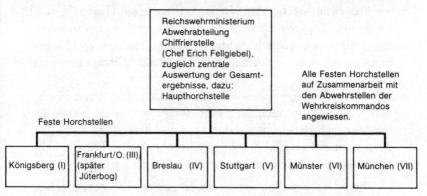

Die Festen Horchstellen hatten zunächst Zugstärke (1 Offizier, 3 Unteroffiziere, 15 Horchfunker, 5 Horchfunkerinnen, 3 Dolmetscher). Sie waren mit Empfangsgeräten für Wellenbereich 100–3000 kHz – ab 1928 auch für Kurzwelle – ausgerüstet. An die Stelle des anfangs benutzten Marine-Peilgeräts für einfache Richtungsbestimmung traten 1928 Rahmenpeilgeräte für beweglichen Einsatz.

Ab 1930 fanden Versuche mit mobilen Horcheinheiten statt, zunächst mit einem Horchzug, der dann bald zu einer Horchkompanie (mot.) erweitert wurde[100].

c) Versuche mit organisierter Nachrichtennahaufklärung in den 30er Jahren

Der Aufbau einer Horchorganisation im Rahmen der Reichswehr hatte – wie oben dargelegt – in den 20er Jahren ausschließlich auf die Fernaufklärung, d. h. auf die Überwachung von Verkehren mit operativer und höherer taktischer Bedeutung gezielt.

Um 1930 gewann das Problem »Nachrichtennahaufklärung« allmählich an Bedeutung.

Gewichtigstes Motiv war sicherlich die Ausrüstung der eigenen Truppen-Nachrichtenverbände mit Funkgeräten. Dabei wurden im Laufe der Zeit pro Infanteriedivision bis zu 100 Funkstellen für den Nahverkehr geschaffen. Diese Ausrüstung, die natürlich in anderen Armeen auch erfolgte bzw. schon erfolgt war,

---

[100] Ebd. Vgl. H.Dv. g. 17/2, Aufklärung durch Nachrichtenmittel, H. 2: Die operative Funkaufklärung, vom 25. 5. 1938.

weckte zwangsläufig den Gedanken an eine Horchüberwachung von Truppen-Funkverkehren. Dies erschien um so wichtiger, als – wie oben berichtet – das Ablauschen feindlicher Ferngespräche nur in Ausnahmefällen größere Erfolge gezeitigt hatte.

Als weiteres Motiv traten aktuelle Berichte über Funk-Nachrichtenaufklärung auch im Nahaufklärungsbereich hinzu. Es handelte sich dabei um Erfahrungen aus dem Krieg zwischen Bolivien und Paraguay im Gran Chaco 1933/34. Ein ehemaliger Major der bolivianischen Armee berichtet darüber:

»Während es den Bolivianern nicht gelang, die gegnerischen Funksprüche zu entziffern, haben die Paraguayer lange Zeit den bolivianischen Schlüssel gekannt. Ob sie durch Verrat oder durch geschicktes Auswerten hinter das Geheimnis kamen, ist bis heute unbekannt. Jedenfalls kannte die paraguaysche Heeresleitung zeitweise die Verpflegungsstärke der bolivianischen Regimenter auf den Mann genau, ebenso die Zahl der Maschinenwaffen nach Arten und Anzahl[101]!«

Schließlich trat stimulierend noch das Bedürfnis hinzu, durch Horchüberwachung eigener Verkehre – insbesondere im Nahbereich – die Sicherheit eigener Schlüssel- und Tarnverfahren zu testen.

Im Sinne der genannten Zwänge und Überlegungen wurden ab 1936 Horchkompanien bei eigenen Manövern im Korps- und Armee-Rahmen eingesetzt. Nach Randewig[102] machte man dabei die Erfahrung, daß diese Kompanien durch die operative bzw. höhere taktische Aufklärung voll ausgelastet waren, so daß kein Spielraum mehr für Nahaufklärung blieb.

Daß letztere sehr erfolgreich sein konnte – sofern man eine Horchkompanie speziell in der Nahaufklärung einsetzte –, bewies andererseits eine Funkübung, die auf Veranlassung des Kommandeurs der Panzernachrichtenabteilung 38 der in Aufstellung befindlichen 2. Panzerdivision, Albert Praun, im Jahre 1936 durchgeführt wurde:

»Ich war im Ungewissen darüber, welche Sicherheit die neuen Schlüsselverfahren gegenüber der möglichen feindlichen Funk-

---

[101] Wim Brandt, Die Nachrichtenmittel und der Rundfunk im Chacokriege, in: Militär-Wochenblatt, 120. Jg (1936), Nr. 39, Sp. 1759 f.

[102] Randewig, die Organisation der deutschen Nachrichtenaufklärung 1918–1945, in: Praun, Untersuchung, P–038, S. 4.

aufklärung boten. Zur Überprüfung bat ich um eine Horchkompanie, welche den Feind darstellte. Hauptmann Karn machte das mit seiner Kompanie. Meine schnellen Funkverbindungen boten ihm, der nur das Wichtigste der gegnerischen Lage wußte, so viel Anhalt, daß wir über die Entschleierung unserer Lage verblüfft waren[103].«

Hemmend standen der Entwicklung einer organisierten Nachrichtennahaufklärung im Frieden folgende Tatsachen entgegen:
1. Während die Fernaufklärung auch im Frieden zu wesentlichen Erkenntnissen und Ergebnissen führt, bleiben der Nahaufklärung mangels Aufklärungsobjekten Ergebnisse versagt. Hier können nur Zufallstreffer erzielt werden bei grenznahen fremden Manövern oder günstig einfallenden Raumwellen im Kurzwellenbereich.
2. Der Mangel an Aufklärungsobjekten bringt zwangsläufig ein Defizit an Erfahrungen mit sich, was zugleich einen Mangel an Ausbildung bedeutet.

Ausbildung muß sich also beschränken auf mehr oder minder theoretische Information über gegnerischen Betriebsfunk und auf Training im Hören von Morsezeichen.

Diese Tatsachen waren dann auch der Grund dafür, daß Versuche, bei den Funkkompanien der Korps-Nachrichtenabteilungen Horchzüge für Mittel- und Kurzwellenempfang und Mittelwellenpeilung einzurichten, unbefriedigend verliefen und wieder eingestellt wurden[104].

Um wenigstens »auf dem Papier« etwas getan zu haben, schob man schließlich den Funkkompanien der Divisions-Nachrichtenabteilungen den »Schwarzen Peter« zu. Sie hatten Nachrichtenaufklärungszüge (NAZ) zu bilden, denen die Überwachung des niederen taktischen bzw. Gefechtsführungs-Bereichs aufgetragen wurde[105]. Ihre Tätigkeit in den wenigen noch verbleibenden Friedensjahren blieb zwangsläufig völlig bedeutungslos.

---

[103] Praun, Soldat, S. 86.
[104] Randewig, Die Organisation der deutschen Nachrichtenaufklärung 1918–1945, S. 4, in: Praun, Untersuchung, P–038.
[105] Vgl. H.Dv. g. 17, H. 1, Die taktische und Gefechtsaufklärung durch Nachrichtenmittel (Funk- und Drahtaufklärung), vom 15. 3. 1938.

d) Organisation der Nachrichtenaufklärung im Zweiten Weltkrieg

Bei Kriegsbeginn bestand beim Oberkommando des Heeres die Horchleitstelle, deren Auswertung (bzw. Auswertestelle) mit Hilfe ihrer Entzifferungsgruppe die Ergebnisse der Auswertestellen 1, 2 und 3 bei den drei Heeresgruppenkommandos auswertete.

Feste Horchstellen mit je 6 Entzifferern bestanden in Cranz, Striegau, Graz, Tulln, Stuttgart, Münster, Husum und Treuenbrietzen.

Die Nachrichtenabteilungen 3, 7, 9, 18, 26, 56 und 57 stellten mit ihren 3. (Horch-)Kompanien die motorisierten Horchkompanien; die Feste Horchstelle Euskirchen wurde zur Horchkompanie (mot) umorganisiert; 1940 kam die neu aufgestellte Horchkompanie 610 hinzu. Die Entziffererstellen wurden 1939 gestrichen, später aber mit 8 Entzifferern je Kompanie wieder eingeführt.

Im Polenfeldzug waren bei der Auswertestelle 1 (Heeresgruppe 1) die Horchkompanien 3/7 und 3/18, bei der Auswertestelle 2 (Heeresgruppe 2) die Horchkompanien 3/3 und 3/56 eingesetzt. Die Festen Horchstellen Cranz (Königsberg), Striegau (Breslau) und Treuenbrietzen setzten die Ostaufklärung von ihren Friedensstandorten aus fort[106].

Eine Horchkompanie (mot.) hatte am 1. August 1939 folgende Soll-Stärke: 6 Offiziere, 3 Beamte, 48 Unteroffiziere, 193 Mannschaften; 19 leichte, 13 mittlere Pkw., 16 leichte, 8 schwere Lkw., 28 Kräder, 1 Beiwagen-Krad[107]. 1938 bestand die Geräteausstattung aus 30 Funkempfangsgeräten für Lang-, Mittel-, Kurz- und Ultrakurzwellen, 8 Peilgeräten und mindestens 5 Funkstellen (1 Peilkommandosender und 4 Peil-Rückmeldesender)[108].

---

[106] Randewig, 50 Jahre, S. 685–693; ders., in: Praun, Untersuchung, P–038, S. (38).
[107] H.Dv. g. 92, Handbuch für den Generalstabsdienst im Kriege, Teil II, S. 140 ff.
[108] Randewig, Die Organisation der deutschen Nachrichtenaufklärung 1918–1945, S. 5, in: Praun, Untersuchung, P–038.

Entzifferung des Heeres 1942 vor der Umorganisation der Divisions-NAZ in Nahaufklärungskompanien

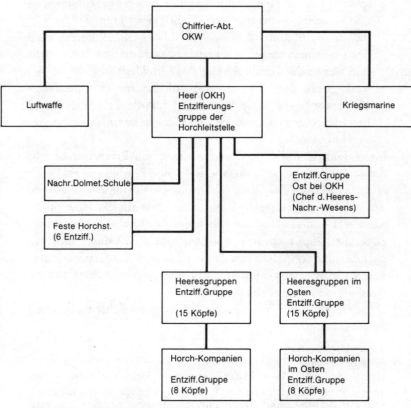

Fortgelassen sind die bei Praun eingezeichneten Nachrichten-Nahaufklärungszüge der Divisionen, für welche Praun je zwei Entzifferer angibt. Diese Züge verfügten sollmäßig über keine Entzifferer. Ihnen war sogar das Entziffern untersagt – de facto wurde es im ersten Jahr des Ostfeldzuges geduldet.

Neuorganisation der Nachrichtennahaufklärung

Ab 1939 machten Kriegserfahrungen deutlich, daß die Organisation der Nachrichtenaufklärung, mit der das deutsche Heer in den Krieg eingetreten war, erhebliche Mängel aufwies. Sie bestanden insbesondere darin, daß

1. die Fernaufklärungskompanien (mob. Horchkompanien) meist räumlich zu weit von den Armeestäben entfernt lagen,

2. sie mit der Aufgabe überfordert waren, ihre Arbeit sowohl auf die Überwachung höherer operativer und logistischer Verkehre als auch auf solche Verkehre zu konzentrieren, die speziell für die Feindaufklärung der Armeeoberkommandos und Generalkommandos von Wichtigkeit waren,
3. die im Armeebereich tätigen Nachrichtenaufklärungszüge der Divisionen wegen mangelnder Koordination ihrer Arbeit und wegen der Beschränkung ihrer Meldepflicht auf den jeweiligen Ic der Division und auf die für sie zuständige Horchkompanie keine Bedeutung für die Feindaufklärung der Armeeoberkommandos und Generalkommandos gewinnen konnten.

Interessant ist in diesem Zusammenhang ein Erfahrungsbericht des Ic des Armeeoberkommandos 4 vom 27. August 1941[109]. Er zeigt die Mängel der Funkaufklärung vor Beginn der Operationen auf, berichtet über die Zusammenarbeit mit der Horchkompanie 611 und erwähnt die Arbeit der Nachrichtenaufklärungszüge überhaupt nicht bzw. macht deutlich, daß durch unzureichende oder verspätete Feindlagemeldungen der Großverbände unterhalb der Armee-Ebene die Tätigkeit dieser Züge für die Armee bedeutungslos bleiben mußte.

Der Bericht, soweit er sich auch auf die Nachrichtenaufklärung bezieht, lautet:

»I. Ic-Dienst.
1.) *Aufklärung.*
Die Aufklärung (geh. Meldedienst und Horchaufklärung) *bis zum Beginn des Feldzuges* ergab für das *Grenzgebiet* im allgemeinen ein richtiges Bild der Feindverhältnisse und Grenzbefestigungen; *unbekannt* blieben die vielfach geringe Effektivstärke der Verbände und die Feindverhältnisse im Gesamt-Raum der S.U.
Allgemein waren nicht klar erkannt:
die Stärke der Panzerwaffen zahlen- und typenmäßig und ihre Organisation,
die Umwandlung der zahlreichen angenommenen Kav.Verbände in mot. und Panzereinheiten,
die Gesamtstärke an Div.,
das Fehlen von Panzern bei den Schützendivisionen.

---

[109] »Zusammenfassung über den Zeitabschnitt 22. 6. bis Anfang August (Beginn des Ostfeldzuges bis Abschluß der Schlacht von Smolensk«), BA–MA, RH 20–4/672.

Die Aufklärung blieb auch nach *Feldzugbeginn* schwierig wegen der frühzeitig einsetzenden starken Vermischung der Verbände und der zahlreichen Anwendung von Tarnnummern.
Im *Einzelnen:*
Die *Horchaufklärung* (Horch-Komp. 611, Kdr. der Horchtruppen Ost) brachte zu Beginn des Feldzuges (Klartextsprüche, schlechte Funkdisziplin) und etwa ab Mitte Juli nach Entzifferung zunächst unbekannter Schlüssel gute Ergebnisse. Die Auswertung war gut und wurde meist rasch übermittelt. Einzelne aufgefangene Funksprüche konnten sofort in Waffenwirkung oder Abwehrmaßnahmen umgesetzt werden. Die Zusammenarbeit mit der Horchkompanie 611 war einwandfrei; erwünscht ist, daß sich die Horchkp. bei oder in Nähe des AOK befindet (schnelle Nachrichtenübermittlung).
...
Die *Aufklärungsmeldungen der Truppe* waren vielfach ungenau und brachten nicht die gewünschten Ergebnisse. Zum großen Teil kamen nur sehr summarisch gehaltene Feindmeldungen, während Angaben über Feindverhalten und Stärke meist fehlten. Die Schulung der Truppe und Stäbe im Aufklärungs- und Meldedienst war also nicht genügend. Weitere Erschwernisse ergaben sich durch die langsame Meldeübermittlung und die *Zweitrangigkeit der Ic-Meldungen,* die sich insbesondere bei den Verbindungen mit der Panzergruppe, die oft nur durch Funk herzustellen war, bemerkbar machte.«

Die geschilderten Mängel sollten nun im Frühjahr 1942 durch die Bildung einer quasi armee-eigenen Nachrichtenaufklärungskompanie behoben werden. Dazu wurden die Nachrichtenaufklärungszüge der Divisionen zu einer Kompanie im Rahmen der Armeenachrichtenregimenter zusammengefaßt: eine Maßnahme, die sich – wenn auch später organisatorisch etwas modifiziert – bis zum Kriegsende hervorragend bewährt hat[110].
Anregungen für die Aufstellung der Nachrichtennahaufklärungskompanien mögen auch ausgegangen sein von den hervorragenden Ergebnissen, welche die Fernaufklärungskompanie 3/56 (am 10. Juli 1942 umbenannt in Nachrichtenfernaufklärungskompanie 621) im Einsatz als Nahaufklärungskompanie seit dem 25. Februar bzw. 24. April 1941 in Nordafrika erzielt hatte. Ihr kam dabei die etatsmäßige Ausstattung mit Peilgeräten sehr zustatten[111].

---

[110] Merkblatt geh. 10b/4, Die Nachrichtennahaufklärungskompanie, vom 24. 7. 1942.
[111] Vgl. Behrendt, Rommels Kenntnis vom Feind.

Vermutlich sind Gliederungs- bzw. Einsatz-Erfahrungen der Horchkompanie 3/56 bei der Festsetzung der Gliederung der neugeschaffenen Nahaufklärungskompanien verwertet worden. Nach der Kriegs-Stärkennachweisung 865 vom 1. März 1942[112] sollte sich die Horchkompanie 3/56 folgendermaßen zusammensetzen:

	Offiziere	Unteroffiziere	Mannschaften	Feldküchen	Fahrzeuge	Anhänger	Kräder
a) Stab (Gruppe Führer)	1	3	4	–	2	1	2
b) Nachr.Verb.Zug	1	9	36	–	13	–	3
c) Auswertungs- und Dechiffrierzug	5*	32	27	–	8	1	–
d) Abhörzug	1	6	75	–	9	2	–
e) Peilzug (Mittelwelle)	1	4	49	–	17	8	–
f) Peilzug (Kurzwelle)	1	4	49	–	17	8	–
g) Fahrzeuge A-Staffel	–	4	18	–	7	3	1
h) Fahrzeuge B-Staffel (Versorgung)	–	1	1	2	1	–	1
	10*	63	259	2	74	23	7

* davon 2 Sonderführer.

Offensichtlich wurde die Kompanie – zum mindesten zeitweilig – horchzugweise eingesetzt[113], was bei der hier überwiegenden Aufnahme von Sprechfunk – mit seiner gegenüber Tastfunk verminderten Reichweite – verständlich ist.
Die Soll-Gliederung einer Nahaufklärungskompanie ist in Anlage 10 wiedergegeben.

[112] Ebd., S. 225.
[113] Ebd., S. 111, 208.

Gliederung der Nachrichtenaufklärungsverbände und -einheiten 1944

	Aufkl. Kdr.	Aufkl. Stb (Rgt.)	FENAST Fe.-Nachr.-Aufkl.-Stell.	FENAK (Nachr.-Fern- bzw. Nahaufkl.-Komp.)	NANAK
Oberkommando des Heeres					
General der Nachrichtenaufklärung			Leit Euskirchen Stuttgart Treuenbrietzen		
Beim Funküberw.Rgt. OKW				612 615 616	
Osten					
H.Gr. Südukraine (A)	8				
2. Pz.Armee					964
6. Armee		2		620	952
8. Armee		1		627	951
H.Gr. Süd (B, Nordukraine, A)	1				
1. Pz.Armee		3		623	966
(17. Armee)			Krim		967
		4			
4. Pz.Armee				617	954
H.Gr. Mitte (Weichsel)	2				
2. Armee		5		622	955
9. Armee		6		(611)	956
4. Armee		7		619	957
3. Pz.Armee		8	Striegau		958
H.Gr. Nord (Kurland)	3				
16. Armee		9		610	959
18. Armee		(10)	Cranz		960
Südosten					
H.Gr. E (F)		16	Graz	626	
Westen					
Oberbefehlshaber West Höh.Offz. der Nachrichtenaufklärung					
H.Gr. H		9			
25. Armee		10	Husum	611	
1. Fallsch.-Armee					
H.Gr. B	6				
15. Armee		13	Münster		953
7. Armee		13		610	965
H.Gr. G	5				
1. Armee		12		621	962
19. Armee		14		613 624	
Südwesten					
H.Gr. C	7				
14. Armee		7	Bergen	(613)	
10. Armee		15	Mont Tulln	(621)	963

Nach: Randewig, 50 Jahre, S. 691. Dortiger Fehler bei der Zuordnung der NANAK 954 korrigiert.

II. Teil
Die Entwicklung der Nachrichtennahaufklärung im Zweiten Weltkrieg, dargestellt an Einzelbeispielen

1. Die 2. (Funk-)Kompanie der Nachrichtenabteilung 292

Auf Befehl des Stellvertretenden Generalkommandos des II. Armeekorps vom 2. Februar 1940 wurde die 292. Infanteriedivision als Division 8. Welle auf dem Truppenübungsplatz Groß Born kurzfristig aufgestellt, so daß die Feldverwendungsfähigkeit zum 1. Mai 1940 gemeldet werden konnte[1]. Im Rahmen dieser Aufstellung erfolgten auch Organisation und Ausbildung der 2. Kompanie der Nachrichtenabteilung 292.
Kompaniechef war Hauptmann d. R. Fritz Biederstaedt, ein mit dem EK I und II ausgezeichneter Funkoffizier des Ersten Weltkrieges – im Hauptberuf Musiklehrer an einem Lyzeum in Stargard. Der Stamm der Kompanie wurde gebildet durch Personalabgaben der aktiven Nachrichtenabteilungen 12 und 32 (Heimat-Wehrkreis II, Stettin), der aktiven Nachrichtenabteilung 5 (Heimat-Wehrkreis V, Stuttgart) sowie der bei Kriegsbeginn mobilisierten Nachrichtenabteilung 175 der 75. Infanteriedivision (2. Welle, Heimat-Wehrkreis II, Stettin)[2]. Er bestand aus Offizieren, Unteroffizieren (darunter drei Kriegsoffizierbewerber, die noch im Jahre 1940 zu Leutnanten befördert wurden) und Mannschaften der Geburtsjahrgänge zwischen 1915 und 1919. Letztere hatten bei Kriegsbeginn ihre aktive Dienstzeit gerade völlig oder zur Hälfte abgeschlossen.
Die zur Auffüllung der Kader versetzten Rekruten gehörten überwiegend den Geburtsjahrgängen um 1910 an. Teilweise waren sie bei Kriegsbeginn, teilweise erst Anfang Januar 1940 zur Nachrichtenersatzabteilung 2 (Pasewalk/Stettin) eingezogen worden[3]. Sie hatten dementsprechend am 1. Mai 1940 eine Funkausbildung von nur 8 bzw. 4 Monaten hinter sich. De

---

[1] Günther Nitz, Die 292. Infanteriedivision, Berlin 1957, S. 10.
[2] Angaben von Fritz H. Suhrcke, damals Hauptwachtmeister der Kompanie.
[3] Befragung ehemaliger Kompanieangehöriger.

facto handelte es sich also – was das Alter des Mannschaftsbestandes anbelangt – zunächst um eine kurzausgebildete Landwehrformation.

Der Sollbestand der Kompanie betrug 4 Offiziere, 32 Unteroffiziere, 144 Mannschaften sowie 62 Kraftfahrzeuge einschließlich Kräder[4]. Der Sollbestand scheint im Frankreichfeldzug noch nicht ganz erreicht gewesen zu sein; der Istbestand an Fahrzeugen glich noch zu Beginn des Rußlandfeldzuges einem chaotischen Kraftfahrzeugmuseum.

Ausrüstung mit Funkgerät[5]

4 M-Funkstellen:
mittlerer Funktrupp, 100-Watt-Sender, Stromerzeugung durch Aggregat, 8 Mann, Kfz. 15 mit Kurbelmast bzw. handelsüblicher leichter Lkw. – beides zuzüglich handelsüblichem Pkw. anstatt bei Divisionsfunkkompanien Kfz. 15/6 zuzüglich Kfz. 17/3[6].

5 kleine Funktrupps a:
5-Watt-Sender, Stromquellen: Tretsatz oder Anode mit Umformer, 8 Mann, handelsüblicher Lieferwagen (Bäckerwagen) und handelsüblicher Pkw. mit Steckmast anstatt Kfz. 17. Im Einsatz bei Infanterie-Regimentsstäben Kfz. 15.

3 kleine Funktrupps b:
wie kleiner Funktrupp a, nur 4 Mann. Obige Funkstellen alle ausgerüstet mit Tornisterempfänger Berta.

1 Cäsar Funkstelle:
für Fliegerverkehr, Steckmast, leichter handelsüblicher Lkw. mit aus Holz aufgebautem Funkraum mit Tür und Fenstern.

4 Tornisterfunktrupps Berta:
Kfz. 2/2, zum Teil auch handelsüblicher Pkw.

---

[4] Nach Angaben von Suhrcke. – Die H.Dv. g. 92, Handbuch für den Generalstabsdienst im Kriege, Teil II, abgeschlossen am 1. 8. 1939, S. 140 und 142, gibt als Sollbestand einer Funkkompanie mot. (allerdings einer Inf. Div. mot.) an: 5 Offz., 42 Uffz., 138 Mannschaften, 8 le, 33 m Pkw., 6 le, 1 s Lkw., 15 Kräder und 1 Beikrad.

[5] Nach Angaben von Dr. Winfried Werner, damals Leutnant in der 2. Kp. der Nachr. Abt. und bis Januar 1942 Leiter des Nachrichtenbetriebes der 292. Inf. Div.

[6] Nach Angaben des damaligen Hauptwachtmeisters Fritz Suhrcke verfügte die Kompanie nur über 3 M-Funkstellen.

4 Tornisterfunktrupps Dora:
Ultrakurzwellengerät; Fahrzeugausstattung wie Tornisterfunktrupp Berta[7].
Mangels Dachantennen bzw. wegen mangelnder Entstörung war während des Marsches in keiner Funkstelle Funkbetrieb möglich[8].

Ist-Bestand an Fahrzeugen[9]

Wehrmachtnachrichtenfahrzeuge: 3 leichte Pkw. Kfz. 2/2, 4 mittlere Pkw. Kfz. 15.
Handelsübliche Fahrzeuge: 13 leichte Pkw., 3 Lieferwagen (Bäckerwagen), wenigstens 14 leichte bis mittlere Lkw., davon 5 mit provisorischem Holzaufbau mit Fenstern und Tür, 2 schwere Lkw., 12 Kräder, 1 Beiwagenkrad.
Der Fahrzeugbestand wurde kurz vor Beginn des Rußlandfeldzuges geringfügig vermehrt. Im Juli 1941 kam noch wenigstens 1 russischer Beute-Lkw. hinzu.
Zu Beginn der Schlammperiode 1941 mußte ab 22. Oktober ein geländegängiges Kfz. der Panzerjägerabteilung für einen kleinen Funktrupp b zum Verkehr der Division mit dem Pionierbataillon eingesetzt werden.
Vom 8. November 1941 bis etwa 10. Januar 1942 wurde von dem Nachrichtenaufklärungszug zum Transport der Geräte eine mit zwei Pferden bespannte Nachrichtenprotze mit Hinter-

---

[7] Vgl. H. Dv. 421/4a, Ausbildungsvorschrift für die Nachrichtentruppe, H. 4a: Aufbau von Funkstellen, Berlin 1940, Anl. 3–11.
[8] Die M-Funkstelle bei der Vorausabteilung Peters – 22. 6. bis 1. 7. 1941 – wurde zur Abgabe eiliger Funksprüche ohne Bedeckung zurückgelassen. Sie entging dabei einmal nur dadurch der Vernichtung, daß ein russischer Panzer, der in ca. 10 m Entfernung an ihrem Aufbauplatz vorbeifuhr, sie nicht bemerkte. Das Zurücklassen der Funkstelle ohne Bedeckung stellte übrigens einen Verstoß gegen bestehende Vorschriften seitens des Nachrichtenführers der Vorausabteilung, Lt. Ende, dar (vgl. Wilhelm v. Dufais, Das militärische Nachrichtenwesen. Was muß der Offizier anderer Waffen von der Nachrichtentruppe wissen? Berlin 1932).
Zwischen dem 21. und 26. 7. 1941 wurde eine Korpsfunkstelle mit Kfz. 61 – Funktrupp Weber – der Divisions-Funkzentrale zugeteilt, um ev. während des Marsches Befehle des Korps zu empfangen. Die Division war nach Forcierung des Dnjepr zu dieser Zeit ohne wesentliche Feindberührung, aber bei sehr ungeklärter Feindlage im Norden, Osten und Süden im zügigen Vormarsch begriffen.
[9] Nach Photographie eines Kfz.-Appells im Winter 1940/41, daher u. U. nicht vollständig (im Besitz des Verf.).

wagen des Ende Oktober aufgelösten Infanterieregiments 509 benutzt.

Später wurden überwiegend landesübliche Schlitten zum Transport von Funk- bzw. Empfangsgeräten verwendet. Für den auf Schlitten verlasteten kleinen Funktrupp b, der vom 9. bis 23. Januar 1942 bei den »bespannten Teilen des Ib«, bei denen sich der Ib selbst befand, eingesetzt war, wurden Pferde und Kutscher von der Veterinärkompanie gestellt.

Im Laufe des Winterrückzugs vor Moskau ging die Mehrzahl der Kraftfahrzeuge verloren.

Gliederung der Kompanie im Einsatz

Abteilungskommandeur war Major Voigt, zugleich Nachrichtenführer der Division. Beim Divisionsstab befand sich ferner ein Leutnant der 2. Kompanie als »Leiter des Nachrichtenbetriebes« (bis Januar 1942 Leutnant Werner)[10].

Die Funkzentrale beim Divisionsgefechtsstand war besetzt mit: Kompaniechef bzw. Kompanieführer (Frühjahr bis Oktober 1941 Oberleutnant Münchow), einem Leutnant oder Portepeeunteroffizier als Funkleiter, diversen Funktrupps. Die Funkzentrale hielt Verbindung nach rückwärts, nach rechts-, notfalls auch links-seitwärts im Querverkehr[11], mit der Cäsar-Funkstelle zur Luftwaffe, besonders aber zu den bei den Einheiten der Division abgestellten Funktrupps[12].

Die Ausstattung der Funkzentrale mit Funktrupps war im allgemeinen so stark angesetzt, daß auf Märschen überschlagender Einsatz möglich wurde.

Bei der Funkzentrale sollte auch der Schlüsseltrupp – bestehend aus Mannschaften, die nicht bei Funktrupps eingeteilt waren – eingesetzt werden. Seine Aufgabe war es, bei starkem Spruch-

---

[10] Vgl. H. Dv. g. 92, Teil I, Ziff. 63, 60, 64.
[11] Vgl. H. Dv. 487, Führung und Gefecht der verbundenen Waffen (F. u. G.), Abschnitt XII–XVIII, Berlin 1927, Ziff. 632.
[12] Eine Funkzentrale im eigentlichen Sinn war erst nach Ausmusterung der alten gedämpften, sich gegenseitig stark störenden (siehe Anlage 7) Sendegeräte des Ersten Weltkriegs im Jahr 1925 und deren Ersatz zunächst durch das 20-Watt-Gerät, ab 1929 dann durch die neuen 5- bzw. 100-Watt-Sender möglich (vgl. Praun, Soldat, S. 55, und H. Dv. 487, Ziff. 656, 657). Mit den neuen ungedämpften Sendern und bei einiger Organisation der Funkbetrieb mehrerer Trupps auf engem Raum möglich. Bei der Funkzentrale in Matrenino waren am 28. und 29. 1. 1942 drei Funktrupps in einer einzigen großen Bauernstube in Betrieb (Tagebuch des Verf.).

anfall den Funktrupps der Zentrale beim Schlüsseln zu helfen. Während des Feldzugs 1941 ist das kaum geschehen. Schlüsseltruppangehörige, überwiegend bedingt funkertaugliche Leute, fuhren meistens beim Troß mit. Am 24. Dezember 1941 sind sie fast ausnahmslos zur Infanterie abgestellt worden.
Nachrichten-Nahaufklärungszug (NAZ), siehe Bericht unten.
Der *Troß* bestand aus Schreibstube, Funktionsunteroffizieren mit Funkmeisterei, Schirrmeisterei und Instandsetzungstrupp, Waffen- und Bekleidungskammer, Versorgungsfahrzeugen, Handwerkern und nicht eingesetztem Personal. Der Troß wurde während der Vormärsche meistens einen Tagesmarsch hinter der Funkzentrale nachgeführt, beim Rückmarsch von der Nara im Januar 1942 wegen der sehr schwierigen Witterungs- und Wegelage rechtzeitig weit nach Westen abgeschoben. War die Division im Stellungskrieg eingesetzt, so lag er ca. 5–10 km hinter der Funkzentrale[13].
Die *Zuteilung der Fahrzeuge zu den Funktrupps* entsprach der taktischen Wichtigkeit der Dienststelle, z. B. Kfz. 15 bei Regimentsstäben und Vorausabteilung, Kfz. 2/2 bei Artillerie-Einheiten und wichtigen Sonderabstellungen. Die Geräteausstattung der Trupps richtete sich nach der zu erwartenden Sendeweite. Bei der Vorausabteilung befand sich z. B. ein 100-Watt-Sender (Reichweite ca. 100–150 km).
Im Laufe des Feldzugs 1941/42 wurde die *etatsmäßige Mannschaftsbesetzung* der Funktrupps nicht eingehalten. Maßgebend war dann meistens die Fahrzeugausstattung, d. h., wieviel Fahrplätze für das Personal zur Verfügung standen.
Geschlüsselt wurde überwiegend mit dem im Winter 1940/41 eingeführten Doppelkastenhandschlüssel. Weiterhin wurden einige Schlüsselmaschinen eingesetzt, und zwar für Verkehre nach rückwärts oder für Querverkehr mit Nachbardivisionen oder auch, da das Handschlüsseln sehr viel Zeit beanspruchte, für Verkehre mit übermäßig großem Betrieb, z. B. während der sehr angespannten Versorgungslage im Winter und Frühjahr 1942 für den Versorgungsstern: Divisionsstab/Ib – Divisionsnachschubführer – Verpflegungsamt (hier wurde anfangs mit Doppelkasten, dann mit der Enigma-Maschine geschlüsselt).

[13] H. Dv. 421/6c, Ausbildungsvorschrift für die Nachrichtentruppe, H. 6c: Die Funkkompanie, vom 30. 9. 1932, Ziff. 66; teilweise Abweichung von der Vorschrift.

Kein Sprechfunk. Oberhalb der Truppen- bzw. Gefechtsebene fand, solange der NAZ 292 bei der Division war, kein Sprechfunkverkehr statt; Ausnahme: letzte Offensive gegen Moskau vom 1. bis 3. Dezember 1941.

Funkbehinderung durch Kälte: Nach Marsch bei extremen Kältegraden benötigten Funkgeräte etwa zwei Stunden, um ausreichend zu erwärmen. Bei zu früher Benutzung der Sender wurden die Röhren defekt.

Die *Funkausbildung* erwies sich als ausreichend. Auf jeden Fall übertraf sie sowohl an Hör- und Gebefähigkeit wie insbesondere auch an Disziplin die russische Ausbildung der mittleren und Korpsebene bei weitem. Die in den Trupps eingesetzten Funker konnten – wenn man von den ebenfalls funkerisch ausgebildeten Kraftfahrern absieht – überwiegend mindestens Tempo 80–90 – d. h. 80 bis 90 Morsezeichen in der Minute – sicher hören und geben, manche auch mehr. Die Verkehre wickelten sich nach Erfahrung des Autors 1941/42 meistens bei Tempo 50 bis 60 ab. Der Zwang zur genauen Betriebsbuchführung sorgte für strenge *Funkdisziplin.* So wurde z. B. Ende Oktober 1941 ein junger Funker wegen eigenmächtigen Abstimmens mit vvvv[14] disziplinarisch bestraft.

Gefechtsfähigkeit: Die infanteristische Ausbildung der Mannschaften wie auch der meisten Chargen war gleich null. Im Winter 1940/41 beschränkten sich Gefechtsübungen auf »Verteidigung von Funkstellen«, d. h. die Funker legten sich im Kreis um eine markierte Funkstelle, der Feind schlich an, und dann wurde fröhlich mit Platzpatronen geschossen. Der damalige Leutnant Werner bemühte sich um etwas sinnvollere Übungen. Völlig unberücksichtigt blieb die Ausbildung im Rahmen der Infanterie-Gefechtsgruppe. Obwohl die Kompanie über leichte Maschinengewehre 34 verfügte, gab es zahlreiche Mannschaften, die niemals über diese Waffe belehrt worden waren. Nur verschwindend wenige Angehörige der Kompanie hatten jemals eine Handgranate auch nur berührt.

Für den beginnenden Rußlandfeldzug wurde der Kompanie eine Pak 3,7 zugeteilt. Sie wurde mit notdürftig ausgebildeten Angehörigen der Kompanie bemannt; ihr Führer war der ur-

---

[14] Wiederholtes Tasten des Morsezeichens »...–«, um der Gegenstelle das Einstellen des Empfängers auf die Sendewelle zu ermöglichen.

sprünglich einmal bei den Panzerjägern ausgebildete Unteroffizier Solzien. Die Pak fuhr im Schlepp eines Lkw. bei der Funkzentrale und ist kämpfend nicht zum Einsatz gekommen. Nach der Doppelschlacht bei Bialystok/Minsk wurde sie abgegeben (im Gefecht bei Grabowicze am 24. Juni 1941 hat der Autor sie in dem genannten Ort angekoppelt an den Lkw. stehen sehen).
Inneres Gefüge: Durch die Mischung der Kompanie aus Chargen im aktiven oder Reserve-Dienstalter mit Landwehrmannschaften erwuchsen Probleme. Das bezog sich nicht nur auf die Altersstruktur, sondern auch darauf, daß zwischen einigen älteren Funkern, die z. B. Vollakademiker waren, und einigen ihrer Vorgesetzten ein merkliches soziales und Bildungsgefälle bestand. Hatte eine so außergewöhnliche und skurrile Führerpersönlichkeit wie Hauptmann Biederstaedt hier überbrückend wirken können, so war das eine nicht wiederholbare Sonderleistung.
Die Situation änderte sich durch das Hinzutreten jüngerer Mannschaften: Am 13. November 1940 kamen an Ersatz 22 jüngere – Jahrgänge um 1920 – Funker von der 7. Kompanie der Nachrichtenersatzabteilung 2 (Stettin) zur Kompanie. Sie waren nach sechswöchiger Ausbildung dort nach ihren unsoldatischen Eigenschaften eigens ausgesucht und als erste Abstellung der Ersatzkompanie zur 292. Infanteriedivision in Marsch gesetzt worden. Man beachte die negative Auswahl für Divisionen 8. Welle! Etwa die Hälfte der Mannschaften stammte aus Hamburg. Dieser Ersatz war in der Haltung überwiegend wenig stramm, zu etwa zwei Dritteln überdies nur bedingt funkertauglich. Nach derart schlechten Erfahrungen mit zugeteilten Ersatzmannschaften fuhr der Abteilungskommandeur, Hauptmann Voigt, Anfang 1941 persönlich nach Stettin, um sich den nächsten Ersatz selbst auszusuchen. Im Frühling erreichte die Kompanie noch ein dritter Transport von Ersatz, und bei Beginn der Operationen gegen Rußland befanden sich einige weitere Ersatzmannschaften beim Marschbataillon. Diese legten den ersten Teil des Vormarsches beim Marschbataillon zu Fuß zurück und traten im Spätsommer 1941 zur Kompanie.
Durch die nun veränderte Alterszusammensetzung der Mannschaften lösten sich die genannten Probleme in der Weise, daß Subalternoffiziere, die mangelnde Führereigenschaften durch die formale Autorität ihres Ranges ersetzen mußten, um die Ab-

lösung älterer Mannschaften ihrer Trupps und um ihre Ersetzung durch junge Soldaten baten. Hierdurch bildete sich teilweise eine Altersgliederung der Funktrupps heraus; so wurde ein Funktrupp humorvoll als »Altherrenriege« bezeichnet. Ein typisches Beispiel hierfür war auch der Nachrichtenaufklärungszug. Er bestand anfangs überwiegend aus älteren, später aus jüngeren Mannschaften. Groteskerweise schied durch diese aus disziplinarischen Gründen erfolgende Altersumschichtung die Mehrzahl der – vor Aufstellung des Zuges – bei einer Horchkompanie kurzfristig in den russischen Funkverkehr eingewiesenen Mannschaften aus dessen Bestande aus.

2. Der Nachrichtenaufklärungszug der 2. (Funk-)Kompanie der Nachrichtenabteilung 292

a) Aufstellung

Im Zuge der deutschen Wiederaufrüstung war die Nachrichtennahaufklärung Bestandteil der Nachrichten-Betriebsformationen geblieben, und zwar der Divisions-Nachrichtenabteilungen[15]. Ihre Funkkompanien sollten jeweils einen Nachrichtenaufklärungszug (NAZ) aufstellen, dessen Horchpersonal aus dem Bestand an Betriebsfunkern und dessen Lauschpersonal aus dem an Fernsprechern zu entnehmen war.

Im »Handbuch für den Generalstabsdienst im Kriege« werden Aufgabe und Einsatz der NAZ wie folgt vorgeschrieben:

»12. Die taktische und die Gefechtsaufklärung durch Nachrichtenmittel ist in erster Linie Aufgabe des Nachrichtenaufklärungszuges der Div.Funkkompanie ...
13. Den Einsatz des Nachrichtenaufklärungszuges befiehlt der Kommandeur der Div.Nachrichtenabteilung nach den Weisungen der Div.«

Für die Zusammenarbeit der Horchkompanien mit den NAZ der Divisionen bestimmte die Ziffer 10:

»Ergebnisse mit den Nachrichtenaufklärungszügen (taktische und Gefechtsaufklärung) auszutauschen, kann zweckmäßig sein[16].«

Die 292. Infanteriedivision hatte man unmittelbar nach ihrer Aufstellung in Groß Born im Frankreichfeldzug eingesetzt,

---

[15] Siehe S. 59.
[16] H. Dv. g. 92, Teil I, Abschnitt VI, Nachrichtenverbindungen.

ohne daß ausreichend Zeit gewesen wäre, einen NAZ aufzustellen bzw. ihn für die Überwachung französischer Funkverkehre zu schulen. Nach dem Frankreichfeldzug wurde die Division ins Generalgouvernement (Polen) verlegt. Dort übernahm sie einen unverhältnismäßig großen Abschnitt an dem hier die Grenze zur Sowjetunion bildenden nördlichen Bug. Im unmittelbaren Grenzschutz war die Division nicht eingesetzt. Dieser wurde vielmehr vom Zoll-Grenzschutz ausgeübt, während die Einheiten der Division friedensmäßig garnisonierten.
Neben anderen Einheiten (Infanterie, Pionierbataillon und einer Artillerieabteilung) lagen Divisionsstab und Nachrichtenabteilung in Siedlce. Im Herbst 1940 war die 2. Kompanie damit beschäftigt, ihre Unterkunft, eine Schule, für Garnisonzwecke auszubauen, Fahrzeuge, Waffen und Gerät instandzusetzen und den Mitte November eingetroffenen Ersatz[17] zu schulen.
Bis Mitte Dezember bestand bei der Kompanie keinerlei unmittelbare Kriegsbereitschaft. Erst um Weihnachten herum wurde eine provisorische Einteilung der Funktrupps für einen eventuellen Ernstfall vorgenommen und – seltsamerweise durch Aushängen am »Schwarzen Brett« – den Kompanieangehörigen bekanntgemacht. Dies Datum trifft etwa zusammen mit der ersten Information des Armee-Oberkommandos 4, dem die Division unterstand, über den ersten Planentwurf Operation Ost[18].
Etwa zur gleichen Zeit wurde auch ein neues Hand-Schlüsselverfahren eingeführt, der Doppel-Kasten-Schlüssel[19].
Schließlich wurde im März 1941 die (erstmalige) Aufstellung eines NAZ im Rahmen der 2. Kompanie befohlen[20]. Die Aufstel-

[17] 22 Rekruten mit nur 6wöchiger Ausbildung bei der 7. (Funk)/Nachr. Ers.Abt. 2, Stettin.
[18] Vgl. Das Deutsche Reich und der Zweite Weltkrieg, Bd. 4: Der Angriff auf die Sowjetunion, Stuttgart 1983, S. 233 ff. (Klink). Lew Besymenski, Sonderakte Barbarossa. Dokumentarbericht zur Vorgeschichte des deutschen Überfalls auf die Sowjetunion – aus sowjetischer Sicht, Hamburg 1973; Olaf Gröhler, Zur Einschätzung der Roten Armee durch die faschistische Wehrmacht im ersten Halbjahr 1941, dargestellt am Beispiel des AOK 4, in: Zeitschrift für Militärgeschichte, 7. Jg (1968), S. 724–738, Dok. 1; Erich Helmdach, Überfall? Der sowjetisch-deutsche Aufmarsch 1941, Neckargemünd 1975, S. 15.
[19] Vgl. Anlage 12, S. 255 f.
[20] Es ist anzunehmen, daß diese Maßnahme im unmittelbaren Zusammenhang stand mit der »Operativen Studie über die Vorbereitung des Angriffs der Heeresgruppe Mitte auf die Sowjet-Union« vom 6. 2. 1941, vgl. Gröhler, Einschätzung der Roten Armee, Dok. 2.

lung wurde ausschließlich mit Personal der 2. (Funk-)Kompanie durchgeführt – d. h. Lauscheinsatz war nicht berücksichtigt[21]. Zur Information über russischen Funkverkehr wurden 1 Wachtmeister, 1 Unteroffizier und 3 Mann zu einem Kurzlehrgang bei einer Horchkompanie im Raum um Warschau kommandiert. Eine Einweisung in russische Schlüsselverfahren fand dort nicht statt. Im Gegenteil wurde im Rahmen des Lehrgangs ausdrücklich darauf hingewiesen, daß das Schlüsseln bei den NAZ verboten sei; die Begründung war, man wolle verhindern, daß bei eventueller Gefangennahme frontnah eingesetzter NAZ-Angehöriger dem Gegner bekannt würde, welche seiner Systeme offengelegt seien[22].

Zu den bei der Horchkompanie geschulten 5 Mann traten noch weitere Mannschaften bzw. Unteroffiziere, so daß der Zug bei seinem ersten Einsatz zunächst eine Stärke von 0, 3, 11[23] hatte. Die etatsmäßig vorgesehene Stärke betrug mit an Sicherheit grenzender Wahrscheinlichkeit 16 Mann, da im Frühling 1942 von der Kompanie zur Bildung der 10. (Nachrichtennahaufklärungs-)Kompanie des Panzerarmeenachrichtenregiments 4 insgesamt 16 Mann abgegeben werden mußten. Tatsächlich sind allerdings während der Operationen zwischen dem 22. Juni 1941 und dem 11. Mai 1942 niemals 16 Mann der Kompanie gleichzeitig in der Nachrichtennahaufklärung eingesetzt gewesen. Vielmehr pendelte sich während des Feldzuges eine Stärke des Zuges von 0, 1, 6 ein: 1 Wachtmeister als Zugführer und Auswerter, 2 Dolmetscher, 2 Horchfunker, 1 Kraftfahrer bzw. im Winter Kutscher, 1 Kradmelder; dieser entfiel in der Schlammperiode und im Winter. Einer der Horchfunker versah ab November 1941 neben seinem Horchdienst noch den Entzif-

---

[21] Bei den NAZ anderer Divisionen wurden teilweise auch Lauschtrupps aufgestellt. Siehe zur 252. Inf. Div.: Walther Melzer, Geschichte der 252. Infanterie-Division 1939–1945, Bad Nauheim 1960, S. 294.

[22] Entsprechend wurden natürlich auch NAZ bzw. in Bildung befindliche NAZ anderer Divisionen geschult bzw. – wenn sie im Westfeldzug bereits einen NAZ aufgestellt hatten – auf russischen Funkverkehr umgeschult. Siehe zur 137. Inf.Div. (Wilhelm Meyer-Detring, Die 137. Infanteriedivision im Mittelabschnitt der Ostfront, Petzenkirchen/N.Ö. [Selbstverlag] 1962, S. 15): »Sonderausbildungen wie die des Nachrichtenaufklärungszuges der N.A. 137 beim Horchkommando Ost in Warschau ...«. Prauns Angabe (Untersuchung, P–038, Anl. 6a), die NAZ seien mit 2 Entzifferern ausgerüstet gewesen, ist unrichtig.

[23] 0 Offz./ 3 Uffz./ 11 Mannsch.

ferungsdienst. Entsprechend der geringen Zugstärke beschränkte sich dann die Geräteausstattung auf einen Horchempfänger Ulrich und einen Tornisterempfänger Berta, ersterer für Sprechfunk, der letztgenannte für Tastfunk-Empfang[24].

b) Einsatz an der Grenze

Am 4. April 1941 kam der NAZ zum Einsatz an der Grenze. Die Breite des Divisionsabschnittes ließ eine Teilung des Zuges notwendig erscheinen. Der Hauptteil lag in Bużyska gegenüber von Drohycin unmittelbar am Bug. Hier waren 1 Wachtmeister als Zugführer, 5 Horchfunker, 1 Kraftfahrer mit einem Kfz. 2/2 und ein Kradmelder eingesetzt. 32 km weiter unterhalb am Bug in Kielpiniec lag der andere Zugteil in Stärke von 1 Unteroffizier, 4 Horchfunkern und einem Kradmelder.
Eine Koordinierung der Arbeit beider Zugteile fand nicht statt. Sie arbeiteten und meldeten ihre Horchergebnisse völlig unabhängig voneinander. Eine Kooperation wäre in dieser Phase der »Einarbeit in den russischen Funkverkehr« auch sinnlos gewesen, da die Horchergebnisse – fast ausschließlich verschlüsselte Texte – für die Führung des NAZ keine Inhaltsauswertung zuließen und da für Verkehrsauswertung die Erfahrung fehlte.
Jeden Sonnabend wurde das während der Woche angefallene Spruchmaterial durch Kradmelder an die Horchkompanie, die damals in Biala Podlaska lag, weitergereicht. Außerdem war angeordnet, Klartextaufnahmen von Bedeutung unmittelbar an den Ic der Division zu melden. Derartige Ergebnisse sind jedoch – nach Erinnerung des Verfassers – vor dem 22. Juni 1941 nicht erzielt worden.
Der Anfall auch von Sprechfunk machte die Zuteilung von zwei Dolmetschern notwendig. Sie wurden von anderen Heeresteilen zur Kompanie versetzt und den beiden Einsatzgruppen des NAZ zugewiesen. Da die Aufnahme von Sprechfunk mit dem Tornisterempfänger Berta wenig befriedigte, wurde der Zug nun zusätzlich mit zwei Horchempfängern Ulrich ausgerüstet[25]. Mit dem beginnenden deutschen Aufmarsch an der Demarkationslinie wurde die Einsatzbreite der Division verringert. So

---

[24] Vgl. Anm. 2 auf S. 139.
[25] Vgl. D 1056/5, Merkblatt zur Bedienung des Funk-Horch-Empfängers »u« (FuHE u), vom 4. 6. 1940. Frequenzbereich 750–25 000 kHz.

übernahm am 2. Juni 1941 die 137. Infanteriedivision den Nordabschnitt am Bug[26], wo bisher die Einsatzgruppe Kielpiniec des NAZ 292 gelegen hatte. Diese wurde aufgelöst; Truppführer und je ein Dolmetscher und Horchfunker traten zum NAZ in Bużyska, der dafür weniger geeignete Leute aus seinem Bestand zur Kompanie zurückstellte. Die Gesamtstärke des Zuges wurde damit reduziert auf 0/2/8.

Im Mai 1941 wurde der Zugführer des NAZ zu einem Kurzlehrgang über »Auswertung« (nach Ostpreußen?) kommandiert. Er brachte von dort Material über russisches Funkwesen sowie Kriegsgliederungen mit, welches unter dem Titel »Auswertebehelf g. Kdos.« zusammengefaßt war und angeblich aus dem finnischen Winterkrieg gegen Rußland 1939/40 stammte[27]. Dieser »Auswertebehelf« bestand aus:

1. Betriebsunterlagen für den russischen Funkbetrieb,
2. Grundcode für russische Schlüssel, und zwar die PT 39a sowie 3Z-Code[28],
3. Angaben über russische Funkgeräte, nämlich Bezeichnung, Frequenzbereich, Reichweite und ihren Einsatz in bezug auf Truppengattung und Führungsebene[29],
4. Kriegsgliederungen russischer Verbände (Schützendivision, 2 unterschiedliche Gliederungen einer mechanisierten Brigade, Kavallerie-Gebirgsdivision)[30].

Im nachhinein sind die Kriegsgliederungen von historischer Bedeutung. Bei den Gliederungen handelt es sich nämlich um die Gliederung der Schützendivision von 1935[31] und um die Gliederung der mechanisierten Brigaden, die nach 1936 eingeführt wurde, als man die bis dahin bestehende Gliederung der Panzer-Großverbände auflöste. Wenn im Auswertebehelf von 1941 diese Gliederungen enthalten waren, so wird damit nachdrücklich belegt, daß die eminent wichtige Tatsache der 1940 begin-

---

[26] Meyer-Detring, 137. Infanteriedivision, S. 15.
[27] Nach Jukka L. Mäkelä, Im Rücken des Feindes. Der finnische Nachrichtendienst im Kriege, Frauenfeld und Stuttgart 1967, S. 58, wurden von den Finnen erbeutete Akten verkauft.
[28] Teilkopie der PT 39a im Besitz des Verf.
[29] Belegt durch: NAZ 292, Funklagemeldung Nr. 16 für den 29.–30. 8. 1941 vom 31. 8. 1941, BA–MA, RH 26–292/61.
[30] Damals angefertigte Abschrift im Besitz des Verf.
[31] Vgl. Die Streitkräfte der UdSSR. Abriß ihrer Entwicklung von 1918 bis 1968 (Autorenkollektiv), Berlin (Ost) 1974, S. 253.

nenden Umgliederung der sowjetischen Panzerwaffe in Großverbände nach deutschem Vorbild zu Beginn des Rußlandfeldzuges bei der deutschen Feindaufklärung noch nicht bekannt war.

Die Tatsache, daß im Auswertebehelf für Nachrichtenaufklärungszüge sowjetische Grundcode enthalten waren, hätte damals als Hinweis erkannt werden müssen, daß das Entziffern einfacher russischer Schlüsselverfahren im Rahmen des Zuges stillschweigend geduldet werden sollte. Leider zog der Zugführer daraus nicht diese Schlußfolgerung. So begann die Entzifferungstätigkeit beim Zug erst im Herbst 1941 anstatt im Mai des gleichen Jahres.

Es ist dargelegt worden, daß mangels Klartextaufnahmen und infolge des Unvermögens, russische chiffrierte Sprüche zu lösen, vom NAZ keinerlei Meldungen von Bedeutung an den Ic der Division erstattet wurden. Dies hatte zur Folge, daß die Führung der Kompanie zu einer falschen Einschätzung der Tätigkeit des NAZ kam. In ihren Augen waren die Angehörigen des Zuges qualifizierte Betriebsfunker, welche auf höheren Befehl ihrer eigentlichen Aufgabe in den Funktrupps entzogen waren. Völlig zu Recht rangierte für die Funkleitung die zuverlässige Aufrechterhaltung der Nachrichtenverbindungen der Division an erster Stelle.

Aus diesem Grunde reduzierte man während des Feldzuges den Mannschaftsbestand des Zuges. In Zeiten lebhaften Bewegungskrieges, wenn die ganze oder die Hauptlast der Nachrichtenverbindungen von der Funkkompanie zu tragen war – z. B. im Oktober 1941 während der Schlammperiode oder beim Rückmarsch von Moskau im Januar 1942 –, wurde der NAZ sogar völlig aufgelöst, um mit seinen Mannschaften Funktrupps zu bilden[32].

Über die Bedeutung der Arbeit des NAZ 292 vor dem 22. Juni 1941 läßt sich nichts Gesichertes aussagen. Fest steht, daß in den elf Wochen des Einsatzes am Bug eine sehr große Anzahl von Chiffre-Sprüchen aufgenommen und an die Horchkompanie weitergeleitet wurde. Eventuell erzielte Ergebnisse von Wichtigkeit sind in die Meldungen der Nachrichtenfernaufklä-

---

[32] Siehe S. 91 und 97.

rung eingeflossen und dort als Leistungen des NAZ nicht mehr zu identifizieren.

Über Einsatz und Ergebnisse der Fernaufklärung Ost bis zum 22. Juni 1941 ist folgendes zu sagen: Die Funkaufklärung Ost hatte bereits gegen Ende des Polenfeldzuges und danach den Einmarsch der Roten Armee in Ostpolen überwacht, ohne allerdings zu tieferen Erkenntnissen über Gliederungen und Truppenverteilung zu kommen. Während des Finnlandkrieges 1939/40 machte das unerwartet günstige Einfallen von Raumwellen (Kurzwellenbereich) die Aufnahme taktischer bis operativer Sprüche möglich. Einsatzbedingt wickelte sich der Verkehr wesentlich freier ab als in Ostpolen. So ergaben sich wertvolle Hinweise auf Gliederungen und insbesondere auch auf Stellenbesetzungen der Roten Armee[33].

Keinesfalls ist die Sowjetunion vor Hitlers Entschluß zum Rußlandfeldzug – also vor Mitte des Jahres 1940 – Schwerpunkt der Nachrichtenaufklärung gewesen. Das ist um so bemerkenswerter, als der Nachrichtenfluß aus der Sowjetunion wegen der hermetischen Abriegelung des Landes spärlich war[34].

Erst im Herbst 1940 verlagerte sich allmählich das Gewicht der Nachrichtenaufklärung nach Osten. Dabei kamen zunächst zum Einsatz:

Heeresgruppe Nord: Horchtruppenkommandeur 3, mit der beweglich gemachten Festen Horchstelle Königsberg/Cranz und der Horchkompanie 610.

Heeresgruppe Mitte: Horchtruppenkommandeur 2, mit der beweglich gemachten Festen Horchstelle Breslau/Striegau und

---

[33] Vgl. Praun, Die Erfahrungen bei der Beobachtung der feindlichen Funkdienste, insbesondere des russischen, britischen und amerikanischen Heeres, in: ders., Untersuchung, P–038, S. 39.

[34] Vgl. Helmdach, Überfall, S. 9–15. Lediglich in den neusowjetischen Gebieten (Baltikum, Ostpolen) wurde unter Ausnutzung des Gegensatzes zwischen Einwohnerschaft und Sowjets eine erfolgreiche Agententätigkeit möglich und seit Herbst 1940 in steigendem Maße gefördert. Meldungen über Truppenbeobachtungen, Bau und Zustand von Straßen, Brücken und Befestigungsanlagen haben sich in zahlreichen deutschen Akten erhalten (z. B. Gen. Kdo. XX. A.K./Ia Nr. 025/41 g. Kdos., Teil B, Feindlage vom 12. 5. 1941, BA–MA, RH 24–20/73). Sandalov berichtet über deutsche Agenten (Perežitoe, S. 73): »Viel erfuhren wir durch beim Überschreiten der Grenze Festgenommene und durch Funksprüche deutscher Spione, durch zwei in der Polesje gefangene Fallschirm-Diversanten, von in Gainowka arretierten feindlichen Agenten, die die Verbindung mit ihren Leitstellen mittels Brieftauben aufrechterhielten.«

den Horchkompanien 3/18 und 611, letztgenannte neu aufgestellt.
Heeresgruppe Süd: Horchtruppenkommandeur 1, mit den Horchkompanien 3/3 und 3/7. Nach Beginn der Operationen trat noch die Horchkompanie 3/57 hinzu.
Vor dem 22. Juni 1941 kamen also von 17 Fernaufklärungseinheiten des Heeres zum Einsatz gegen den Osten. Sie verfügten über insgesamt etwa 250 Empfänger, was bei einer geplanten Angriffsbreite von rund 1000 km relativ wenig ist[35].
Nun waren im April 1941 – nach Zuführung der 1. und 2. Aufmarschstaffel – 103 Divisionen im Osten bereitgestellt. Vorausgesetzt, daß alle diese Divisionen Nachrichtenaufklärungszüge mit zunächst etwa 4 Empfängern aufstellten, ergab sich ein zusätzlicher Bestand von 412 Empfängern. Durch die Zersplitterung in kleine Horcheinheiten und die relative Planlosigkeit ihres Einsatzes konnte die Effektivität ihrer Arbeit naturgemäß nicht sehr groß sein, gleichwohl muß angenommen werden, daß die Nahaufklärung auch hier schon einen wichtigen Beitrag zur Feindlageklärung geleistet hat. Er hätte weitaus größer sein können, wenn

1. das Schlüsseln bei den NAZ zugelassen und möglich gewesen wäre wie später im Herbst und Winter,
2. bei der Nahaufklärung eine Ausrüstung mit Peilgeräten und
3. eine Lenkung der Nahaufklärung durch die Horchkompanien stattgefunden hätte. Wie oben dargelegt, war es den NAZ nicht möglich, selbst zu entscheiden, welche der von ihnen gefundenen sowjetischen Verkehre mit Vorrang zu überwachen waren.

Über den Beitrag der Nachrichtenaufklärung insgesamt zur Klärung des sowjetischen Aufmarsches an der Grenze schreibt Randewig:

»Die Ergebnisse umfaßten ... *in der Endauswertung:*
die Spitzengliederung der sowjetischen Wehrmacht, des Heeres und der Luftwaffe. Gliederung und Stärke der Luftwaffe waren durch die Erfassung der Bodenorganisation bis ins einzelne geklärt, es lagen z. B. Angaben über Flugzeugtypen, Bewaffnung und Ausrüstung vor.
Dagegen bestand über die Gliederung des Heeres, über den Stand seiner Umorganisation, seiner Kräfteverteilung und sei-

---

[35] Vgl. Randewig, 50 Jahre, S. 688.

nes Einsatzes im Grenzschutz keine volle Klarheit. Über die Funklage im asiatischen Rußland lagen nur Teilergebnisse vor; die Tiefe des Rüstungsraums war nicht erfaßt worden[36].«

Wenn Randewig feststellt, daß über die »Umorganisation« der sowjetischen Landstreitkräfte »keine volle Klarheit« bestanden hätte, so liegt hier ein Irrtum von ihm vor. An anderer Stelle der gleichen Quelle hat er selbst überzeugend nachgewiesen, daß hierüber überhaupt keine Kenntnisse vorlagen[37].

Dies wird auch in bezug auf den Westlichen Besonderen Militärbezirk durch die noch erhaltenen Funklagemeldungen des Kommandeurs der Horchtruppen Ost bestätigt[38]. Aus ihnen geht hervor, daß die Horchergebnisse in bezug auf Luftstreitkräfte und NKWD-Grenztruppen zwar hervorragend, in bezug auf die Landstreitkräfte jedoch dürftig gewesen sind. Insbesondere wurden bis zum Beginn des Rußlandfeldzuges keinerlei Verkehre von Panzerverbänden bzw. Panzer-Großverbänden gemeldet, obwohl sich zur fraglichen Zeit 4 mechanisierte Korps mit insgesamt 8 Panzer- und 4 motorisierten Schützendivisionen relativ grenznah im Bialystoker Balkon befanden.

Hierfür lassen sich 2 Gründe vermuten:
1. Befehl absoluter Funkstille für mechanisierte Verbände,
2. örtliche Zusammenfassung der Nachrichteneinheiten der Verbände zur gemeinsamen Ausbildung im rückwärtigen Gebiet.

Das Letztgenannte ist zum mindesten für die 4. Armee belegt[39].

Dagegen verkehrten – für die deutsche Funkaufklärung abhorchbar, wie die Funklagemeldungen belegen – die 3 Armeestäbe mit einerseits dem Stab des Militärbezirks und andererseits pro Armee je 1 Korpsstab und dieser wiederum mit 1 bis 2 Schützendivisionen.

---

[36] Erfahrungen bei der Beobachtung der feindlichen Funkdienste, in: Praun, Untersuchung, P–038, S. 2.
[37] Ebd., S. 4.
[38] Pz. Gr. 3/Ic, BA–MA, RH 21–3/v. 434 (Zeitraum 17. 3.–9. 8. 1941).
[39] Sandalov, Perežitoe, S. 72: »... und die Nachrichtenmänner waren zusammengefaßt im Rayon Kobrin.« – Kobrin lag 50 km hinter der Grenze – tatsächlich jedoch 88 km ostwärts der deutschen Horchkompanie 611 (Biala Podlaska) – also weit genug, um nahe beieinander stehenden Sendern bis zu 100 Watt bei minimalem Antennenaufbau, geeigneter Abschattung und Tagbetrieb ein relatives Maß an Abhorchsicherheit zu bieten.

Dabei wurde bei der 10. Armee, die über 2 Schützenkorps verfügte, insofern eine Verschleierung vorgenommen, als das V. Schützenkorps in Bielsk mit der zu ihm gehörenden 86. Schützendivision und mit der zum I. Schützenkorps gehörenden 13. Schützendivision verkehrte[40], das I. Schützenkorps und die restlichen 3 Schützendivisionen der beiden Korps jedoch vermutlich Funkstille hielten.

Nun zeigt allerdings die Karte des beiderseitigen Aufmarsches vom 21. Juni 1941[41] eine weitaus größere Anzahl von sowjetischen Großverbänden der Landstreitkräfte. Diese Karte basiert jedoch in hohem Maße auf während eines längeren Zeitlaufs eingetroffenen Agentenmeldungen und war mit allen Mängeln dieses Aufklärungsmittels behaftet. Sowjetische Panzerbrigaden und Kavalleriedivisionen, die schon seit Monaten aufgegangen waren in neuaufgestellten Panzer- und motorisierten Divisionen erscheinen noch als selbständige Verbände, neben ihnen nicht weniger als 11 Schützendivisionen mit Divisionsnummern, die es tatsächlich im Westlichen Besonderen Militärbezirk nicht gab[42]. Korrekt aufgeführt sind lediglich 7 Schützendivisionen, von denen 5 von der Funkaufklärung festgestellt und geortet worden waren[43].

Trotz dieser Mängel sind die tatsächlichen Schwerpunkte des sowjetischen Aufmarsches im Bialystoker Balkon erkennbar. Die zahlreichen falschen Detailangaben werden allerdings heute noch in Publikationen wiederholt. Auch Tippelskirch machte unrichtige Angaben über Führung, Stärke und Organisation im Westlichen Besonderen Militärbezirk[44].

c) Einsatz vom 22. Juni 1941 bis zum 11. Mai 1942

Kesselschlacht von Bialystok

Bei Beginn der Operationen hatte der NAZ eine Stärke von 0, 2, 9, war mit 1 Horchempfänger Ulrich und 2 Tornisterempfän-

---

[40] Funklagemeldungen 16/3 vom 29. 3. 1941, 17/4 vom 17. 4. 1941, 12/5 vom 12. 5. 1941, BA–MA, RH 21-3/v. 434.
[41] Lagekarte OKH/Op. Abt. vom 21. 6. 1941, BA–MA.
[42] Am 22. 6. 1941 befanden sich nicht im Westlichen Besonderen Militärbezirk die Schtz.Div. 5, 10, 30, 34, 39, 89, 120, 129, 146, 150, 184.
[43] Die 12., 27., 56., 75., und 86. Schtz.Div.
[44] Geschichte des Zweiten Weltkriegs, 2. neubearb. Aufl., Bonn 1956, S. 183.

gern Berta ausgerüstet sowie mit 1 Kfz. 2/2, 1 Lkw. und 2 Krädern. Da die Kompanieführung die Reichweite der russischen Sender unterschätzte, wurde der NAZ der Vorausabteilung der Division zugeteilt und unterstand dort zusammen mit einer Mittleren Funkstelle (100-Watt-Sender) ihrem Nachrichtenführer, einem neu zur Kompanie versetzten jungen Leutnant.
Bei der Vorausabteilung, die ständig »unterwegs« war, bestand keine Gelegenheit, längere Zeit auf Horchempfang zu gehen. Das Verfolgen taktisch interessanter Sender war deshalb nicht möglich. Einzelne aufgenommene Klartextsprüche erwiesen sich meistens als relativ wertlos, da Ortsangaben fehlten bzw. getarnt durchgegeben wurden und die genannten Namen von Kommandeuren unbekannt waren. Derartige Sprüche gaben allenfalls ein Bild der Stimmung des Gegners wie z. B. der erste beim NAZ abgehörte Klartextspruch des Feldzuges (am 22. 6. 1941 um 8.40 Uhr vom Verfasser auf der Frequenz 3722 kHz aufgenommen): »Halten Sie den Abschnitt Lodz, lassen Sie die Umzingelung des Iljitschew nicht zu, handeln Sie energisch und tapferer! Morozol[45].«
Der Nachrichtenführer der Vorausabteilung schaltete sich hin und wieder mit Hilfe der Dolmetscher des NAZ in die permanenten Telephonleitungen der zurückweichenden Russen ein. Meistens waren sie bereits unterbrochen, einmal sogar von eigenen Fernsprechern in Benutzung genommen. Jedoch wurde beim Durchmarsch durch den Bialowiezaer Forst insofern ein Ergebnis erzielt, als einer der Dolmetscher über eine derartige Leitung mit russischen Telephonisten sprach, sich als versprengten Rotarmisten ausgab und die Anwesenheit deutscher Panzer meldete, die es hier natürlich nicht gab[46].

---

[45] 292. Inf.Div./Ic, NAZ-Meldungen, RH 26–292/61. Im Original hat der Dolmetscher des NAZ den Namen »Iljičew« nicht als solchen erkannt und in der Übersetzung fortgelassen. Die Unterschrift »Morozol« wird »Morozov« heißen (Tastfehler). Lodz = Lozdzieje = litauisch Lazdijai.
[46] Ein solches Verfahren ist dazu angetan, den Gegner auf Lauschtätigkeit aufmerksam zu machen, und darf nur auf Befehl eines höheren Nachrichtenoffiziers als Teil einer im großen angelegten Täuschung durchgeführt werden. Sinngemäße Erläuterungen hierzu: H.Dv. g. 92, Teil I, Abschnitt VI, Ziff. 15, sowie Merkblatt geh. 10b/4, Ziff. 86/87 und 79.

Nachdem die Vorausabteilung am 3. Juli bei Molczadz (29 km nordwestlich von Baranowitschi) einen Brückenkopf gebildet hatte, wurde sie aufgelöst. Auch der NAZ beendete seine Tätigkeit. Seine Mannschaften traten zum Kompanietroß bzw. zu Funktrupps. Die Division folgte ohne nennenswerte Feindberührung der Panzergruppe Guderian zum Dnjepr.

Abwehr und Angriffskämpfe bei Roslawl

Am 26. und 27. Juli 1941 richtete sich die 292. Division etwa 55 km nördlich von Roslawl mit Front nach Südsüdosten zur Verteidigung ein. Sie stand am nicht angelehnten linken Flügel des IX. Armeekorps. Dort klaffte bis zum XXXXVI. Panzerkorps im Raum um Jelnja eine erhebliche Lücke in der deutschen Front[47].

In Anbetracht der ungeklärten Lage war es verständlich, daß die Division den NAZ, wenn auch zunächst mit beschränkter Personalzahl, wieder aufstellte. Er kam beim Stab des Infanterieregiments 509 in Matwejewka zum Einsatz. Über seine Arbeitsergebnisse kann der Autor aus eigener Erfahrung nichts aussagen, weil er zu dieser Zeit zum Funktrupp der »Vorausabteilung Rott« kommandiert war. Nach den noch vorhandenen NAZ-Meldungen[48] wurde einerseits deutscher Fliegerverkehr mitgehört, andererseits – nachdem am 28. Juli 1941 schwerste sowjetische Angriffe gegen Zentrum und rechten Flügel der Division und gegen die rechte Nachbardivision, die 263., eingesetzt hatten – ein sowjetischer Panzerverkehr überwacht.

Dieser Verkehr wickelte sich in Klartext-Sprechfunk auf der Frequenz 4680 kHz ab. Festgestellt wurden 18 Funkstellen. Als Rufzeichen dienten teilweise Vogelnamen: für einen Panzerverkehr bemerkenswert, da derartige Rufzeichen mit Vorliebe von den sowjetischen Luftstreitkräften benutzt wurden.

Vermutlich handelte es sich um den Verkehr von Einheiten der sowjetischen 104. Panzerdivision mit Schwerpunkt beim rechten Nachbarn. Eine taktische Auswertung wäre durchaus möglich gewesen, wie folgendes Beispiel vom 30. Juli erläutern mag:

---

[47] Zu den militärischen Ereignissen vgl. Nitz, 292. Infanterie-Division, S. 41 ff.; Hermann Geyer, Das IX. Armeekorps im Ostfeldzug 1941, Neckargemünd 1969, S. 95 ff.; Guderian, Erinnerungen, S. 163 ff.
[48] 292. Inf.Div./Ic, NAZ-Meldungen, BA–MA, RH 26–292/61.

»15.10 Uhr an Adler von Falke: Notieren Sie Aufgabe: Der Feind greift hinter Martinkowo vor der Flanke den Kolesnikow an, er ist anzugreifen und zu vernichten.
15.18 Uhr an Adler von Falke: Die Infanterie hinter Martinkowo wird vom Gegner angegriffen, Gegenangriff führen und ihn vernichten!
15.22 Uhr an Rabe u. Armu (Adler?) von Falke: Der Gegner greift die rechte Flanke der Infanterie bei Martinkowo an. Rabe und Armu Gegenangriff führen und vernichten.«

Unter den gegebenen Umständen war von dem Regimentsgefechtsstand des 509. Infanterieregiments, das sich selber in schweren Abwehrkämpfen befand, mit hoher Wahrscheinlichkeit eine rechtzeitige Verständigung der betroffenen Einheiten der Nachbardivision nicht zu erwarten.
Über die Ergebnisse der Arbeit des NAZ 292 während der deutschen Offensive bei Roslawl ab 2. August 1941 liegt kein bemerkenswertes Material vor.

Abwehrschlacht im Jelnja-Bogen

Während der Abwehrschlacht im Jelnja-Bogen betrug die Stärke des NAZ 0, 1, 7. Geräteausstattung: 1 Horchempfänger Ulrich, 1 Tornisterempfänger Berta; Fahrzeugausstattung: 1 Eintonner Opel Blitz, 1 Krad. Der Zug lag in verlassenen russischen Feldstellungen neben dem Stab der Panzerjägerabteilung bei Cholmy – ca. 3,5 km ostnordostwärts von Jelnja – und war über die Fernsprechleitung der Panzerjägerabteilung mit dem Divisionsstab verbunden.
Der Stellungskrieg ließ systematische Arbeit zu. So stellten sich bald beachtliche Erfolge ein. Am 27. August vormittags gelang es, den Sprechfunk eines sowjetischen Artillerliefliegers mit seiner Bodenstelle – Rufzeichen Njebo = Himmel und Semlja = Erde – zu erfassen und bis zum 3. September zu verfolgen. Er wurde auf der Frequenz 4000 kHz abgewickelt[49].
In diesem Verkehr wurden die Ziele mit Klartextkoordinaten der russischen Generalstabskarte 1:100 000 angegeben. Da der NAZ eine entsprechende Beutekarte besaß, war es möglich, die angesprochenen Ziele zu warnen. Zu diesen Zielen gehörte am 31. August auch der Divisionsstab. Trotz rechtzeitiger War-

---

[49] Tagebuchaufzeichnungen des Verf. und NAZ-Meldungen, BA–MA, RH 26–292/61.

nung traten bei der Beschießung Verluste ein[50]. So bedauerlich diese Verluste auch waren, so hatten sie doch die positive Folge, daß von da an die Tätigkeit des NAZ an höherer Stelle größere Beachtung fand. Auf die regelmäßige Anforderung von Jagdflugzeugen, um den Artillerieflieger abschießen zu lassen, reagierte die Luftwaffe leider nicht.

Der Arbeit des NAZ kam zustatten, daß er in die Fernsprechleitung des Kommandeurs der Panzerjägerabteilung eingeschaltet war und durch Mithören der dort geführten Gespräche ständig Informationen über die Frontlage im Jelnja-Bogen erhielt. Und diese Lage wurde Ende August durch tiefe Einbrüche auch mit Panzern beim linken Nachbarkorps, dem IX. Korps[51], an der Basis des Jelnja-Bogens immer bedrohlicher. Am 31. August 1941 erfolgte schließlich bei der 137. Infanteriedivision des IX. Korps ein Panzerdurchbruch, der sich bis zum Morgen des 2. September auf 10 km Tiefe erweiterte. Damit standen sowjetische Panzerkräfte – vermutlich der 102. Panzerdivision – unmittelbar südwestlich des Divisionsstabes der 292. Division und kurz vor der Versorgungsstraße im Jelnja-Bogen.

Der NAZ hat den Funkverkehr dieser Panzerkräfte partiell überwacht. Die Art der Überwachung und die erzielten Ergebnisse machen das organisationsbedingte Dilemma der damaligen Nachrichten-Nahaufklärungszüge der Divisionen deutlich. Es soll darum näher darauf eingegangen werden.

Der NAZ 292 hatte bereits am 29. August einen Sprechfunkverkehr auf der für sowjetische Panzerfunkgeräte typischen Frequenz 4460 kHz[52] gefunden. In seiner Funklagemeldung Nr. 16[53] meldete er ihn als vermutlichen Panzerverkehr und schließlich in der Funklagemeldung Nr. 17 vom 1. September 1941 als »Panzerverkehr«.

---

[50] Nitz, 292. Infanterie-Division, S. 55: »Beim Divisionsgefechtsstand gibt es Verluste durch Volltreffer. Das Zelt des Divisionskommandeurs ist völlig durchsiebt.«

[51] Die 292. Inf.Div. war inzwischen zum XX. A.K. getreten.

[52] Gerät 71–TK 1–3 mit 1 km Reichweite oder 72–TK mit 15 km Reichweite, Frequenzbereich 4000–5625 kHz. Vgl. OKH/GenStdH/OQu IV, Abt. Fremde Heere Ost (II) Nr. 4700/41 geh., »Die Kriegswehrmacht der Union der Sozialistischen Sowjetrepubliken (UdSSR)«, Stand Dezember 1941, Teil 1, BA–MA, RHD 7/11/4. Auch im Auswertebehelf des NAZ 292 befand sich eine Liste der sowjetischen Funkgeräte mit Angabe der Reichweiten.

[53] Abgefaßt am 31. 8. 1941, BA–MA, RH 26–292/61.

Da in den aufgenommenen Sprechverkehren vor dem 2. September 1941 keine Ortsnamen genannt wurden und da weiterhin – wie mitgeteilt – Peilgerät nicht vorhanden war, konnten die abgehörten Funkstellen zunächst nicht geortet werden. Entsprechend den Reichweiten der sowjetischen Panzerfunkgeräte und der taktischen Lage kamen als Standort sowohl der Raum nördlich als auch südlich der Basis des Jelnja-Bogens in Betracht. Gleichwohl lieferten die Meldungen des NAZ 292 zwei wichtige Hinweise:
1. daß sich sowjetische Panzerkräfte entweder nördlich oder südlich der Basisenden des Jelnja-Bogens frontnah bereitstellten – die Frontnähe wurde durch die Horchaufnahmen belegt,
2. daß – entsprechend den Klartextgesprächen – ihr Operieren behindert wurde durch die Bodenverhältnisse, welche sich durch am 28. August einsetzende und mindestens bis 4. September sich fortsetzende Regenfälle laufend verschlechterten[54].
So fiel beispielsweise eine kleine Unterabteilung, Rufzeichen »Käfer«, während der gesamten Kämpfe aus, da sie im Sumpf steckengeblieben war.
Die Verkehrsauswertung durch den Zugführer des NAZ 292 führte aus Erfahrungsmangel nicht zu den Ergebnissen, die auf Grund der Horchaufnahmen möglich gewesen wären. So war bereits am 30. August deutlich erkennbar[55], daß die bis dahin erfaßten Funkstellen sich bei einer vorgesetzten Dienststelle, bei deren Unterabteilung und bei einem frontnah eingesetzten Unterglied der Unterabteilung befanden. Demnach mußte es sich entweder um den Verkehr Panzerregiment – Bataillon – Kompanie – oder Bataillon – Kompanie – Zug handeln. Hinweise hierauf fehlen aber in der Funklagemeldung Nr. 16 des NAZ 292.
Beeinträchtigung erfuhr die *Verkehrsauswertung* in den folgenden Tagen noch durch Fehlleistungen der Dolmetscher. Am schwerwiegendsten war dabei, daß das Rufzeichen einer Leitstelle »*OWOD*« – Insekt »Bremse« unübersetzt blieb, so daß ihre organisatorische Zusammengehörigkeit mit den Rufzeichen der untersten Dienststellen des Netzes: »Käfer«, »Fliege«, »Mücke« und dem vermutlich falsch aufgenommenen Rufzei-

[54] Ebd.
[55] Ebd.

chen »PAUS« (mußte wohl »PAUK« – Spinne heißen) nicht deutlich wurde.

Am 30. August konnten 5 Funkstellen festgestellt werden[56], am 31. waren es bereits 10, und am 1. September wurde auf der Frequenz 4570 kHz ein Panzernetz mit überwiegend Flußnamen als Rufzeichen gefunden und teilweise überwacht, das in Querverbindung mit dem bereits an den Vortagen beobachteten Panzerverkehr stand. Insgesamt waren nun 20 Funkstellen in Aktion. Mit dieser Feststellung machte allein die Verkehrsauswertung erkennbar, daß der fragliche sowjetische Panzerverband nunmehr in Kämpfe eingetreten war.

Eine vollständige Überwachung der als wichtig erkannten Frequenzen

Panzernetz A auf 4460 kHz
Panzernetz B auf 4570 kHz (auch mit A verkehrend)
Artillerieflieger auf 4000 kHz

konnte der NAZ 292 nicht leisten, da er – wie oben angegeben – zu dieser Zeit nur zu 50 % mit Personal und Geräten ausgerüstet war und nur über 2 Dolmetscher verfügte. Mit Sicherheit sind dadurch wichtige Sprechfunkaussagen nicht aufgenommen worden, wodurch die *Inhaltsauswertung* fragmentarisch blieb.

Taktisch wichtige Mitteilungen wurden mit kurzen aus 2, 3 oder 4 Ziffern bestehenden Signalen durchgegeben. Bis auf eine – allerdings wichtige Ausnahme, die noch geschildert wird, ließen sie sich nicht deuten. Daneben kamen – erstmals schon am 31. August – relativ primitiv gewählte Tarnbegriffe, wie z. B. »Pferde« und »Fohlen« vor. Der Zusammenhang, in dem sie gebraucht wurden, machte ihre Enttarnung möglich: »Pferd« = größerer und »Fohlen« = kleinerer Panzer. Damit war festgestellt, daß der Panzerverband mit hoher Wahrscheinlichkeit auch über Panzer T–34 verfügte.

Wie schon erwähnt, wurde die genaue Ortung des Verkehrs erst am 2. September 1941 und zwar um 15.32 Uhr möglich, als die Funkstelle »Käfer« als Standort »beim Dorf Passajew (Batajewo) und »Neribeno (Nerybino) ... unweit von uns« angab. Unter Auswertung anderer Horchergebnisse war damit der Einsatz beider Panzereinheiten zu klären: Das »Insekten-Netz«

---

[56] Funklagemeldungen NAZ 292, BA–MA, RH 26–292/61, auch für das Folgende.

operierte – weniger erfolgreich – im versumpften Gebiet am linken Flügel des im Zentrum der 137. Infanteriedivision eingesetzten Infanterieregiments 448, während das »Flüsse-Netz« am rechten Flügel des gleichen Regiments und rechts davon tief bis zum Gefechtsstand der 292. Division durchgestoßen war und dort am 2. September um 11.35 Uhr mit dem vom NAZ 292 gedeuteten Signal »75« den Rückzugsbefehl erhalten hatte[57].
Wenn auch die Horchergebnisse des NAZ 292 im Jelnja-Bogen bei den höheren Dienststellen vermutlich nur soweit Bedeutung hatten, als sie Ergänzungs- und Kontrollmaterial für aus anderen Quellen gewonnene Feindaufklärung bildeten, so machten sie doch deutlich, welche weitreichenden Möglichkeiten sich für die Nachrichtennahaufklärung boten bei besserer Gesamtorganisation, bei Freigabe der Entzifferung von Chiffre-Texten und Vertiefung der Auswertung. Hiermit in Zusammenhang mag stehen, daß der Kern des NAZ 292 nach Räumung des Jelnja-Bogens zu einem Kurzlehrgang zur Horchkompanie 611 in Smolensk kommandiert wurde.

Lehrgang bei der Horchkompanie in Smolensk

An diesem Lehrgang, der vom 7. bis zum 12. September inclusive Marschtage dauerte, nahmen 1 Wachtmeister, 1 Dolmetscher und 2 Horchfunker teil. Dabei ergab es sich, daß die Horchfunker in keiner Weise hinter ihren Kameraden der Horchkompanie zurückstanden. Sie wurden dementsprechend bereits nach einem Tag von der Teilnahme beurlaubt. Größte Bedeutung hatte dagegen, daß der Dolmetscher mit dem Entzifferungsverfahren des – an sich primitiven – 2Z-Code-Schlüssels PT 39a vertraut gemacht wurde. Damit war das Signal »freie Fahrt« für die ursprünglich untersagte Entzifferung beim NAZ gegeben. Leider wurde der für die PT 39a geschulte Dolmetscher Ende Oktober 1941 zur Dolmetscher-Ersatzabteilung Meißen versetzt. In der Folgezeit übernahm der Verfasser die

---

[57] In der Divisionsgeschichte der 292. Division (Nitz, S. 55) heißt es hierüber: »Am frühen Morgen des 2. 9. fährt der Russe mit Panzern und aufgesessener Infanterie hinter dem Divisionstab umher, trifft in Lysowka auf den Hauptverbandsplatz, rammt Krankenwagen und schießt in die Verwundetenzelte hinein. Der Divisionsstab bildet mit der Radf.Schwadron, der Pz.Jäg.Kp. und Teilen der Nachrichtenabteilung einen ›Igel‹, doch der Russe kommt nicht nahe genug heran, sondern fährt über Lysowka wieder zurück.«

Entzifferungsarbeit. Sie konnte im Laufe des Winters und Frühjahrs 1942 soweit ausgebaut werden, daß auch einfache 3-Ziffern-Sprüche zu lösen waren. Dies bildete die Grundlage für die hervorragenden Ergebnisse des NAZ 292 im März/April/Mai 1942[58].

Oktoberoffensive 1941

Am 4. Oktober, kurz bevor die 292. Infanteriedivision nach Jelnja durchbrach, begann der NAZ 292 die Überwachung eines Infanterieverkehrs, der zeitweilig unmittelbar vor der Division abgewickelt wurde. Es handelte sich um den Verkehr einer Leitstelle mit drei Unterfunkstellen auf der Frequenz 3360 kHz, teilweise im Sprech-, teilweise im Tastfunk. Bemerkenswert war, daß die Sprechfunkrufzeichen – aus je einer Vier-Ziffern-Gruppe bestehend – im Tastfunk als Vier-Buchstaben-Gruppe erschienen, wobei die einzelnen Buchstaben identisch waren mit den Anfangsbuchstaben der gesprochenen einzelnen Zahlen, z. B. Sprechfunkrufzeichen 4722 = Tastfunkrufzeichen ö[59] (tschetyre), s (sjemj), d (dwa). Funksprüche wurden mit dem 2Z-Code PT 39a verschlüsselt durchgegeben. Ihre Entzifferung gelang beim NAZ 292 bald.

Der genannte Verkehr wurde bis zu seinem Untergang in der allgemeinen Auflösung des Kessels von Wjasma verfolgt. Abschließend heißt es darüber in der »Meldung Nr. 17« des NAZ vom 8. Oktober 1941 unter 1.[60]:

»Der bisher gemeldete ›Infanterieverkehr links‹, der durch die eigene Nordschwenkung vorübergehend vor der Division lag, wird seit dem 7. 10. 41 morgens nicht mehr gehört. Die letzten Anrufe der Hauptstelle kamen mit geringer Lautstärke. Eine Verbindung wurde nicht hergestellt.«

Der allgemeine Vormarsch kam nach Beginn der Schlammperiode allmählich zum Erliegen. Etwa ab 21. Oktober konnten nur noch geländegängige Fahrzeuge eingesetzt werden. Entsprechend der provisorischen Fahrzeugausstattung der Kompanie fiel damit die Mehrzahl der Funktrupps der Funkzentrale aus. Deshalb wurde am 22. Oktober aus Mannschaften des

---

[58] Siehe S. 98 ff.
[59] »ö« = Morsezeichen für den Buchstaben »č«, siehe S. 137.
[60] NAZ-Meldung, BA–MA, RH 26–292/61.

NAZ ein Funktrupp aufgestellt und mit einem älteren Kübelwagen der Panzerjägerabteilung geländegängig ausgerüstet. Dieser Trupp übernahm u. a. die Funkverbindung zum Pionierbataillon. Bezeichnend für die Wegeverhältnisse war die Tatsache, daß der Divisionskommandeur Stellungswechsel zu Pferde machte.

Nara-Abschnitt westlich von Moskau

Anfang November wurde der NAZ in Nasarewo wieder aufgestellt und nach Frostbeginn am 8. November beim Regimentsstab des Infanterieregiments 508 im Dorfe Gorki an der Nara-Front eingesetzt. Zugstärke: 0, 1, 5; Ausrüstung: 1 Horchempfänger Ulrich, 1 Tornisterempfänger Berta und eine Nachrichtenprotze mit Hinterwagen des inzwischen aufgelösten Infanterieregiments 509.

Hier in der Nähe Moskaus herrschte lebhafter Funkverkehr zahlreicher Netze, deren Deutung durch Entzifferung von 2Z-Sprüchen vielfach gelang.

Verkehre rückwärtiger Dienste überwogen. Hierzu zählte u. a. ein vom 20. bis zum 24. November überwachtes Netz von »Autotransport«-Einheiten[61], dessen Leitstelle mit 6 Funkstellen in Verbindung stand. Sein Verkehr wickelte sich derart auf zwei Frequenzen ab, daß die Leitstelle auf 3832 kHz sendete und auf 3480 kHz empfing. Bemerkenswert erschien, daß die Leitstelle eine Funkverbindung in Sprechfunk, alle anderen jedoch in Tastfunk durchführte. Vermutlich war eine der Unterfunkstellen mit Funkern ohne Morseausbildung besetzt.

Daneben wurde u. a. ein Pionier-Tastfunk überwacht. Er arbeitete auf der Frequenz 3620 kHz mit aus drei Buchstaben bestehenden Rufzeichen.

Im Sprechfunk fiel ein erhebliches Nachlassen der russischen Funkdisziplin auf. Geradezu hemmungslos wurden zwischen Funkstellen Privatgespräche geführt, wurde Balalaikamusik übertragen und mit einer Funkerin namens Lydia geschäkert. Offensichtlich haperte es mit dem Ersatz von Funkerpersonal. Hierzu paßt auch, daß der NAZ einen Ausbildungs-Tastverkehr feststellte, d. h. eine Funkstelle, die seitenlang Puschkinverse durchgab.

---

[61] Ebd. Vgl. S. I. Kondratjew, Straßen des Krieges, Berlin (Ost) 1981, S. 67 ff.

Erhebliches Aufsehen erregte, als am 23. November auf den Frequenzen 4650 und 4680 kHz um 19.20 Uhr englischer Funksprechverkehr mit den Rufzeichen »sounder« (thunder?) und »sounder one« (thunder one?) festgestellt wurde. Er konnte am 24. November im Laufe des Tages eindeutig als Fliegerverkehr identifiziert werden. Am 25. November traten als Rufzeichen noch »number 103«, 111, 301, 302, 304, 306, 201 und 204 hinzu, wobei die Zahlen mit einzelnen Ziffern gesprochen wurden. Sounder (thunder) war in allen Fällen die Leitstelle.
Ob es sich dabei um den Schulungsverkehr von durch Lehrpersonal begleiteten ersten Lieferungen englischer bzw. amerikanischer Flugzeuge gehandelt hat[62] oder um Raumwellen aus sehr großer Entfernung, muß dahingestellt bleiben.
In dieser Zeit relativer Ruhe an der Korpsfront konnte taktisch Wichtiges nicht aufgenommen werden. Offensichtlich herrschte bei den sowjetischen Kampfverbänden bzw. -einheiten Funkstille. Daß diese Vermutung zutraf, wurde am 19. und 20. November bestätigt. An diesen Tagen fand am linken Flügel der 292. Division in Zusammenwirken mit dem linken Nachbarn, der 7. Infanteriedivision, ein Angriff mit beschränktem Ziel statt[63]. Gleichzeitig mit den Kampfhandlungen setzte auch prompt sowjetischer Funkverkehr von Kampfeinheiten bzw. -verbänden ein, der nach Beendigung des Angriffs ab 21. November nicht mehr festgestellt werden konnte.
Obwohl der NAZ an diesen Tagen durch Personalabgabe für die Bildung eines Tornisterfunktrupps bei einer Artillerie-Abteilung noch weiter geschwächt worden war, konnte er bereits am 19. November um 13.36 Uhr den Sprechfunkverkehr der an der angegriffenen Stelle eingesetzten sowjetischen Schützendivision finden. Festgestellt wurde eine Leitstelle, die mit 5 Funkstellen auf der Frequenz 3562 kHz kommunizierte. Als Rufzeichen dienten Gruppen von 4 Ziffern.
Die Entzifferung der mit der PT 39a verschlüsselten Sprüche gelang in kürzester Zeit. Der von den sowjetischen Funkern mangelhaft durchgeführte Funkbetrieb ließ auch hier auf wenig geübtes Personal schließen. In der NAZ-Meldung vom 19. November 1941 heißt es darüber:

---

[62] Vgl. Wolfgang Schlauch, Rüstungshilfe der USA an die Verbündeten im Zweiten Weltkrieg, Darmstadt 1967.
[63] Nitz, 292. Infanterie-Division, S. 72f.

»Bei mehrmaliger Wiederholung der Gruppen[64] entfuhren dem Sprecher die Worte: ›Schweinerei, niemand antwortet.‹ Lautstärke des Verkehrs: 5[65].«

Bei Beginn der letzten Offensive der 4. Armee gegen Moskau rückte der NAZ 292 am 1. Dezember 1941 nach Nowinskoje vor. Hier trat zu ihm ein Störtrupp in Stärke von 0, 0, 3 Mann, ausgerüstet mit einem 100-Watt-Sender und einem Tornisterempfänger Berta. Aufgabe dieses Trupps war es, durch Störfunk die drahtlose Fernzündung von Sprengladungen zu verhindern, die die Russen im deutschen Hinterland zurückgelassen hatten. Falls es gelang, einen an seinem typischen Klang leicht erkennbaren »Zünd-Sender« zu finden, so sollte auf gleicher Frequenz mittels Mikrophon das Motorengeräusch des als Stromquelle für den 100-Watt-Sender dienenden Maschinensatzes gesendet werden[66]. Die Tätigkeit blieb ergebnislos.
Durch die Mannschaften dieses Störtrupps erhielt der NAZ 292 die als sensationell empfundene Mitteilung, daß mindestens auf mittlerer Kommandoebene ein deutsches *Klartext-Sprechfunknetz* genehmigt worden sei. Der NAZ hat dann in Nowinskoje permanent diesen eigenen Verkehr mitgehört.
Zweifellos handelt es sich bei diesem vom XX. Armeekorps freigegebenen[67] und mindestens von der 292. Infanteriedivision und dem VII. Armeekorps (linker Nachbar) auch durchgeführten[68] Klartextsprechfunkverkehr um einen außergewöhnlichen Vorfall. Auf seine Problematik soll näher eingegangen werden,

---

[64] Das heißt mehrmalige Wiederholung des ganzen Spruches.
[65] Die Lautstärke der abgehörten Sender wurde auf den Horchfunkformularen mit den Nummern 1 bis 5 bezeichnet, wobei 5 für »größte Lautstärke« stand.
[66] Zu entsprechenden Aktionen in Kiew im Spätsommer 1941 vgl. Randewig, Funkaufklärung vor der Heeresgruppe Süd, S. 5 f., in: Praun, Untersuchung, P–038.
[67] Gen.Kdo. XX. A.K./Ia Nr. 48/1131/41 g.Kdos. vom 13. 11. 1941, Anl. 2a, BA–MA, RH 24–20/12.
[68] VII. A.K.: z. B. Spruch VII. A.K. an Pz.Rgt. 27 vom 2. 12. 1941, mitgehört beim XX. A.K. und dort mit dem Vermerk versehen »im Klartext gefunkt«, BA–MA, RH 24–20/17. 292. Inf.Div.: z. B. Funksprüche der Div. an Pz.Rgt. 27 vom 1. 12. 1941, 10.15 Uhr (mit Vermerk »durchsprechen«), an Inf.Rgt. 507 über Pz.Rgt. 27 vom 1. 12. 1941, 22.00 Uhr, an Pz.Rgt. 27 und Inf.Rgt. 507 vom 2. 12. 1941, 8.30 Uhr, an Pz.Rgt. 27 vom 2. 12. 1941, 13.55 Uhr. In den letzten drei Sprüchen sind die Originalortsnamen in die Tarnnamen korrigiert, woraus die Durchgabe im Klartext hervorgeht (BA–MA, RH 26–292/19).

da sie sehr instruktives Vergleichsmaterial zum sowjetischen Sprechfunk bietet[69].
Für den Heeresfunkverkehr waren die Schutzmaßnahmen gegen feindliche Nachrichtenaufklärung u. a. geregelt in H.Dv. 300/2, H.Dv. 421/2, H.Dv. 421/4b, H.Dv. 421/6c und D 1041, ferner zusammenfassend nochmals in H.Dv. g. 92. Oberhalb der Gefechtszone war grundsätzlich vorgeschrieben: *Tastverkehr, Verschlüsseln aller Sprüche, äußerst kurzer Funkbetrieb.* Lagebedingte Ausnahmen hiervon konnten nur von Truppenoffizieren – nicht von Nachrichtenoffizieren – befohlen und verantwortet werden, wie die H.Dv. 421/6c, Ziff. 56, aussagt.
In der H.Dv. 421/4b wird die Klartext-»Funkaussprache über die Lage« als gefährlichste Form des Sprechverkehrs gekennzeichnet. Selbst diese wurde hier sporadisch angewendet.
Selbstverständlich sollte gemäß D 1041, »Anleitung zum Tarnen des Nachrichtenverkehrs« der Funksprechverkehr getarnt werden. Hierzu wurde eine Tarntafel benutzt, in der u. a. die russischen Ortsnamen durch deutsche Städtenamen ersetzt waren[70]. Der Verfasser erinnert allerdings einen Fall, bei dem Tarnname und Klartextname der *gleichen* Ortschaft im selben Gespräch vorkamen.
Bei den »Aussprachen über die Lage« hat wenigstens in einem Fall ein General oberhalb der Divisionsebene persönlich im Sprechfunk gesprochen. Da der Verfasser aus Geheimhaltungsgründen den betreffenden Namen nicht in seinem Tagebuch vermerkte, kann er heute nicht mehr mit Sicherheit angeben, ob es sich dabei um den Kommandierenden General des XX. Armeekorps, Materna, oder um den Oberbefehlshaber v. Kluge gehandelt hat. Da er aber noch das außergewöhnliche Aufsehen, das dieses Funkgespräch beim NAZ erregte, genau erinnert, vermutet er, daß in diesem Fall Kluge einer der beiden Gesprächspartner gewesen ist[71].
Das noch vorhandene deutsche Klartext-Sprechfunk-Spruchmaterial[72] belegt, in welch hohem Maße es für die Russen tak-

---

[69] Siehe S. 95 ff. sowie Anlage 17: Felddienstordnung der Roten Armee, Kap. 4, Truppenführung, Ziff. 63–73.
[70] Originaltarntafeln in: XX. A.K./Ia, Korpsbefehle, BA–MA, RH 24–20/12.
[71] Tatsächlich hielt sich Gen.Feldm. v. Kluge am Vormittag des 1.12.1941 beim Gefechtsstand des XX. A.K. auf.
[72] BA–MA, RH 24–20/17.

tisch verwertbar war. Daß es tatsächlich von den Russen abgehört worden ist, wird deutscherseits in absehbarer Zeit nicht feststellbar sein, doch muß man dieses wohl als wahrscheinlich annehmen.
Mit Beginn der Offensive der deutschen 4. Armee am 1. Dezember 1941 brach der Russe die Funkstille seiner Kampfverbände bzw. -einheiten, wie abgehörte Klartextsprüche, sowohl im Tast- wie auch im Sprechverkehr, belegten. Was die Horchergebnisse anbelangt, so war für die deutsche Führung sicherlich von Wichtigkeit, daß durch den NAZ 292 am 3. Dezember, als der Russe vor der Front der 292. Division auch mit Panzern zum Gegenangriff antrat[73], sofort auch ein als Panzerverkehr gedeutetes Sprechfunknetz gefunden wurde. Sein Verkehr wikkelte sich auf der Frequenz 4400–4450 kHz mit 4-Ziffern-Rufzeichen ab. Zur Inhaltstarnung wurden 3Z-Sprüche, Signale sowie Decknamen und Tarntafelbegriffe benutzt. Der Umfang des Netzes gab Hinweise auf die Stärke des Panzerverbandes. Festgestellt wurde eine Leitstelle, die mit 12 anderen Funkstellen kommunizierte, von denen drei mit untergeordneten Funktrupps bzw. -Geräten Verbindung hatten. Der Schluß liegt nahe, daß es sich um einen Panzerverband mit drei Gliedern gehandelt hat.
Als noch bedeutungsvoller erwies sich die in Zusammenarbeit mit dem NAZ der linken Nachbardivision, der 7. Infanteriedivision, am 3. Dezember 1941 beginnende Überwachung eines anderen Netzes. Sein Verkehr war auf der Mittelwellen-Frequenz 2100–2120 kHz mehr zufällig gefunden worden: zufällig deswegen, weil dieser Frequenzbereich als für frontnah eingesetzte sowjetische Funkstellen nicht gebräuchlich von dem NAZ beim Suchdienst wenig berücksichtigt wurde.
Die Überwachung des Netzes führte in bezug auf Funkbetrieb und taktische Lage zu wichtigen Erkenntnissen:
Funkbetrieb:
Sprechfunk auf Mittelwelle; 4-Ziffern-Rufzeichen, die alle fünf Tage geändert wurden. Für die Verkehrsauswertung verwirrend war dabei, daß die Rufzeichen am 7. Dezember teilweise folgendermaßen verändert erschienen: 8246 = 8646, 6137 =

---

[73] Nitz, 292. Infanterie-Division, S. 76, Kampfbefehl Nr. 1 der Op.Gruppe der 33. Armee vom 3. 12. 1941, BA–MA, RH 26–292/57.

2̲137, 2̲635 = 2̲735, 6̲646 = 8̲646[74]. Der Zugführer des NAZ 292 nahm an, daß es sich dabei um Verschleierungsrufzeichen handelte.

Feindlage und allgemeine Lage wurden oft im Klartext gemeldet, teilweise wurden sogar Ortsbezeichnungen im Klartext gegeben, hin und wieder aber auch mit der PT 39a verschlüsselt, wie z. B. am 7. Dezember der Gefechtsstand des Rufzeichens »2137«. Die Lösung durch den NAZ 292 ergab: »Dorf Golowenkino«. (Vermutlich handelte es sich um den Gefechtsstand der 222. Schützendivision). Neben derartigem Klartext setzte der Russe aber auch 3-, 4- und 5Z-Sprüche ab, die beim NAZ nicht gelöst werden konnten.

Inhalt:
Obwohl taktisch weiter reichende Befehle für den NAZ unlösbar verschlüsselt gegeben wurden, boten doch der Klartext und das Entschlüsselbare manches Wichtige. Ein Beispiel aus der »Tagesmeldung Nr. 8« des NAZ 292 mag das erläutern:

»7. 12. 0855 Uhr an 5490 von 2137
Ich gebe durch: 200 linker Kolchos hat besetzt Dorf Lubanowa. Gegner ist rechts im Wald 700. Die Wirtschaften unter Larionows (Radionows?) Führung halten Gegenangriffe des Gegners auf. Er wurde zurückgeschlagen. 800 5 Samoware und befestigter Kolchos gingen zur rechten Wirtschaft, um den Gegner westlich Miagtschewo zu vernichten. Gegner hält sich in Miagtschewo sehr zähe. MG-Zug des Gegners wird zur Zeit völlig vernichtet.«

Nach den genannten Ortsnamen handelte es sich um einen Abschnitt am linken Flügel der 292. Infanteriedivision. Die Tarnbegriffe »Wirtschaft« und »Kolchos« bezeichnen Einheiten; der Begriff »Samowar« wurde als »Panzer« gedeutet.

Verkehrsauswertung im Zusammenhang mit der Inhaltsauswertung:
1 Leitstelle, die rückwärts vermutlich mit einer und vorwärts mit wenigstens 5 Stellen verkehrte. Eine von diesen Funkstellen lag mit Sicherheit in Golowenkino, zwei andere bei Naro Fominsk. Bei einer von letzteren handelte es sich vermutlich um den Trupp bei einer Salvengeschütz-Einheit.

---

[74] NAZ 292, Meldung vom 10. 12. 1941: Russischer Funkverkehr am 9. u. 10. 12. 1941, Zusatz zum Schema, BA–MA, RH 26–292/61.

Mangels Kenntnissen über die Feindlage war der Zugführer des NAZ 292 nicht in der Lage, das Netz eindeutig zu klären. Im nachhinein kann festgestellt werden, daß es sich mit höchster Wahrscheinlichkeit um die Funkverbindungen der sowjetischen 33. Armee vorwärts und rückwärts gehandelt hat. Hierfür spricht sowohl die Mittelwellen-Frequenz[75] als auch die partielle Verwendung von 5Z-Coden, ferner die Tatsache, daß am 6. Dezember 1941 um 21.33 Uhr folgendes Gesprächsfragment der Leitstelle durch den NAZ abgehört wurde:

»Der Gegner ließ Gefangene. Er schießt Sperre. Die Lage ist wie am Tage, Genosse Shukow. An unserem linken Flügel ist es wie bei Ihnen.«

Rückmarsch zur Istra

Kurz nach Beginn des Rückzuges des XX. Korps marschierte auch der NAZ 292 am 8. Januar 1942 aus Gorki – wohin er am 4. Dezember 1941 nach Scheitern der letzten Offensive zurückgekehrt war – ab und wurde am 9. Januar 1942 in Aleksino aufgelöst. Die Gründe für die Auflösung waren folgende:
Während der weitreichenden Absetzbewegungen verzichtete der Nachrichtenführer der 292. Division aus Witterungsgründen auf den Einsatz der Fernsprechkompanie. Hierüber schreibt der ehemalige 01 der Division, Günther Nitz:

»Es wurde nur mittels Funk geführt. Und es klappte! An dieser Stelle sei mit großer Anerkennung und Dankbarkeit der Nachrichtenmänner gedacht[76].«

Entsprechend groß war der Bedarf an Funkstellen. Die Mannschaften des NAZ bildeten zwei kleine Funktrupps b (0, 1, 3, mit 5-Watt-Sender und Tornisterempfänger Berta). Sie kamen zum Einsatz beim Nachhutbataillon bzw. bei den mit Schlitten »bespannten Teilen des Ib«, bei denen sich der Ib, Hauptmann v. Steinhart-Hantken, befand.
Beide Trupps haben sich besonders verdient gemacht: ersterer durch seine Leistungen trotz der schwierigen Einsatzverhältnisse, letzterer dadurch, daß er am 20. und 21. Januar 1942 neben seiner Tätigkeit für den Ib den gesamten Funkverkehr des

---

[75] Eventuell Gerät RAF für Verkehr Armee – Division. Siehe Anlage 16.
[76] 292. Infanterie-Division, S. 83.

Generalkommandos des XX. Korps (Materna) und noch anderer Dienststellen, wie z. B. Luftwaffen-Flakeinheiten, abwickeln mußte, und zwar mit dem umständlichen Doppelkasten-Handschlüssel. Er hielt also mit nur vier Mann zusätzlich die gesamten Nachrichtenverbindungen einer Korps-Funkzentrale aufrecht. Der Korpsstab hatte – witterungsbedingt – an diesen Tagen alle seine Nachrichtenmittel verloren, und das in einem kritischen Augenblick paralleler Verfolgung durch die Russen; sie waren südlich des Korps bereits weit nach Westen durchgebrochen[77].

Die angespannte Versorgungslage sowie die straßenbedingte weite Fächerung der Nachschubeinheiten der Division (Anschluß der 40 km südlich der Rollbahn Smolensk-Moskau liegenden Division an diesen Nachschubstrang) machte die Einrichtung eines umfangreichen Versorgungs-Funksternes im Februar und bis weit in den März hinein notwendig. Er umfaßte Divisionsfunkzentrale, motorisierte Teile des Ib, Divisions-Nachschubführer (in Gshatsk) und Verpflegungsamt (an der Rollbahn 40 km westsüd-westlich von Gshatsk). Der aus NAZ-Angehörigen gebildete Funktrupp – vormals beim Ib – wurde im Rahmen dieses Verkehrs beim Verpflegungsamt eingesetzt.

Nach Festigung der Divisionsfront am Istra-Abschnitt kam der NAZ erneut zum Einsatz. Dabei gelang es, den Funkverkehr eines gegenüberliegenden Schützenregiments zu erfassen und den in ihm benutzten Schlüssel – ein einfaches 3Z-Verfahren – zu lösen. Offensichtlich waren wegen der Schneeschmelze, der Überschwemmungen im Istra- und Ilonka-Tal und wegen der Schlammperiode noch keine Fernsprechleitungen gelegt, so daß die Russen reichlich vom Funkverkehr Gebrauch machten. Zahlreiche Sprüche bezogen sich auf die Schwierigkeiten bei der Versorgung des Brückenkopfes Leoniki auf dem Westufer der Istra. Auch wurden per Funk Einsatzbefehle für Spähtrupps erteilt, wodurch wenigstens einmal auf Grund von NAZ-Meldungen ein solcher abgefangen werden konnte. Von weitaus größerer Bedeutung waren aber die detaillierten Stärkemeldun-

---

[77] Vgl. ebd., S. 88 f. Zur Erläuterung des Betriebes: Alle Sprüche wurden an die Funkzentrale der 292. Inf.Div. abgesetzt. Dort mußten die für andere Divisionen bestimmten Sprüche entschlüsselt, neu mit dem Enigma-Maschinenschlüssel verschlüsselt und weitergegeben werden.

gen. Anhand dieser Meldungen konnte der Verfasser Ende April 1942 für den Ic der Division eine Feindlagekarte anfertigen, welche die genauen Belegungsstärken an Mannschaften und Waffen einschließlich Regiments- und Bataillons-Artillerie am feindlichen Regimentsabschnitt aufzeigte[78].

Die Überwachung dieses sowjetischen Funkverkehrs und die Entzifferung seines Schlüssels wurde wesentlich erleichtert durch den außerordentlich großen Spruchanfall. Einen kleinen Einblick in die Masse nebensächlicher sowjetischer Spruchinhalte gibt die etwas feuilletonistische Berichterstattung über die Arbeit des NAZ 292 in der Geschichte der Division:

»Die Division hatte aus eigenen Kräften einen Nachrichten-Aufklärungs-Zug (NAZ) aufgestellt, der sich allmählich vorzüglich eingespielt hatte. So erfuhren wir z. B., wieviel Grad Fieber der Kommissar hatte und wann es ihm besser ging, aber auch die Wirkung unseres Artilleriefeuers in eine Kinovorstellung und wichtigere Dinge. Tragikomisches Zwischenspiel: Der NAZ fing den Funkspruch auf: ›Feind zeigt weiße Fahne. Sofort Stellung besetzen, nicht provozieren. Vorsicht bei Überläufern!‹ Die Rückfrage ergab, daß gewaschene Hemden zum Trocknen in die Maisonne gelegt worden waren! Allerhand, Soldatenhemden als weiße Fahne anzusehen[79]!!«

Zur gleichen Zeit etwa wurde von der Armee eine stärkere Koordination der Arbeit aller Nachrichtenaufklärungszüge in ihrem Bereich befohlen. Deswegen besuchte der Zugführer des NAZ 292 einige benachbarte Züge. Das Fazit der dort gewonnenen Informationen war: Nicht überall war in den letzten Wochen so erfolgreich gearbeitet worden wie bei der 292. Infanterie-Division, gleichwohl kann die Geschichte des NAZ 292 als repräsentativ für Entwicklung und Arbeit der Divisions-Nachrichtenaufklärungszüge im ersten Jahr des Ostfeldzuges gelten.

Weiterhin wurde im Zuge der Koordinierung in Witebsk (Minsk?) eine Dienststelle eingerichtet, welche die Zusammenfassung der Nachrichtenaufklärungszüge im Armeebereich vorbereiten sollte. Sie wurde von Leutnant Dörr (später Oberleutnant und Kompaniechef der NANAK 954) geleitet. Der NAZ 292 hatte einen Unteroffizier dorthin abkommandiert. Sodann hatte die 2. Kompanie die Namen der in der Nachrichtenauf-

---

[78] Der Verf. hat diese Karte für seinen Eigenbedarf kopiert; siehe Abb. S. 100.
[79] Nitz, 292. Infanterie-Division, S. 100.

klärung eingesetzten Männer der Armee zu melden. Dabei war offensichtlich befohlen worden, nur Funker zu nennen, die beim Aufnehmen von Morsezeichen mit Sicherheit ein gutes Mindesttempo beherrschen. Jedenfalls würde sich damit die Tatsache erklären, daß – neben den Stammannschaften des NAZ – fünf sehr zuverlässige Betriebsfunker, die noch nie im Horchfunk tätig gewesen waren, anstelle weniger brauchbarer Leute gemeldet wurden.

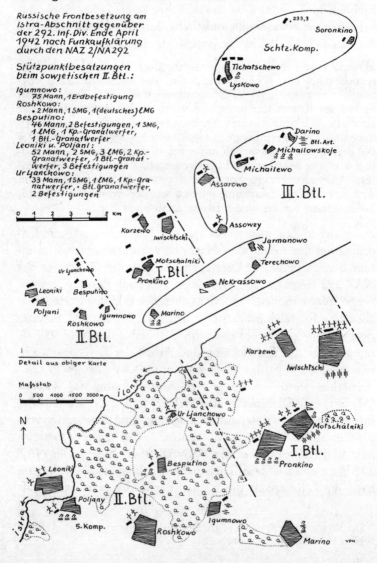

3. Die 10. (Nachrichtennahaufklärungs-)Kompanie des Panzerarmeenachrichtenregiments 4

Organisationsgeschichte

Im Mai 1942 wurden die Nachrichtennahaufklärungszüge der Divisionsnachrichtenabteilungen im Bereich der 4. Panzerarmee aus den Divisionen ausgegliedert. Sie folgten dem aus der Mittelfront herausgelösten Stab der 4. Panzerarmee nach Wilna. Der NAZ 292 marschierte am 11. Mai 1942 in Stärke von 0, 3, 13 ohne Gerät und Fahrzeuge aus Jurowka ab. Unbegreiflicherweise wurde durch die Kompanieführung nicht dafür gesorgt, daß wenigstens in beschränktem Maße eine Fortsetzung der erfolgreichen Aufklärungsarbeit gewährleistet blieb. In Wilna wurden die Züge zu einer 10. Kompanie des Panzerarmeenachrichtenregiments 4 zusammengefaßt. Die Marschbereitschaft war bis zum 25. Mai 1942 herzustellen[80].

Organisatorisch trat damit ein Sonderfall ein, unterstand doch diese Kompanie im Gegensatz zu den restlichen Kompanien des Regiments dem General der Nachrichtenaufklärung. Die Kompanieangehörigen, die früher normale Nachrichteneinheiten als Ersatzabteilungen hatten, bekamen nun als Ersatzabteilungen die Nachrichtenaufklärungs-Ersatzabteilung Frankfurt a. M. bzw. die Dolmetscherabteilung Meißen[81].

Die 10. Kompanie gehörte zur I. Abteilung des Panzerarmeenachrichtenregiments 4, deren Funkkompanie 4 mittlere Funktrupps an die 10. Kompanie abgeben mußte[82].

Kompaniegliederung bei Beginn der Sommeroperationen 1942

Chef: Hauptmann Gorzolla
Führungsstaffel mit Kompanieauswertung und Funktrupp (beim Stab 4. Panzerarmee)
3 Einsatzzüge, bestehend aus je:
    Zugauswertung, Entzifferung (1 Mann), Horchzentrale mit Horchfunkern und Nachrichtendolmetschern, Lauschtrupp, Funktrupp

---

[80] Vgl. Pz.AOK 4, KTB Nr. 8, IV. Teil, Eintragung vom 23. 4. 1942, BA–MA, RH 21–4/51.
[81] Später verlegt nach St. Avold.
[82] Nach Aussagen von Kompanieangehörigen.

Kompanietroß mit Schreibstube, Funktionern, Gewerken, Funkmeisterei, Schirrmeisterei, Instandsetzungstrupp usw.

Dazu bis 15. Juli 1942 Nachkommando Wilna mit 1 Opel Blitz Lkw., einigen nahezu schrottreifen französischen 1½ Tonnen-Lkw. (Citröen, Peugeot) mit teilweiser Ausstattung als Lauschtruppwagen, einigen handelsüblichen Pkw. und Krädern.

Gliederungsänderungen bis zum Beginn der russischen Novemberoffensive bei Stalingrad

Ab September 1942 Aufbau einer Kompaniehorchzentrale.
Am 29. September 1942 Aufstellung eines IV. Zuges
    Zugführer: Leutnant Gerland
    Stellvertreter: Oberwachtmeister Leiß
    Auswertung: Unteroffizier Wilke
    Entzifferung: Obergefreiter Heydorn
    Horchzentrale mit Horchfunkern.
    Kein Lauschtrupp, kein Funktrupp.
Etwa Anfang Oktober 1942 wurde eine kleine Entzifferungsgruppe bei der Führungsstaffel der Kompanie aufgebaut (Entzifferer Unteroffizier Hamann).

Durch die Einschließung der halben Kompanie in Stalingrad bedingte Gliederungsänderungen

In Stalingrad wurden der I. und III. Zug der Kompanie sowie vereinzelte abgedrängte Angehörige des Trosses eingeschlossen. Aus dem II. und IV. Zug wurde ein starker Zug gebildet, der, dem LVII. Panzerkorps zugeteilt, am Entlastungsangriff auf Stalingrad teilnahm und dann den Rückzug bis Rostow mitmachte. Nach Vernichtung der Züge in Stalingrad erhielt dieser Zug die Nummer I.

Nach Umgruppierung an der Südfront wurde dieser I. Zug dem SS-Panzerkorps Hausser zugeteilt und machte mit diesem den Angriff auf Charkow mit. Auch während des Frühlings blieb der I. Zug bei diesem SS-Panzerkorps am Donez, trat dann später zum XLVIII. Panzerkorps, bei dem er bis zu seiner Vernichtung im Januar 1945 verblieb.

Gliederung zu Beginn des Gegenschlages bei Charkow:

Zugführer: Oberleutnant Dörr (später Oberlt. Glocker)
Zugauswertung
Zugentzifferung: Wachtmeister Beyler, vorübergehend Sonderführer Erich Müller
Horchzentrale mit Horchfunkern und Dolmetschern
Ausrüstung für Lauschtrupp, Funktrupp.

Neuaufstellung der Kompanie im Frühjahr 1943

Aus Stalingrad-Urlaubern und Ersatzmannschaften wurden im Frühjahr der II. und III. Zug neu formiert. Erstmals neu zur Kompanie kamen 3 Peiltrupps und 1 Kommandosender. Diese Neuformationen wurden etwa im April 1943 eingesetzt. Die Kompanie gliederte sich seitdem wie folgt:
Kompaniechef: Hauptmann Waak
Kompanieauswertung
Kompanieentzifferung: Uffz. Hamacher und Entzifferer
Horchzentrale
Funktrupp, Peil-Kommandosender
3 Einsatzzüge (Gliederung wie oben I. Zug)
3 Peiltrupps, 1 Kommandosender
Troß.

Der Lauscheinsatz war bislang aus Mangel an Dolmetschern vernachlässigt worden, 1943 wurde der »Tonschreiber« eingeführt, ein Bandaufnahmegerät etwa in der Größe des Horchempfängers Ulrich, mit dem russische Ferngespräche aufgenommen wurden. Dadurch brauchte ein Lauschtrupp nur noch einen Dolmetscher.

Im Frühjahr 1943 begann der systematische Aufbau einer *Kompanieentzifferung*. Ihre Gliederung sah dann so aus:
Führer: Unteroffizier (später Wachtmeister) Philipp Hamacher (Philologe)
Vertreter: Obergefreiter Heydorn (Student der bildenden Kunst), Sonderführer Erich Müller (Kaufmann)[83].

---

[83] Die Sonderführer verloren im Sommer 1944 ihren Sonderstatus und wurden – nach Versetzung zu anderen Einheiten – entsprechend ihrem tatsächlichen Dienstgrad eingesetzt. Da Sonderführer Müller wegen seiner großen Fähigkeiten als Entzifferungsdolmetscher unentbehrlich war, blieb er – mit seinem Einverständnis – unter Beförderung vom Oberfunker zum Unteroffizier bei der NANAK 954.

1. Schicht
4-Ziffern-Schlüssel Hamacher
3-Ziffern-Schlüssel Obergefreiter Kleist (Volksschullehrer)
2-Ziffern-Schlüssel Funker (Gefreiter) Heinzmann
  (Abiturient)
Dolmetscher Gefreiter (Obergefreiter) Hoffmann
  (Abiturient)

2. Schicht
4-Ziffern-Schlüssel Heydorn
3-Ziffern-Schlüssel Obergefreiter Balczun (Ingenieur)
2-Ziffern-Schlüssel Obergefreiter Billhöfer (Kaufmann)
Dolmetscher Sonderführer Müller (Kaufmann).

Zeitweilig gehörten der Kompanieentzifferung u. a. der Obergefreite Lein und der ehemalige Sonderführer Viktor Walter an.

Hamacher, Heydorn und Müller hatten bereits zur Zeit der NAZ in der Entzifferung gearbeitet. Alle anderen waren während des Aufbaus der Kompanieentzifferung kompanie-intern zu Entzifferern geschult worden.

Weitere Einrichtungen und Tätigkeiten der Entzifferung:
Forschungsabteilung über Schlüsselsysteme,
Herstellung von Schlüsselbehelfen wie z. B. eines Lexikons russischer Wörter mit typischen Buchstabenfolgen,
Herstellung von Ausbildungsunterlagen,
Schulung von Ersatzmannschaften zu Entzifferern.

4. Nachrichtennahaufklärungskompanie 954

a) Organisationsgeschichte

Im Spätherbst 1943 wurde die Nachrichtennahaufklärungskompanie aus dem Panzerarmeenachrichtenregiment 4 ausgegliedert und mit der Horchkompanie 617, die im allgemeinen in der Nähe der Heeresgruppe eingesetzt war, zur Nachrichtenaufklärungsabteilung 4 zusammengefaßt. Die Kompanie trug von nun an die Bezeichnung NANAK 954.

Der neugebildete Abteilungsstab unter Hauptmann Rotthammer war auf unmittelbare Zusammenarbeit mit dem Oberkommando der 4. Panzerarmee angewiesen und machte stets in dessen Nähe Quartier.

Diese Neuformation erwies sich wegen der zu großen räumlichen Trennung von NANAK 954 und Horchkompanie 617 – jetzt FENAK 617 genannt – als unpraktisch. So wurde die FENAK 617 später wieder aus dem festen Abteilungsverband ausgegliedert.

Der Abteilungsstab mit eigener kleiner Auswertung und die Kompanieführungsstaffel der NANAK 954 mit ihrer Auswertung lagen in gleichen oder auch Nachbarorten und betrieben de facto doppelte Auswertung, wodurch der Meldeweg zum Ic der Armee etwas verlängert wurde.

Kompaniechef der NANAK 954 war Oberleutnant Dörr.

Bis zum Kriegsende gab es einige vorübergehende Sonderaufstellungen. Am 28. Februar 1944 wurde ein außerplanmäßiger IV. (Halb-)Zug aufgestellt und im Bereich der 1. Armee beim XXIV. Panzerkorps eingesetzt. Er bestand aus:

    Zugführer, zugleich Auswerter: Oberwachtmeister
        Przycha
    Entzifferer: Obergefreiter Heydorn
    Dolmetscher: Obergefreiter Mietens
    Horchfunkern
    Funktrupp: Unteroffizier Öhler
    1 Pkw. VW, 1 defekter Lkw. Studebaker.

Zur gleichen Zeit war der I. Zug beim XXXXVIII. Panzerkorps, der II. beim XIII. und der III. beim LIX. Armeekorps eingesetzt – letzterer auch im Bereich des Oberkommandos der 1. Armee.

III. und IV. (Halb-)Zug wurden im »Hube-Kessel« mit eingeschlossen, wobei der IV. (Halb-)Zug nach Ausfall des Lkw. und Verlust allen Gerätes versprengt wurde. Nach Ausbruch aus dem Kessel wurde der Halbzug nicht neu aufgestellt.

Der Lauschtrupp Scholz (Stärke 0, 2, 2) des I. Zuges – in Tarnopol eingesetzt – blieb nach Einschließung der Stadt am 24. März 1944 innerhalb des »Festen Platzes« und ging dort verloren.

Im Frühjahr 1944 mußte vorübergehend ein bespannter Horchtrupp (Unteroffizier Lober) aufgestellt werden. Er kam in den Beskiden zum Einsatz.

Am 15. Juli 1944 wurde im Raum Zloczów (ostwärts von Lemberg) das XIII. Korps, bei dem sich der II. Zug der Kompanie befand, eingeschlossen. Im Rahmen des Entsatzversuches durch die 1. Panzerdivision gelang am 21. Juli 1944 leider nur sehr wenigen Angehörigen des Zuges der Ausbruch[84].

Die ab Sommer 1944 angestrebte planmäßigere und intensivere Arbeit der Lauschtrupps führte zu empfindlichen Verlusten durch Mineneinwirkung beim Legen von Lauscherden im Niemandsland.

Ebenfalls ab Sommer 1944 wurde insbesondere bei der Kompanie-Führungsstaffel und beim Troß eine systematische Gefechtsausbildung getrieben. Sie umfaßte: Ausbildung am Flieger-MG-15, Gefechtsübungen im Rahmen der Infanteriegruppe und des Infanteriezuges sowie – etwas später – Ausbildung mit der Panzerfaust. Gleichzeitig wurde die Kompanie mit Panzerfäusten und Panzerblendmitteln ausgerüstet. Schließlich stellte man 1945 in Neustadt in Sachsen einen Radfahr-Panzervernichtungstrupp auf, dessen Führung Unteroffizier Hamann übernahm.

Im Verlauf der russischen Offensive aus dem Baranow-Brückenkopf im Januar 1945 wurden wiederum zwei Züge der Kompanie eingeschlossen. Während dem beim XXIV. Panzerkorps eingesetzten Zug der Ausbruch gelang, ging der I. Zug mit dem Zugführer, Oberleutnant Glocker, zum größten Teil in Gefangenschaft.

Besonderheiten in bezug auf Ausrüstung und Versorgung:

Während das zur Ausübung des Aufklärungsdienstes notwendige Funkempfangsgerät immer ausreichend zur Verfügung stand[85], machten sich auf anderen Gebieten – entsprechend der angespannten Versorgungslage – Einsparungsmaßnahmen bemerkbar. Dazu gehörte im Bereich »Bewaffnung« die vermutlich Anfang 1944 verfügte Abgabe der an die Kompanie ausgegebenen MG 34 und MG 42 und ihr Ersatz durch das Flieger-MG-15, im Bereich der »Bekleidung« die im Sommer 1943 an-

---

[84] Siehe hierzu Rolf Stoves, 1. Panzer-Division 1935–1945. Chronik einer der drei Stamm-Divisionen der deutschen Panzerwaffe, Bad Nauheim 1961, S. 624 ff.
[85] Über Engpässe bei der Versorgung mit Lauschgerät siehe S. 121 und S. 119.

geordnete Abgabe der Schaftstiefel. Subalternoffiziere und Mannschaften trugen von da an – soweit sie sich nicht inoffiziell Schaftstiefel besorgen konnten – Schnürschuhe und Gamaschen[86].

Besonders empfindlich machte sich die Betriebsstoffknappheit bemerkbar. Schon im Sommer 1943 stellte man »bespannte Teile des Trosses« auf, im Frühjahr 1944 sogar vorübergehend einen bespannten Horchtrupp[87]. 1945 war die Betriebsstofflage schließlich so angespannt, daß bei Stellungswechsel zahlreiche Fahrzeuge nur im Schlepp der wenigen großen Diesel-Lkw. fortbewegt werden konnten.

Vermehrung der Chargen im Rahmen der Umorganisation der Nachrichtenaufklärung

Im Spätfrühling 1944 wurde der Bestand an Unteroffizieren erheblich vermehrt. Dieser Vorgang hing vermutlich mit der »am grünen Tisch« entwickelten – im tatsächlichen Einsatz jedoch nur in sehr seltenen Einzelfällen durchgeführten – Einteilung der Kompanie in Horchtrupps und mit der Neuaufstellung von Lauschtrupps (Drahtaufklärungstrupps) zusammen. Nach dem von Albert Praun wiedergegebenen Schema[88] sollte eine Nahaufklärungskompanie insgesamt bestehen aus: 1 Kompanieauswertung, 1 Kompanieentzifferungs-, 3 Zugauswertungs-, 12 Horch-, 6 Drahtaufklärungs-, 1 Peilkommandosender-, 9 Peil- und 5 Funktrupps = 37 Truppführer. Hinzu kamen noch Stellen für Funktionsunteroffiziere, und zwar 4 für Portepeeunteroffiziere und wenigstens 6 für Unteroffiziere ohne Portepee. War die Führungsstaffel der Kompanie bisher mit etwa 6 Unteroffizieren mit und ohne Portepee ausgekommen, so standen ihr nun wenigstens 12 Unterführer zu.

Zur Vorbereitung dieser Chargenvermehrung wurde in Żólkiew, wo Kompanieführungsstaffel und Troß vom 21. April bis

---

[86] Die Uniformierung wurde im Laufe der letzten beiden Kriegsjahre immer uneinheitlicher. So bürgerte sich als Kopfbedeckung anstelle des »Schiffchens« allmählich die Gebirgsjägermütze ein. Bei der Räumung von Bekleidungslagern während des Rückzuges versahen sich manche Kompanieangehörige – aus modischen Gründen – mit kurzen Jacken der Sturmartillerie und mit überzähligen Wachmänteln.
[87] Siehe S. 105.
[88] Untersuchung, P–038, Anlage 11.

Anfang Juli 1944 lagen, ein mehrtägiger Unterführerlehrgang durchgeführt – eine für die im Einsatz befindliche Kompanie wenig sinnvolle Maßnahme, da wichtigstes Fachpersonal wie Entzifferer, Auswerter und Horchfunker auf diese Weise der Aufklärungstätigkeit entzogen wurde. In diesem Zusammenhang ist nicht uninteressant, daß sich einige alte Obergefreite weigerten, Unteroffizier zur werden.
Nach dem 20. Juli 1944 wurde ein fünfter Offizier zur Kompanie versetzt. Er übernahm die Leitung der Horchzentrale und übte gleichzeitig die Funktion des neueingeführten Nationalsozialistischen Führungsoffiziers (NSFO) aus. In dieser Eigenschaft hat er mindestens einen Vortrag vor Kompanieangehörigen gehalten, dessen Inhalt allerdings politisch sehr gemäßigt war.
Die hohe Bewertung der Nachrichtenaufklärung kam zum Ausdruck in den den Angehörigen dieser Einheiten übergebenen sogenannten »Lebensversicherungsscheinen«. Sie datieren bei der NANAK 954 vom 6. April 1944, vom Februar und vom 14. April 1945[89]. Unter Hinweis auf Verfügungen des Chefs des Heeresnachrichtenwesens und der Operationsabteilung des Generalstabes des Heeres wurde im letztgenannten Ausweis dem Betroffenen seine Zugehörigkeit zu einer Nachrichtenaufklärungseinheit »in führungswichtigem Einsatz« bestätigt. Infanteristischer Fronteinsatz war für ihn verboten. Seine Einheit sollte bei drohender Einschließung rechtzeitig herausgezogen werden. All dies sollte verhindern, daß Angehörige von Nachrichteneinheiten in Gefangenschaft gerieten oder »verheizt« wurden.
Kompanieführungsstaffel und Troß lösten sich, nachdem die wichtigsten Unterlagen auf dem letzten Standort Tetschen Bodenbach vernichtet worden waren, in der Nacht vom 8. zum 9. Mai 1945 in Aussig auf, da ein Durchkommen zu den Amerikanern im Süden der Tschechei nicht mehr möglich schien. Die Russen hatten von Sachsen aus bereits in Leitmeritz die Rückzugsstraße abgeschnitten.
Die Gesamtverluste der NANAK 954 betrugen vom Mai 1942 bis zum Kriegsende – überwiegend durch Totalverlust von Zügen in den Kesselschlachten – wenigstens 120 %. Von den in

[89] Siehe Anlage 11.

Stalingrad in Gefangenschaft geratenen Kameraden ist mit an Sicherheit grenzender Wahrscheinlichkeit keiner mehr zurückgekehrt.

Schema: Einsatz der NANAK 954 ab Mitte Dezember 1943 im Rahmen der Nachr.Aufkl.Abt. 4

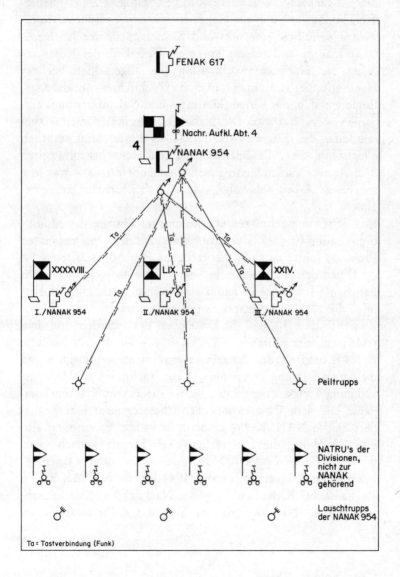

b) Kritische Anmerkungen zur Organisation

Nach der Ausgliederung der Nachrichtenaufklärungzüge aus den Funkkompanien der Divisions-Nachrichtenabteilungen im Frühjahr 1942 und ihrer Zusammenfassung im Armeebereich zu Nachrichtennahaufklärungskompanien[90] hatten die neu gebildeten Kompanien eine merkwürdige Zwitterstellung. Theoretisch konnte es zu Kompetenzstreitigkeiten zwischen Armeenachrichtenführer einerseits und Kommandeur der Nachrichtenaufklärung andererseits kommen. Unterhalb des Kommandeurs der Nachrichtenaufklärung (im allgemeinen bei der Heeresgruppe) schuf man nun einen Nachrichten-Aufklärungs-Regimentsstab, der Fernaufklärungs- und Nahaufklärungskompanien vorgesetzt war. Die Nahaufklärungskompanien – zum mindesten die spätere NANAK 954 – gehörte damit praktisch gleichzeitig zwei Regimentern an: einerseits organisatorisch dem Armee-Nachrichtenregiment und andererseits – was ihre spezifische Arbeit anbelangt – dem Nachrichtenaufklärungsregiment.

Das Beharrungsvermögen überkommener Formen der Militärorganisation ist groß. Der Lösungsversuch des oben genannten Problems führte zu einer theoretischen Durchorganisierung bis ins Detail der Nahaufklärungskompanie, entsprach auch exakt üblichen Gliederungen, nahm aber wenig Rücksicht auf Formen, die aus der Arbeitspraxis gewachsen waren.

Zwischen dem 10. und 20. Dezember 1943 wurden – in dem realen Fall der späteren NANAK 954 – die 10. (Nahaufklärungs-)Kompanie des Panzerarmeenachrichtenregiments 4 und die Fernaufklärungskompanie 617 zur Nachrichtenaufklärungsabteilung 4 zusammengefaßt, wobei die Nahaufklärungskompanie aus dem Panzerarmeenachrichtenregiment 4 ausgegliedert und in NANAK 954 umbenannt wurde. Es entstand also eine Abteilung, die für treffenweisen Einsatz gedacht war, wobei die Treffen etwa 100 km voneinander entfernt lagen.

Hierfür ein Beispiel: Im Herbst 1944 lag die NANAK 954 in Zagnansk bei Kielce, der Stab der Nachrichtenaufklärungsabteilung 4 im Nachbardorf, der Stab der 4. Panzerarmee im

---

[90] Siehe S. 101 f.

Nachbardorf, die FENAK 617 in Krakau 110 km weiter südlich.

Die Organisation war derart sinnlos, daß Albert Praun nach dem Kriege damit auch nichts mehr anzufangen wußte und in seiner Studie eine schematische Darstellung der Gliederung gab, die mit der Realität des geschilderten Falles nichts zu tun hat. Nach dem Praunschen Schema war der Abteilungsstab beim Armeestab, die FENAK zwischen Armeestab und Korpsstäben und die NANAK bei einem Korpsstab eingesetzt.

Nach Erinnerung des Verfassers ist die FENAK 617 später zum mindesten führungstechnisch wieder aus der Nachrichtenaufklärungsabteilung 4 ausgegliedert worden. Übrig blieb eine Abteilung mit einer Kompanie, wobei Kompanieauswertung und Abteilungsauswertung in Nachbardörfern lagen und gemeinsam den Meldefluß etwas verlangsamten.

Die damals wohl nicht diskutierte Überlegung, daß es zweckmäßig sei, die sowieso personell überstarke Kompanie in den Rang einer Abteilung zu erheben, die – ohne Kompaniegliederung – nur aus Zügen bestand, war wohl zu »kühn«, obwohl auf etwas höherer Ebene – d. h. auf Brigade-Ebene – ein Präzedenzfall für entsprechendes Verfahren vorlag: Die meisten deutschen Kontingente des 19. Jahrhunderts vor 1870/71 untergliederten ihre Brigaden unter Verzicht auf Regimentsstäbe in Bataillone.

Was die oben erwähnte Detailgliederung der NANAK anbelangt, so war »auf dem Papier« eine Einteilung der Horchzüge in Trupps vorgesehen. Da die Horchzüge – von ganz seltenen Ausnahmen abgesehen – ihre Horchempfänger stets im Sinne einer Horchzentrale aufbauten, ist in der Praxis eine Horchtrupp-Einteilung nie erfolgt.

5. Arbeitsweise der Nachrichtennahaufklärungskompanie

a) Horchdienst

Oberst a. D. Randewig, im Kriege zeitweilig Kommandeur der Nachrichtenaufklärung 1, gibt in der Studie von Albert Praun eine ausgezeichnete Darstellung des Funkempfang-(Horch-)

Dienstes von Fernaufklärungskompanien[91]. Sie kann jedoch auf die Nahaufklärung aus folgenden Gründen nicht einfach übertragen werden:
1. unterschiedliches Ziel der Aufklärung,
2. geringere Anzahl von an einem Ort geschlossen eingesetzten Aufnahmegeräten,
3. wesentlich häufigerer Standortwechsel der eingesetzten Teile der Kompanie im Bewegungskrieg.

Zu 1.:
Im Gegensatz zur Fernaufklärung beschränkte sich die Nahaufklärung auf die Erfassung und Überwachung des feindlichen Fernmeldeverkehrs, soweit er von unmittelbarem Interesse für die Feindlage-Sachbearbeiter der Armee, der die NANAK zugeteilt war, und der ihr unterstellten Großverbände (Korps, Divisionen) war.

Die Arbeit umfaßte also die Übergangszone vom operativen zum taktischen Bereich und die dazu parallele Logistik bzw. Versorgung, ferner den niederen taktischen und Versorgungs-Bereich, soweit die dort erzielten Aufklärungsergebnisse Rückschlüsse auf Maßnahmen der mittleren und höheren Führungsebene zuließen.

Zu 2.:
Randewig gibt an, die Fernaufklärungskompanien hätten maximal 36 Empfänger gleichzeitig, bei pausenloser Dauerüberwachung 24 Empfänger mit Personal besetzen können. Die Empfänger waren hier im allgemeinen an einer Stelle konzentriert eingesetzt, so daß eine langfristige Aufgabenzuweisung an Empfängergruppen möglich wurde. Die Nahaufklärungskompanien verfügten zwar über die gleiche Anzahl von Empfängern. Diese waren jedoch viergeteilt, und zwar in eine Empfangszentrale bei der Kompanieführung (beim Armeestab) und drei Einsatzzüge bei Korps- bzw. Divisionsstäben. Es waren also an einem Ort jeweils zusammengefaßt lediglich 6 bis 9 Empfänger (bei Sondereinsätzen wie z. B. im Herbst 1942 IV. Zug oder Frühjahr 1944 IV. (Halb)Zug – beide nicht etatsmäßig –, zusätzlich lediglich 2 bis 3 Empfänger auf Kosten der Empfängerzahl der Kompanie-Horchzentrale).

---

[91] Verfahren der Funkaufklärung, Empfangs- und Peildienst-Auswertung, in: Praun, Untersuchung, P–038, S. 19–22, auch für das Folgende.

Da nun bei den einzelnen Teilen der Kompanie auf Suchempfang nicht verzichtet werden konnte, mußte sich – entsprechend der geringen Empfängerzahl jeder dieser Teile – die Dauerüberwachung auf Verkehre beschränken, deren Spruchmaterial deutbar und inhaltlich für die Armee bzw. für die Korps von Interesse war.

Damit entfiel für die Einsatzzüge weitgehend die systematische Beschäftigung mit reiner Verkehrsbeobachtung und Verkehrsauswertung, die an sich auch ohne Anfall bzw. ohne Entzifferung von Sprüchen Aufschluß über Kriegsgliederung, Truppenverteilung und eventuelle Truppenverschiebung des Feindes geben kann. Damit erübrigte sich aber auch die – nach Randewig etatsmäßige – Ausstattung der Einsatzzüge mit je einer kompletten Peilausstattung (Kommandosender mit drei Peiltrupps). Tatsächlich hat die NANAK 954 anstatt der vorgesehenen 4 Peilausstattungen auch nur eine gehabt. Sie wurde von der Kompaniezentrale aus – wo die Ergebnismeldungen der Züge zusammenliefen – sinnvoll mit sehr breiter Peilbasis eingesetzt.

Zu 3.:

Zwar nicht planmäßig, aber de facto waren die Einsatzzüge meistens fest an bestimmte Korpsstäbe gekoppelt (z. B. I. Zug an das XXXXVIII. Panzerkorps) und machten, wenn nicht ganz besondere Umstände vorlagen, deren Stellungswechsel und u. U. auch deren Rochaden an der Armeefront mit. Bei derartigen Rochaden wurden die Züge naturgemäß vor neue bzw. andere feindliche Funkverbindungen gestellt. Diese mußten dann durch ausgedehnten Such-Horchdienst erst erfaßt werden. Hierbei halfen nur in seltenen Ausnahmefällen Hinweise durch die Fernaufklärungskompanie bzw. durch die NANAK-Kompaniehorchzentrale.

Der Verfasser ist als Zugentzifferer wiederholt an neue Einsatzorte in Marsch gesetzt worden. In keinem dieser Fälle waren vorher Hinweise auf Verkehre, Frequenzen, Rufzeichen oder gar Schlüssel gegeben worden. Der Zug fuhr zum Einsatz quasi unter dem Motto: Horcht man gut, ihr werdet schon was Brauchbares finden und entziffern – was dann auch zutraf.

Mit dieser im Vergleich zur Fernaufklärungskompanie anders gelagerten Aufgabenstellung und Arbeitsvoraussetzung ergab sich auch eine unterschiedliche Fixierung der Aufnahmeergebnisse. Nach Randewig hatte der Fernaufklärungs-Horchfunker eine sogenannte »Horchmeldung« zu führen (vergleichbar dem Betriebsbuch der Betriebsfunker), in die er alle aufgenommenen Verkehre, Wellen, Rufzeichen, Spruchköpfe und Uhrzeiten eintrug, während abgehörte feindliche Funksprüche auf besondere Horchspruchformulare geschrieben wurden. Bei der NANAK 954 benutzte man keine Horchmeldungs-Bücher, sondern lediglich Horchspruchformulare. Als Schmierkladden beim Suchdienst dienten normale Betriebsfunk-Spruchformulare oder auch Horchspruch-Formulare, die – nachdem wichtige Horchergebnisse auf saubere Formulare übertragen worden waren – vernichtet wurden.

Voraussetzung für die Tätigkeit eines Horchfunkers war die Kenntnis über Art bzw. Betriebsablauf des feindlichen Funkverkehrs und ein gutes Gedächtnis für abweichende Eigentümlichkeiten und für Rufzeichen. Randewig nennt zusätzlich als Voraussetzung noch die Fähigkeit, im Durchschnitt ein Tempo von 120 Buchstaben in der Minute aufzunehmen. Dies ist mit Sicherheit übertrieben. Ganz abgesehen davon, daß es in der deutschen Wehrmacht wahrscheinlich nur relativ wenige Funker gab, die im Durchschnitt 120 hören konnten[92], war diese Fähigkeit bei der Überwachung des russischen Funkverkehrs im Rahmen der Nahaufklärung auch nicht notwendig[93].

Die Qualitäten eines Nahaufklärungs-Horchfunkers mußten anders gelagert sein. Für ihn kam es u. a. darauf an:
1. aus Lautstärke und Tonqualität zu erahnen, wo es sich um Boden-, wo es sich um Raumwellen und wo es sich um Verkehre von der Armee nach vorwärts oder nach rückwärts handelte,
2. bei Überlagerung eines Verkehrs durch einen anderen oder durch mehrere andere den zu überwachenden Verkehr richtig herauszuhören und aufzunehmen. Diese Aufgabe stellte sich fast regelmäßig nachts.

Die erstgenannte Fähigkeit war für erfolgreichen Such-Horchdienst unerläßlich. Sie konnte nur durch Erfahrung, gepaart mit musikalischem Gehör und einer Art Instinkt, erreicht werden. Horchfunker, die frisch vom Ersatzheer eintrafen, hatten darum zunächst relativ wenig Erfolg beim Suchdienst.

---

[92] Bei der Funk-Kp. der Nachr.Abt. 292 gab es einen einzigen Funker dieser Art, bei der NANAK 954 keinen.
[93] Vgl. S. 139 f.

b) Entzifferung

Personal

Bei dem alten Stamm der Entzifferer der NANAK 954 handelte es sich ausschließlich um Autodidakten, die zwischen Frühjahr 1941 und Mai 1942 im Rahmen der ehemaligen NAZ der Divisionen aus eigenem Interesse und ohne Anleitung mit dieser Tätigkeit begonnen hatten. Keiner von ihnen hatte einen Entzifferungslehrgang bei der Horchleitstelle oder bei Fernaufklärungseinheiten besucht. Um die in Stalingrad erlittenen Verluste auszugleichen, wurden im Frühjahr und Sommer 1943 kompanie-intern einige Stamm-Horchfunker und einige von der Nachrichtenaufklärungsersatzabteilung Frankfurt a. M. kommende Ersatz-Horchfunker bei der Kompanie-Entzifferung zu Entzifferern umgeschult. Sie übernahmen dann die Entzifferung von leichten 2Z- und mittelschweren 3Z-Sprüchen.

Die ab 1943 dauernd oder zeitweilig in der Kompanieentzifferung Tätigen kamen aus folgenden Berufen:

Stamm-Entzifferer: 1 Assessor der Germanistik, 1 Student der bildenden Kunst,

umgeschulte Alt-Horchfunker: 1 Ingenieur, 1 Volksschullehrer, 1 Abiturient,

umgeschulte Ersatzhorchfunker: 1 Mathematiklehrer, 1 Kaufmann, 1 Abiturient,

Stamm-Entzifferungsdolmetscher: 1 Kaufmann aus dem Baltikum (Sonderführer),

umgeschulte Entzifferungsdolmetscher: 1 Abiturient aus dem Warthegau (bei der Dolmetscherabteilung Meißen auf Russisch umgeschult), 1 älterer Mann (ehemaliger Sonderführer in der Landwirtschaft).

Alle Entzifferer hatten sich – jeweils entsprechend der Dauer ihrer Tätigkeit – einen großen bis sehr großen Vokabelschatz an russischen Militärfachwörtern angeeignet.

Offizierdienstgrade waren in der NANAK 954 zu keiner Zeit als Entzifferer tätig[94].

---

[94] Hierzu berichtet Mäkelä, Im Rücken des Feindes, S. 58: »Das [finnische] Personal der Funkaufklärung bestand fast ausschließlich aus Mathematikern und Sprachwissenschaftlern mit Offiziersausbildung im Gegensatz etwa zu Deutschland, wo – wie die finnischen Offiziere während des ›Fortsetzungskrieges‹ mit Erstaunen feststellen konnten – diese Tätigkeit hauptsächlich von Unteroffizieren und Soldaten ausgeübt wurde.«

Gliederung der Entzifferung innerhalb der NANAK

Die drei Einsatzzüge verfügten über je 1 – manchmal vorübergehend auch 2 – Entzifferer, hatten jedoch keinen spezialisierten Entzifferungsdolmetscher. Die Übertragung von Entzifferungsergebnissen ins Deutsche nahmen hier Horch-Dolmetscher vor.

Die Kompanieentzifferung bestand in der Regel aus 6 Entzifferern und 2 Entzifferungsdolmetschern, die in 2 Schichten arbeiteten[95].

Arbeitsweise der Zugentzifferung

Der Zugentzifferer sichtete das ihm zugeleitete Spruchmaterial nach dem Grad der Entzifferbarkeit – wobei der Schwierigkeitsgrad im Verhältnis zum Spruchumfang zu berücksichtigen war. Das für ihn lösbare Material wurde dann nach vermuteter Wichtigkeit des Inhalts sortiert und in der sich dabei ergebenden Reihenfolge bearbeitet. So war beispielsweise die Lösung von verschlüsselten Koordinaten in Klartextsprüchen meist wichtiger als die Lösung eines 2Z-Spruches, weil sie mit hoher Wahrscheinlichkeit stärkeren Bezug zum Taktischen hatten.

Alle Sprüche – gelöste und nicht entzifferte – wurden durch Melder an die Kompanie-Entzifferung weitergeleitet. Sie trafen dort jedoch – je nach dem Zeitpunkt der Inmarschsetzung eines Melders – meist mit großer bis sehr großer Verspätung ein.

Arbeitsweise der Kompanie-Entzifferung

In der Kompanie-Entzifferung wurde das gesamte in der Kompanie aufgenommene Chiffre-Spruch-Material je nach Schlüsselart auf die 2Z-, 3Z-, 4Z- und Koordinaten-Bearbeiter – später auch Buchstaben-Raster-Schlüssel-Bearbeiter – verteilt, von diesen wiederum nach Lösbarkeit und vermuteter Wichtigkeit sortiert und nach Möglichkeit entziffert. Für Zug-Entzifferer relevante Lösungen wurden diesen durch Melder mitgeteilt.

Als Hilfe insbesondere für die Enttarnung von Koordinaten, Anschriften, Unterschriften und in Sprüchen genannten Einheiten erhielt die Kompanie-Entzifferung regelmäßig die Ic-Meldungen der Armee.

---

[95] Vgl. S. 104.

Neben der laufenden Entzifferungsarbeit wurden Beute-Code-Bücher ausgewertet. Dem Autor ist allerdings kein Fall in Erinnerung, in dem 3Z- und 4Z-Beutecode unmittelbar als Entzifferungsunterlage benutzt werden konnten. Die 2Z-Tabellen PT 39a, PT 42 N und PT 42 N-1 hatten jedoch eine so weite Verbreitung im niederen russischen Funkverkehr, daß sie unmittelbar von der Entzifferung benutzt werden konnten. Hier blieb dann lediglich die Aufgabe, den jeweiligen Tagesschlüssel zu ermitteln.

Als weitere Entzifferungshilfe wurde von der Kompanie-Entzifferung ein nach Buchstabenbezügen geordnetes russisches Militärlexikon angefertigt. Beispiel:

nemedlenno = unverzüglich

pereprawa = Übergang, Flußübergang

aerodrom = Flugplatz

podwoda = Pferdewagen, Fuhre, Vorspann

boewoe = Kampf (in diesem Fall plus Neutrum).

Mit Hilfe dieser Buchstabenbilder ließen sich einfache Buchstaben-Chiffre-Schlüssel oft selbst dann schnell entziffern, wenn es sich um sehr kurze Sprüche oder einzelne Worte in Klartextsprüchen handelte.

Für die Entzifferungsarbeit, insbesondere für die Auszählung der Häufigkeit sowjetischer Chiffre-Gruppen stand kein Spezialpapier zur Verfügung. Man benutzte hierfür Horchspruch- oder Betriebsspruch-Formulare.

Zur Erleichterung der Arbeit entwarf der Leiter der Kompanie-Entzifferung ein Auszählungsformular und ließ es Ende Juli 1943 bei einer ukrainischen Druckerei in Bogoduchow (60 km nordwestlich von Charkow) erstmals – und Anfang September 1943 nahe Lochwiza (200 km ostwärts von Kiew) von der Armee-Druckerei in zweiter Auflage drucken.

In größeren Abständen fand auch Gedankenaustausch mit der Entzifferung der Fernaufklärungskompanie 617 statt. Wesentliche Unterstützung erfolgte von dorther allerdings nicht, mit einer Ausnahme: Im Herbst 1944 wurde der Entzifferung der NANAK 954 die Analyse des im russischen Funkverkehr neu aufgetretenen Buchstaben-Rasterschlüssels übergeben, mit deren Hilfe die jeweilige Tagesverschlüsselung sehr schnell gelöst werden konnte.

c) Auswertung und Peildienst

Zugauswertung

Die Auswertung der Einsatzzüge sollte aus einem Auswertetrupp bestehen, dem auch 2 Entzifferer angehörten[96]. De facto waren in der NANAK 954 in der Zugauswertung im allgemeinen 2 Portepee-Unteroffiziere bzw. Unteroffiziere tätig sowie der Zugführer selbst. Der Entzifferer arbeitete relativ abgesondert auf seinem Spezialgebiet; ständiger Informationsaustausch war dabei selbstverständlich.

Die Zugauswertung unterrichtete durch Melder den Ic des Stabes, dem der Zug zugeteilt war (Korps bzw. Division), über die Arbeitsergebnisse des Zuges. Weiterhin meldete die Zugauswertung an die Kompanieauswertung und zwar – wenn es sich um wichtige Ergebnisse handelte – per Funk. Im Bedarfsfall wurde auch an niedere Dienststellen, wie z. B. Regimentsstäbe, gemeldet und zwar bei eiligen aktuellen Informationen im niederen taktischen Bereich.

Schwerpunkt der Arbeit war die Inhaltsauswertung von Horchsprüchen und Lauschaufnahmen. Reine Verkehrsauswertung ohne Spruchanfall wurde bei der Zugauswertung systematisch nicht betrieben. Hierfür reichte weder der Spruchanfall noch das Personal aus. Auch fehlte die dafür unerläßliche eigene Peilausrüstung. Doch sammelten sich naturgemäß im Laufe der Zeit Erfahrungen an über Rufzeichen und ihre Aufbau-Systematik, über Wellenverteilung und über Namen von Kommandeuren und Chefs und deren Zugehörigkeit zu bestimmten Einheiten. Diese Erfahrungen ließen Elemente einer Verkehrsauswertung in die allgemeine Auswertung mit einfließen.

---

[96] Nach Praun, Untersuchung, P–038.

Kompanieauswertung

Die Kompanieauswertung der NANAK war theoretisch[97] die Leitstelle der gesamten Aufklärungstätigkeit der Kompanie. Sie bestand im Durchschnitt aus etwa 6 Mann (Portepee-Unteroffizier, Unteroffizier und Mannschaften). Zusätzlich war auch der Kompaniechef in der Auswertung tätig.

Ergebnismeldungen gingen an den Ic der Armee (in diesem Fall der 4. Panzerarmee) sowie an die übergeordneten Dienststellen der Nachrichtenaufklärung.

Das Schwergewicht der Arbeit lag bei der Inhaltsauswertung der Horch- bzw. auch Lauschergebnisse. Seit der Ausstattung der Kompanie mit einem kompletten Peilsatz im Frühjahr 1943 wurde ergänzend dazu auch Verkehrsauswertung von Netzen ohne Spruchanfall und Ortung von Funkstellen, von denen Spruchanfall ohne Ortsangaben vorlagen, betrieben. Dementsprechend erfolgte die Aufgabenstellung für den Peilkommandosender unmittelbar durch die Kompanieauswertung. Weiterhin konnte die Kompanieauswertung den Ansatz von Horchgeräten der Kompaniehorchzentrale auf bestimmte Funkverkehre unmittelbar durch Befehl steuern (Kompanie-Horchzentrale und Kompanieauswertung lagen fast immer am gleichen Ort). Als oberstem Auswerteorgan der Kompanie stand der Kompanieauswertung ebenfalls zu, über den Kompaniechef die Arbeit der Züge zu steuern. Hier war allerdings die Präferenz abzuwägen zwischen den Aufklärungswünschen der Korps- bzw. Divisionsstäbe und den Absichten der Kompanieauswertung selbst. In der Regel wurde den Einsatzzügen große Selbständigkeit im Ansatz ihrer Horch- bzw. Lauschmittel gewährt.

d) Lauschdienst

Im Zuge der Aufstellung der 10. Kompanie des Panzerarmeenachrichtenregiments 4 in Wilna wurde bei den drei Einsatzzügen je ein Lauschtrupp gebildet. Zusätzlich war noch die Formierung von 3 weiteren Lauschtrupps geplant. Für sie stand allerdings nicht genug Personal – zunächst auch kein Gerät – zur Verfügung. Lediglich die Fahrzeuge – für jeden Trupp ein französischer 1 ½ Tonner Lkw. (Citroën bzw. Peugeot) und ein

[97] Siehe das folgende Kapitel.

handelsüblicher deutscher Pkw. – wurden beim Nachkommando Wilna bereitgestellt bzw. notdürftig fahrbereit gemacht, am 15. Juli 1942 per Bahntransport in Marsch gesetzt und ab 24. Juli von Kursk aus durch den großen Don-Bogen der Kompanie nachgeführt. Dabei fielen drei der Lkw. zwischen Kursk und Kotelnikowo mit Totalschaden aus. Zusätzlich aufgestellt wurde dann lediglich ein Trupp.

Im Verlauf der Offensive gegen Woronesh-Stalingrad haben die Lauschtrupps der Einsatzzüge hin und wieder versucht, sich in permanente russische Leitungen einzuschalten. Über Ergebnisse dieser Tätigkeit ist dem Autor nichts bekannt.

Der im Spätsommer zusätzlich aufgestellte Trupp bestand aus 2 Unteroffizieren (Scholz und Dolmetscher Hotze) sowie wechselnd 1 bis 2 Mannschaftsdienstgraden. Der »Lauschtrupp Scholz« führte in der Kompanie ein merkwürdiges Eigenleben, was sicherlich auf die landsknechthafte Verwegenheit der beiden Unteroffiziere zurückzuführen ist. Im Spätsommer 1942 unternahm er einsame abenteuerliche Raids in der Kalmückensteppe, war dann dem außerhalb des Stalingrad-Kessels neuaufgestellten Zug attachiert und blieb, als dieser im Frühjahr 1943 zum I. Zug der Kompanie wurde, ihm unterstellt, ohne allerdings de facto seine Eigenständigkeit ganz zu verlieren. Im März 1944 wurde der Lauschtrupp Scholz in Tarnopol eingeschlossen und ging dort verloren[98].

Außerhalb des Kessels von Stalingrad ist beim – aus Mannschaften des II. Zuges und IV. Halbzuges neugebildeten – Einsatzzug kein Lauschdienst getrieben worden. Der fortwährende Bewegungskrieg: Gegenangriff auf Stalingrad, Rückzug nach Rostow, Rochade nach Dnjepropetrowsk, Angriff auf Charkow bis Bjelgorod – bot dafür keine Voraussetzungen.

Erst nach Neuaufstellung der in Stalingrad verlorenen Züge im Frühjahr 1943 verfügte die Kompanie wieder über 3 Lausch-

---

[98] Uffz. Scholz und 1 Mann gefallen, Uffz. Hotze verwundet in Gefangenschaft, der vierte Mann wurde von den Sowjets mit Propagandamaterial zur Kompanie zurückgeschickt. In der ausgezeichneten Untersuchung von Gert Fricke, »Fester Platz« Tarnopol 1944, Freiburg 1969, wird der Lauschtrupp Scholz in den sonst detaillierten Stärkenachweisen nicht erwähnt. Auch in der dort als Anl. 8 wiedergegebenen Aufstellung »Zurückgekehrte Tarnopolkämpfer« (Pz.AOK 4, Akte Tarnopol, April 1944) ist der zurückgekehrte Mann des Lauschtrupps nicht aufgeführt. Daß Zurücksendungen vorkamen, wird ebd., S. 129, erwähnt.

trupps. Sie wurden den drei Einsatzzügen zugeteilt und kamen in Zeiten relativer Ruhe an der Front zum Einsatz. Hierbei hat der Lauschtrupp des I. Zuges besondere Aktivität entfaltet, da der Zugführer, Oberleutnant Glocker, vorbildhaft und in teilweise abenteuerlicher Weise persönlich Lauscherden im Niemandsland verlegte.

Problematisch blieb zunächst die Ausstattung der Trupps mit Dolmetschern. Sie waren Mangelware, und ihre Tätigkeit hatte im Horchdienst größere Effektivität als im Lauschdienst. Erst die Einführung des sogenannten Tonschreibers (ein Bandaufnahmegerät von der Größe des Horchempfängers Ulrich) beseitigte diesen Engpaß im Sommer 1943.

Später wurde die Zahl der Lauschtrupps erhöht. Auch strebte man ihre zentrale Führung an.

Es ist bereits erwähnt worden, daß bei der Aufstellung der Kompanie in Wilna im Mai 1942 von den vorgesehenen 6 Lauschtrupps lediglich 3 bzw. 4 mit Gerät ausgerüstet werden konnten. Hiervon ging das Gerät von 2 Lauschtrupps in Stalingrad verloren, ohne daß zunächst eine Auffüllung des Bestandes auf 100 % des Soll erfolgt zu sein scheint. Diese Annahme wird erhärtet durch einen Bericht des Ingenieurs für Elektrotechnik, Ernst Mustin – damals vorübergehend zur Funkmeisterei der Kompanie kommandiert –, der noch im Herbst 1943 ein provisorisches Lauschempfangsgerät mit entsprechenden Verstärkern konstruierte, mit dem er dann selbst im Raum Shitomir eingesetzt wurde[99].

Erst nach Herauslösung der Kompanie aus dem Panzerarmeenachrichtenregiment 4, d. h. im Laufe des Jahres 1944, scheint sie entsprechend dem Soll mit Gerät für 6 Lauschtrupps ausgerüstet worden zu sein. Der Einsatz der Lauschtrupps wurde von da an überwiegend zentral geführt, d. h. unabhängig von den Zügen.

---

[99] Aussage Ernst Mustin.

Dem Verfasser ist unbekannt, ob im Lauschdienst Ergebnisse erzielt wurden, die wesentliche Rückschlüsse auf sowjetische Maßnahmen oberhalb der Gefechtsebene zuließen. Neben den spektakulären Leistungen der Funkaufklärung hätten sie auch nur eine sekundäre Rolle spielen können. Auf der Gefechtsebene jedoch sind zweifellos zahlreiche Ergebnisse erbracht worden. So spielte dabei das Abhören von per Fernsprecher durchgegebenen Zielansprachen sowjetischer Artilleriebeobachter eine gewisse Rolle. Hierdurch wurde die telephonische Warnung eigener Truppen vor Beschuß möglich[100].

Gefechtsaufklärung war jedoch nicht die Aufgabe der Kompanie. So bleibt es zweifelhaft, ob der Personaleinsatz – insbesondere an geschulten Nachrichtendolmetschern – und der leider relativ hohe Personalverlust beim Verlegen von Lauscherden im Niemandsland in einer vernünftigen Relation zu den Ergebnissen gestanden haben.

e) Verhältnis zu den Nahaufklärungstrupps der Divisionen

Über eine Zusammenarbeit der Nahaufklärungskompanien mit den Gefechtsaufklärung treibenden Nahaufklärungstrupps (NATRU) der Divisions-Nachrichtenabteilungen kann der Verfasser kaum etwas aussagen. Die NATRU wurden allmählich im ersten Halbjahr 1943 gebildet[101]. Im Rahmen dieser Maßnahmen führte auch der I. Zug der 10. Kompanie des Panzerarmeenachrichtenregiments 4 (Nahaufklärungskompanie) Ostern (25., 26. April 1943) in Beresowka bei Solotschew (50 km nordnordwestlich von Charkow) einen Kurzlehrgang für Angehörige einer Divisions-Nachrichtenabteilung durch.

Was die Nachrichtenaufklärungstätigkeit anbelangt, ist dem Verfasser nicht bekannt, in welchem Maße eine Zusammenarbeit möglich war und stattfand. Er kann sich nicht erinnern, im Bereich »Entzifferung« jemals Spruchmaterial, das bei den Nahaufklärungstrupps aufgenommen worden war, bearbeitet zu haben – und zwar weder als Zugentzifferer noch als Entzifferer in der Kompanieentzifferung.

---

[100] Aussage von Ernst Mustin, der 1944 beim Legen von Lauscherden in einem sowjetischen Minenfeld schwer verwundet wurde.
[101] Praun, Untersuchung, P–038, S. (28).

Es ist auch kaum wahrscheinlich, daß eine dauernde effektive und planmäßige Kooperation durchführbar war. Dies wurde schon durch den Mangel an Fernmeldeverbindungen zwischen den Trupps und den Organen der Nachrichtenaufklärung (NANAK oder FENAK) in Frage gestellt.

Über die NATRU liegt nur wenig Literatur[102] und nur sporadisch Aktenmaterial vor. Die Ist-Ausstattung des NATRU (dort NNAT genannt) der 129. Infanteriedivision betrug in der zweiten Hälfte September 1943[103]:

Personelle Zusammensetzung:
1 Offizier	Zugführer, dem zugleich der Fliegerfunktrupp unterstellt ist
4 Unteroffiziere	1 Truppführer für Horchtrupp
	2 Truppführer für Lauschtrupps
	1 Vor-Auswerter
16 Mannschaften	darunter 2 bis 3 Sprachmittler
Geräte:	3 Horchempfänger
	1 Peilempfänger
	2 Lauschempfänger

Dieser Aufstellung ist zu entnehmen, daß die Personal- und Geräteausstattung der NATRU wesentlich größer gewesen ist als die der alten NAZ der Divisionen. Materiell wurde diese Vergrößerung möglich durch gesteigerte Geräteproduktion (Peilempfänger, Lauschempfänger), lagemäßig durch ausgedehnteren Stellungskrieg.

f) Innere Führung

Die Tätigkeit der Nachrichtennahaufklärer war eine »good will«-Tätigkeit. Eine Kontrolle über sie konnte lediglich die Präsenz bei der Arbeit, nicht aber die Intensität erfassen. Versu-

---

[102] Einige Hinweise finden sich bei Praun, Soldat, S. 188; ferner bei Peter Erlau, Flucht aus der weißen Hölle. Erinnerungen an die große Kesselschlacht der 1. Panzerarmee Hube im Raum um Kamenez-Podolsk vom 8. März bis 9. April 1944, Stuttgart 1964, S. 24 ff. und 51, sowie bei Praun, Untersuchung, P–038, S. (28) ff. und S. (100) ff. (dort berichtet Praun über Ergebnisse der NATRU der 2. Pz.Div. im Januar 1942; statt NATRU muß es natürlich NAZ heißen).

[103] Nachr.Abt. 129 g.Kdos. Nr. 321/43 vom 12. 10. 1943, Ergebnisse der Nachrichten-Nahaufklärung während der Abriegelung des russischen Einbruchs südwestlich Kirow und der anschließenden Zurücknahme der Front in die »Pantherstellung«, BA–MA, RH 21–3/v. 597.

che, Leistungssteigerung mit disziplinarischen Mitteln zu erzwingen, hätten mit Sicherheit zum Leistungsverfall geführt. Besser war es, die Arbeit auf die Ebene eines sportlichen Wettkampfes zu transponieren.

Horchfunker, Auswerter, Entzifferer und ein Großteil der Dolmetscher repräsentierten ein erhebliches Bildungsniveau, zugleich aber auch eine sehr große Bandbreite individueller Eigentümlichkeiten, wenn nicht sogar Skurrilitäten. Die Dolmetscher waren überwiegend geprägt von tragischen bis abenteuerlichen Lebensläufen, gab es unter ihnen doch 1933 emigrierte Kommunisten, die während der großen »Tschistka« der Mitte der 30er Jahre in Moskau lange inhaftiert und dann nach Deutschland abgeschoben worden waren, ferner Baltendeutsche, Bauern von der Wolga und aus Wolhynien, Sudetendeutsche und Volksdeutsche aus dem Warthegau.

So glich die Kompanie mehr einem militärisch kostümierten Zivilbetrieb, dessen Angehörige mit meist ironischem Unterton militärische Bräuche zelebrierten bzw. aufführten. Das machte Subalternoffizieren, die nach längerer Tätigkeit beim Ersatzheer zur Kompanie versetzt wurden, das Einleben sehr schwer und brachte ihnen manchen Verweis durch den Kompaniechef, Oberleutnant Dörr, ein, der mit psychologischem Verständnis die Situation zugunsten der Leistungsfähigkeit der Kompanie auszunutzen wußte.

g) Beispiele von Ergebnissen

Eine umfassende Darstellung der Ergebnisse der Nachrichtennahaufklärung ist aus verschiedenen Gründen nicht möglich. An erster Stelle steht der Mangel an Primärquellen. Der Verbleib der Funklagemeldungen ist – von einigen Ausnahmen abgesehen – unbekannt, ihre Vernichtung bei Kriegsende, um sie dem Zugriff der Roten Armee zu entziehen, wahrscheinlich.

In den Ic-Meldungen wurde bis zum Sommer 1943 – wohl aus Geheimhaltungsgründen – nur sporadisch die Quelle »Funkaufklärung« genannt. Hier und da mag anfangs auch eine gewisse Skepsis der Feindsachbearbeiter in bezug auf die Zuverlässigkeit der Meldungen der Nachrichtenaufklärung vorgelegen haben. Dies zeigt sich daran, daß Ergebnisse der Funkaufklärung bei manchen Dienststellen oft nur dann in Ic-Meldungen in

Erscheinung traten, wenn gleichzeitig eine andere Quelle, etwa Gefangenenaussagen, als Bestätigung hinzugefügt werden konnte.

Im Sommer 1943 änderte sich dies grundsätzlich. Hatte sich in einem Übergangsstadium in Ic-Meldungen – wohl zur Tarnung – die Quellenbezeichnung »V.N.« = »verläßliche Nachricht« für Funkaufklärung eingebürgert, so erhielt etwa ab August 1943 die Quelle »Funkaufklärung« den »Ehrentitel«: »s.Qu.« – »sichere Quelle«. Von da an taucht der Begriff »Funkaufklärung« in den Ic-Meldungen höchstens noch versehentlich auf[104]. Bemerkenswert ist in diesem Zusammenhang, daß – zum mindesten in den Ic-Meldungen des Panzerarmeeoberkommandos 4 – ab Spätsommer 1943 wesentlich häufiger Ergebnisse der Nachrichtenaufklärung erscheinen.

Als letzter Grund für die Schwierigkeit, umfangreich über die Ergebnisse der Nachrichtennahaufklärung zu berichten, sei noch erwähnt, daß höheren Ortes die Meldungen der Fernaufklärung und der Nahaufklärung verwoben wurden, so daß der Anteil der Nahaufklärung nicht mehr zu ermitteln ist.

Ziel dieser Arbeit ist es nicht, den Kriegsverlauf anhand von Ergebnissen der Nachrichtennahaufklärung nachzuzeichnen. Vielmehr soll aufgezeigt werden, wo die Schwerpunkte der Aufklärung lagen und in welche Bereiche der feindlichen Nachrichtenverbindungen und der in ihnen gebrauchten Tarnungen Einbrüche gelangen – und zwar in so kurzer Zeit, daß eine taktische, oft auch operative Verwertung der Ergebnisse möglich war.

Der Autor ist überwiegend in der Entzifferung der Nachrichtennahaufklärung tätig gewesen, nicht aber in der Auswertung. Seine Angaben müssen sich also auf Material beschränken, das er selbst beim Entziffern bzw. beim Enttarnen von Koordinaten bearbeitet hat oder das ihm im Rahmen der Entzifferung zugeführt wurde.

Taktische und operative Aufklärung bis zum Frühjahr 1943

Die folgenden Ergebnisse stammen aus der Tätigkeit des Verfassers als Entzifferer beim IV. (Halb-)Zug der 10. Kompanie des Panzerarmeenachrichtenregiments 4 (Zugführer Leutnant

---

[104] Praun, Untersuchung, P–38, S. (102).

Gerland). Der Einsatz fand vom 29. September bis zum 20. November 1942 beim rumänischen VI. Armeekorps statt, der Einsatzort war Tundutowo am Barmanzak-See (nicht zu verwechseln mit Bahnhof Tundutowo) bei einem Infanterieregimentsstab der rumänischen 1. Infanteriedivision.

Der Einsatz des improvisiert aufgestellten außerplanmäßigen Horch-Halbzuges war notwendig geworden wegen einer sowjetischen Offensive mit begrenztem Ziel gegen die rumänische 4. Infanteriedivision des rumänischen VI. Korps, in deren Verlauf den Russen ein Einbruch von ca. 15 km Tiefe gelungen war.

Die Offensive hatte am 25. September 1942 begonnen. Der Horch-Halbzug wurde am 29. von Plotowitoje aus in Marsch gesetzt. Bereits am 30. gelang es, den Sprechfunkverkehr einer Panzerbrigade zu finden, zu verfolgen und weitgehend zu enttarnen[105]. Die Brigade benutzte als Rufzeichen Tiernamen wie u. a. »korostelj« = Wachtelkönig. Im Rahmen des Verkehrs wurde auch ein »Verteidigungsrajon« erfaßt[106].

Nachdem rumänische Gegenangriffe nicht durchgeschlagen waren, bereinigte eine deutsche Kampfgruppe am 4. Oktober den Einbruch. Bemerkenswert ist hier, daß es einem behelfsmäßig aufgestellten Horch-Halbzug mit geringer Geräteausstattung innerhalb eines einzigen Tages gelang, die wesentlichen Verkehre des Gegners zu erfassen, und zwar an einem Frontabschnitt, an dem bisher noch keinerlei Funkaufklärung getrieben wurde.

In der Folgezeit – bis zum Beginn der sowjetischen Stalingrad-Offensive – konnte ein Ergebnis von eminenter operativer Wichtigkeit erzielt werden: die Auffindung, Verfolgung und Entzifferung eines Tast-Funkverkehrs, der jeden Morgen detailliert meldete, welche und wieviel schwere Kampfmittel, Fahrzeuge und Mannschaften während der Nacht bei Krasnoarmejsk über die Wolga transportiert worden waren. Der Autor hat diese Sprüche persönlich aufgenommen und anschließend entziffert. Der Inhalt eines dieser Sprüche ist in die Besondere Feindfunklagemeldung XI/1 des Kommandeurs der Nachrichtenaufklärung 1 vom 11. November 1942 eingegangen:

---

[105] Alle Daten nach dem Tagebuch des Verf.
[106] Beschränkt mobile Verteidigungseinheit bis zur Divisionsstärke.

»So wurden gemäß Funkspr. in der Nacht zum 4. 11. übergesetzt 5 T 34, 14 T 70, 22 Pz.Spähwagen, 165 Räderfahrzeuge, 18 Geschütze und 1890 Schützen, ferner 21 Boris und 172 bespannte Fahrzeuge mit Geschützen[107].«

Bei Beginn der sowjetischen Offensive südlich von Stalingrad am 20. November 1942 wurden der IV. (Halb-)Zug und der von der Einschließung bedrohte II. Zug zur Kompanie zurückbefohlen, ihr infanteristischer Einsatz in Abganerowo untersagt[108].

Der I. und III. Zug sowie einige abgedrängte Mannschaften vom Kompanietroß verblieben im Raum von Stalingrad. Über Aufklärungsergebnisse der Nachrichtennahaufklärung im Kessel von Stalingrad heißt es in einem Bericht von Wilhelm Arnold an Fellgiebel:

»Die 6. Armee besaß zwei immer wieder sorgfältig geschulte H-Züge, die über eine größere Anzahl russischer Dolmetscher verfügten. Beide Züge befanden sich im Kessel. Außerdem waren zufällig zwei andere H-Züge, die zur Pz.-Armee Hoth gehörten, auf dem Durchmarsch durch unser Armeegebiet mit in den Kessel hineingeraten und meldeten sich in Gumrak bei mir. Drei H-Züge wurden für die Nachr.-Aufklärung eingesetzt und eine Zentrale hierfür in der Nähe des Armeegefechtsstandes eingerichtet. In diesem Bunker richtete sich auch der Ic ein, da es andere Aufklärungsmittel nicht mehr gab. Da wir die russischen Mehrzahlenschlüssel lösen konnten, auch öfters drüben recht sorglos gesprochen wurde, war der Ic fast jeden Abend in der Lage, Paulus die für den nächsten Tag befohlenen russischen Angriffe mit ziemlich genauer Truppenangabe zu melden. Daraufhin wurden meistens in der Nacht die im Kessel noch vorhandenen einsatzbereiten Panzer, soweit sie mit dem Kraftstoff der Luftversorgung aufgetankt werden konnten, nach diesen Brennpunkten in Marsch gesetzt. Dadurch wurden viele russische Angriffe zusammengeschossen. Das funktionierte bis etwa Mitte Dezember. Da kam drüben ein neuer, nach Gefangenen-Aussagen sehr scharfer Nachr.-Führer, der neue Schlüssel und schärfere Funkdisziplin einführte. Darauf-

---

[107] Abgedruckt bei Manfred Kehrig, Stalingrad. Analyse und Dokumentation einer Schlacht, Stuttgart 1974, S. 554.
Die Tatsache der Aufnahme und Entzifferung des Spruches beim IV. (Halb-) Zug 10. Pz.Armee-Nachr.Rgt. 4 wird bestätigt von Pastor Rudolf Wilke, damals Leiter der Auswertung des Zuges.

[108] Dieser Einsatz war vom dortigen Verb.Offz. zum VI. A.K. angeordnet worden.

hin sanken unsere Aufklärungsergebnisse, besserten sich aber bald wieder, da die Funkdisziplin wieder nachließ[109].«

Aus dem Personal des II. und IV. (Halb-)Zuges wurde ein neuer Horchzug gebildet, der beim LVII. Panzerkorps den Entlastungsangriff in Richtung auf Stalingrad begleitete. Einsatzort war ab 16. Dezember 1942 Kotelnikowo. Als im Verlauf der Operationen die Entfernung von dort zur Front 60 km überstieg, wurde am 22. Dezember ein improvisierter Horchtrupp nach Saliwsky vorgetrieben, dem auch der Autor angehörte. Er bestand aus 2 Horchfunkern, 1 Dolmetscher und einem Kraftfahrer und war ausgerüstet mit 2 Aufnahmegeräten und einem Kfz. 17.

Neben taktisch verwertbaren Ergebnissen – wie sie oben im Bericht von Arnold geschildert worden sind – stand als wichtigste Aufklärungsleistung die Auffindung, Überwachung und Enttarnung eines Verkehrs, der täglich am Spätnachmittag den Panzerbestand der sowjetischen »Stalingrader Front«, detailliert aufgegliedert nach Typen, Bereitschafts- und Reparatur-Grad, meldete[110].

Der außerhalb des Kessels von Stalingrad eingesetzte Nachrichtennahaufklärungszug der 10. Kompanie des Panzerarmeenachrichtenregiments 4 machte anschließend den Rückzug in Richtung Rostow und die Rochade nach Dnjepropetrowsk mit und war beim Gegenangriff auf Charkow ab 24. Februar 1943 beim Stab des SS-Panzerkorps Hausser eingesetzt.

Betrachtet man die bisher erwähnten Aufklärungsleistungen, so kann festgestellt werden, daß zwar im taktischen Bereich eine große Menge an verwertbaren sowjetischen Sprüchen aufgenommen und entschlüsselt wurde, daß die wichtigsten Ergebnisse jedoch jene waren, die Anlaß zu operativen Überlegungen gaben. Gemeint sind damit einerseits die Sprüche, in denen – vermutlich von einer Pioniereinheit – laufend Erfolgsmeldungen beim Übersetzen über die Wolga von zur Offensive aufmarschierenden Truppen südlich von Stalingrad erstattet wurden, und andererseits die Panzerlagemeldungen der Stalingrader Front. Auch hier wird deutlich, daß: a) vom sowjetischen

---

[109] Über den Einsatz der Nachrichtentruppe in Stalingrad, in: Erich Fellgiebel. Meister operativer Nachrichtenverbindungen, S. 234–239, hier S. 238f. Arnold war damals Armee-Nachrichtenführer 6.
[110] Vgl. Praun, Untersuchung, P–038, S. (97).

Korpsstab an abwärts die Enttarnung auch taktischer Sprüche relativ leicht war, und daß b) auf höherer Ebene, wenn dort überhaupt gefunkt wurde, die Entzifferung von Sprüchen mit operativem Inhalt erhebliche Schwierigkeiten bereitete, während höheren Stäben unmittelbar unterstellte Einheiten wie Pioniere, Nachschub oder Gardegranatwerfer leicht zu entschlüsselnde Funksprüche durchgaben, deren Inhalt oftmals wesentliche Rückschlüsse auf Operatives zuließ.

Erweiterte Erfolgsmöglichkeiten durch Ausrüstung der Kompanie mit Peilgeräten im Frühjahr 1943

Wie bereits berichtet, wurden im Frühjahr 1943 zwei neue Horchzüge aufgestellt. Von besonderer Bedeutung für die Arbeit der Kompanie war jedoch die gleichzeitige erstmalige Ausstattung mit drei Peiltrupps und einem Kommandosender. Zweifellos hatte die Kompanie im ersten Jahr ihres Bestehens beachtliche Erfolge erzielt. Ihre Tätigkeit hatte sich jedoch nicht grundsätzlich von der der Nachrichtenaufklärungszüge der Divisionen unterschieden, mit deren Personal sie aufgestellt worden war.

Die Gründe hierfür waren:

1. zu geringe Ausstattung der Horchzüge mit Entzifferern bei völligem Fehlen einer ausreichend besetzten zentralen Kompanieentzifferung;
2. Fehlen bzw. nur in Ansätzen vorhandene Horchzentrale bei der Kompanie;
3. Fehlen einer Ausrüstung zum Peilen russischer Funkstellen;
4. Fehlen einer umfassenden Namenskartothek sowjetischer Offiziere und gesammelter Ergebnisse über Rufzeichen- und Verkehrseigentümlichkeiten bestimmter sowjetischer Einheiten.

Horchergebnisse ohne Nennung von Einheiten, Personennamen oder Ortschaften haben nur einen relativ geringen Wert. Dagegen lassen sich auch ohne Kenntnis der Spruchinhalte aus Peilergebnissen geortete Funkbilder feindlicher Verkehre konstruieren, aus denen bedeutsame Rückschlüsse auf Kriegsgliederung, Truppenverteilung bzw. Aufmärsche des Gegners gezogen werden können.

Nach den Erfahrungen des Autors war der Einsatz von Peiltrupps für die Nachrichtennahaufklärung um so wichtiger, als – insbesondere in Ruhezeiten an der Front – Funksprüche mit operativ wichtigem Inhalt überwiegend mit Verfahren verschlüsselt waren, die bei der NANAK nicht entziffert werden konnten. Erst im Bewegungskrieg trat hier eine Lockerung ein. Aus dieser Tatsache ergibt sich, daß der Schwerpunkt der Arbeit der NANAK in Zeiten des Stellungskrieges ein anderer war als in Zeiten lebhafter Operationen.

Arbeit und Ergebnisse der NANAK in Zeiten relativer Ruhe an der Front

In ruhigen Zeiten beschränkte sich der sowjetische Funkverkehr operativer und gehoben taktischer Netze auf Betriebsfunk, wenn nicht überhaupt Funkstille befohlen war. Gegebenenfalls wurden Sprüche abgesetzt, die mit bei der NANAK überwiegend nicht entzifferbaren Schlüsseln verschlüsselt waren. Dementsprechend lag die Präferenz bei der Erfassung von Funkbildern und der Lokalisierung der Sendestationen durch Peilung. Ertragreiches Feld des Horchdienstes blieb jedoch die Überwachung von Versorgungsverkehren. Ihr Inhalt ließ – wie bereits angedeutet – Rückschlüsse auf Truppenverteilung und Truppen- wie Materialstärken zu. Auch bedienten sich diese Verkehre meist leichter zu deutender Tarnverfahren. Vielfach lag der Abfassung der Sprüche ein immer wiederkehrendes Schema zugrunde, wodurch die Deutung wesentlich erleichtert wurde. Von besonderer Wichtigkeit war die Erfassung und Ortung neuer Versorgungsverkehre, wiesen sie doch auf Truppenkonzentrationen hin.

Besonders aufschlußreiches Gebiet war schließlich der ungehemmte und schlecht getarnte Funkverkehr der Gardegranatwerfer. Er wurde stets kurz vor Beginn der sowjetischen Offensiven erfaßt. Bei den Sprüchen handelte es sich um Meldungen, wo Salvengeschütz-Einheiten bereitgestellt wurden. Die Ortsangaben waren mit leicht lösbaren Tarnkoordinaten verschlüsselt. Auf diese Weise konnte z. B. vor Beginn der sowjetischen Offensive nördlich und nordwestlich von Charkow im Sommer 1943 durch die Entzifferung der 10. Kompanie des Panzerarmeenachrichtenregiments 4 ein umfassendes Bild des Gardegranatwerfer-Aufmarsches vor der deutschen 4. Panzerarmee geliefert werden.

Arbeit und Ergebnisse der NANAK während russischer Offensiven

Bei lebhaftem Bewegungskrieg lockerte sich die sowjetische Funkdisziplin so weit, daß taktisch wichtige Sprüche in entzifferbarer Form abgesetzt wurden. Sie ließen vielfach auch Rückschlüsse auf operative Absichten zu. Verkehre vom Korpsstab an vorwärts überwogen dabei. Besonders ertragreiches Horchgebiet waren die Verkehre der Panzerbrigaden. Die Sprüche dieser Einheiten wurden meist durchgegeben in einer Mischung von Klartext mit Code-Zahlengruppen oder auch Buchstaben-Chiffre-Zahlengruppen und getarnten Koordinaten. Derartige Sprüche mit taktischem Inhalt konnten oft schnell enttarnt werden.

Größere Schwierigkeiten bereiteten dagegen die sehr kurzen, regelmäßig in einer gleichbleibenden Form abgesetzten Meldungen über die Panzer- und Versorgungslage der Panzerbrigaden, sofern sie sorgfältig verschlüsselt waren.

Sie sahen etwa so aus[111]: 7291 5384 isprawnyj = einsatzbereit 4931 3512 1723.

Die erste Zahlengruppe stand für eine Zahl, die zweite u. U. für nje = nicht, die dritte für »gsm« = gorutschego smazotschnye materialy = Betriebsstoff und Schmiermittel, die vierte für eine Zahl und die fünfte bedeutete »sutki« = Tagessätze. Praktisch waren es also Sprüche mit drei unbekannten Code-Zahlengruppen. Es ist klar, daß ein derartig geringer Anfall von Code-Zahlengruppen zunächst eine Lösung verhindert.

Einige Beispiele für operativ bis taktisch wichtige Sprüche während sowjetischer Offensiven sollen folgen.

1. Im August 1943 löste der Verfasser einen Spruch vermutlich des V. Garde-Panzerkorps. Mit getarnten Koordinaten wurden mehrere Tagesziele angegeben für einen Offensivstoß südlich an Achtyrka vorbei und dann nach Südwesten in Richtung auf Kotelwa eindrehend. Das Ergebnis war so verblüffend, daß man es zunächst für eine Funktäuschung hielt. Der Verlauf der Operationen bewies dann die Richtigkeit

---

[111] Zahlengruppen hier willkürlich gewählt.

des Spruches, wenn auch die Tagesziele von den Sowjets nicht eingehalten werden konnten.
2. Um die Wende August/September 1943 wurde in zahlreichen Sprüchen mit getarnten Koordinaten die Operationen zur Einschließung einer deutschen Truppe im Raum Bachmatsch-Konotop verfolgt.

Bei den Kämpfen um die Dnjepr-Linie erzielte die 10. Kompanie eine Fülle von taktisch wie operativ eminent wichtigen Ergebnissen. Der Schwerpunkt ihrer Aufklärung lag frühzeitig auf dem Raum nördlich von Kiew zwischen Desna und Dnjepr. Der Verfasser erinnert deutlich, mit welcher Spannung, ja Erregung Entzifferer und Auswerter an der Arbeit waren und welche Fülle von Detailangaben einging, bis hin zu Andeutungen über die »Unterwasserbrücken« in der Desna.

Welche Bedeutung der Feindlagesachbearbeiter des Panzerarmeeoberkommandos 4 diesen Aufklärungsergebnissen zumaß, läßt sich noch heute an dem wichtigen Anteil von Meldungen aus »s.Qu.« in den Morgen-, Tages- und Abendmeldungen des Ic ersehen[112]. Der dort wiedergegebene Inhalt von Feindfunksprüchen bezieht sich auf:

a) den sowjetischen Anmarsch zur Forcierung der Desna,
b) taktische Maßnahmen bei der Öffnung der Desna-Übergänge,
c) Benennung und Lokalisierung von Einheiten der mittleren und höheren Ebene,
d) Details der Kämpfe um die Dnjepr-Übergänge.

Er gipfelt schließlich in
e) der Meldung über das Auftauchen der 3. Garde-Panzerarmee im Raum nördlich von Kiew und ihren Aufmarsch im Dnjepr-Brückenkopf.

Zu c) heißt es in der Ic-Abendmeldung vom 30. Oktober 1943:

»Nach s.Qu. kann angenommen werden, daß die 3. Gd.Pz.Armee zum Einsatz in den Bereich der 38. Armee herangezogen wird.
Feindbewegungen und s.Qu. Aufklärung lassen die Ausdeh-

---

[112] Pz.AOK 4/Ic, Morgenmeldungen vom 20., 21., 22. und 30. 9. 1943; Abendmeldungen vom 20., 22., 27. und 28. 9., 4., 8., 20., 26. und 31. 10. 1943; Tagesmeldungen vom 20. und 22. 9. 1943, BA–MA, RH 21–4/305; sowie Abendmeldung vom 2. 1. 1943, BA–MA, RH 21–4/306.

nung eines Angriffs auf die ganze Front des XIII. AK vermuten.«

Und in der Ic-Abendmeldung vom 31. Oktober 1943:

»Nach s.Qu. ist die Umgliederung der im Bereich der 38. und 60. Armee, sowie der 3.Gde.Pz.Armee stehenden schnellen Verbände noch in vollem Gange. Peilungen lassen auf weiteres Heranziehen eines Verbandes der 3.Gde.Pz.Armee in den Raum Borispol schließen.«

Und schließlich verzeichnet die Ic-Abendmeldung vom 2. November 1943:

»Nach s.Qu. ist der Stab der 3.Gde.Pz.Armee in Janenki Pologi anzunehmen. Ebenso sind VIII.Gd.Pz. und X.Pz.K. weiterhin im Raum s. u. sw. Perejasslaw zu vermuten.«

Zum Verständnis der Tragweite dieser Meldungen sei folgender Hinweis gegeben: Bei Bukrin in der großen Dnjepr-Schleife 80 km südostwärts von Kiew war es den Russen gegen Ende September gelungen, einen umfangreichen Brückenkopf zu erkämpfen. Die im Laufe des Oktobers aus ihm heraus angesetzten Großangriffe u. a. auch der 3. Garde-Panzerarmee konnten gegen das XXIV. und XXXXVIII. Panzerkorps nicht durchschlagen. Daraufhin entschloß sich das Oberkommando der sowjetischen 1. Ukrainischen Front zu einer Rochade der 3. Garde-Panzerarmee und anderer Verbände in den Brückenkopf Ljutesch 20 km nördlich von Kiew. Der Abmarsch der Verbände erfolgte ab 26. Oktober. Zur Täuschung der deutschen Aufklärung verblieben Funkmittel der umgruppierten Einheiten und Atrappenanlagen im Brückenkopf Bukrin.
Zieht man die außerordentlichen Tarnungsmaßnahmen der Sowjets bei der Verlegung der Truppen in Betracht, so war die Feststellung der 3. Garde-Panzerarmee bereits am 30. Oktober 1943 nördlich von Kiew eine hervorragende Leistung der deutschen Nachrichtenaufklärung.
Wie bereits im Herbst 1942 bei Stalingrad und im Sommer 1943 an der Front nördlich von Charkow war es auch hier der deutschen Führung nicht möglich, den Erkenntnissen der Nachrichtenaufklärung entsprechend zu reagieren: Am 3. November 1943 trat die Rote Armee zu ihrem für die deutsche Ostfront verhängnisvollen Großangriff aus dem Brückenkopf Ljutesch gegen weit unterlegene deutsche Kräfte an.

Die Diskrepanz zwischen der Offenlegung sowjetischer Aufmärsche, operativer und taktischer Bewegungen, wie sie die deutsche Nachrichtenaufklärung leistete, und dem personellen und materiellen Unvermögen der Wehrmacht, daraus durchschlagenden Nutzen zu ziehen, hielt bis zum Kriegsende an. Deutlicher Höhepunkt hierbei wurde die Situation am Vorabend der sowjetischen Offensive aus den Weichselbrückenköpfen Anfang Januar 1945.

Albert Praun schlägt in seiner sonst sachlich abgefaßten »Untersuchung« bei der Schilderung der Aufklärungslage an der Weichsel fast hymnische Töne an:

»Ein letzter großer Erfolg der deutschen Nachrichtenaufklärung im Osten, wenn auch ohne die erwarteten taktischen, operativen, vielleicht politischen Folgerungen, war die Beobachtung der gewaltigen Angriffsvorbereitungen der ›Baranowoffensive‹: Nach dem nun seit Jahren bekannten russischen Schema seines Funksystems rollte dieser tragische Film ab, ohne daß die Zuschauer offenen Auges dem Schicksal Einhalt gebieten konnten, das sie mit in den Abgrund riß. Die raffiniert durchorganisierte deutsche Nachrichtenaufklärung sah noch einmal alle die untrüglichen Zeichen der kommenden Offensive: den Aufmarsch der Heeresartillerie, der Salvengeschützverbände, die die Schwerpunkte ihres zu erwartenden Feuersturms frühzeitig entschleierten, sie sah das Heranrollen von Division um Division, Korps um Korps, Armee um Armee, die Gliederung der Armeen an den zurückhaltenden operativen Funksprüchen, die nur die Verkehrs- und Peilauswertung zu verwerten vermochte, sie erfaßte die Masse des erdrückenden Aufmarsches aus der unendlichen Fülle taktischer Funksprüche und Funkgespräche, deren Inhalt zu entziffern, wenn nicht offen mitzulesen war. Wieder verschleierten die Frontdivisionen und Panzerverbände ihre Anwesenheit durch Funkstille, welche wieder Heerestruppen und NKWD nicht einhielten, wieder zeigten die früh und weit vorausgeschickten ›Kundschaftertrupps‹ durch ihren Funkverkehr mit den Fronten die fernen operativen Ziele an. So entstand das Mosaikkolossalgemälde, das General Gehlen, der Chef der Abteilung Fremde Heere Ost, Anfang Januar 1945 dem Chef des Generalstabes Generaloberst Guderian und Hitler vorlegen konnte[113].«

Die NANAK 954 hat einen hervorragenden Anteil an diesem Aufklärungsergebnis gehabt, schon allein deshalb, weil die 4. Panzerarmee mit ihren an der Front eingesetzten beiden

---

[113] Praun, Untersuchung, P–038, S. (97).

Korps, dem XXXXVIII. Panzer- und dem XXXXII. Armeekorps, und dem in Reserve gehaltenen XXIV. Panzerkorps den Baranow-Brückenkopf umklammerte.
Die drei Aufklärungszüge waren bei den Korpsstäben eingesetzt, Lausch- und Peiltrupps frontnah, Horchzentrale, Kompanieentzifferung und Kompanieauswertung dicht beim Panzerarmeeoberkommando 4 in Zagnańsk bei Kielce.
Der Verfasser besitzt selbst keine Unterlagen mehr über Details der Leistungen der NANAK 954. Er entsinnt sich jedoch gut, daß es kurz vor der Offensive – und das ist keine Übertreibung – zum Raumproblem wurde, auf der »Feindlagekarte Baranow-Brückenkopf« der Entzifferung noch Fähnchen für neu festgestellte sowjetische Einheiten unterzubringen.

Sowjetische Feindlagefunksprüche als Hilfsmittel für die deutsche Führung

Bisher war nur von Aufklärungsergebnissen in bezug auf Maßnahmen des Gegners die Rede; hingewiesen werden muß noch auf eine andere Kategorie von Feindfunksprüchen: auf die sowjetischen Feindlagemeldungen. Ihre Übermittlung erfolgte durchweg in Klartext mit verschlüsselten Koordinatenangaben. Der Anfall derartiger Sprüche war zur Zeit russischer Offensiven relativ groß.
Im Sommer 1943, während der Rückzugskämpfe zwischen Bjelgorod/Charkow und Kiew, wurde die Entzifferung der 10. Kompanie seitens der Armee wiederholt auf die Wichtigkeit dieses Materials hingewiesen; die Begründung war: mit Hilfe der abgehorchten russischen Feindlagemeldungen sei der Verbleib eigener Verbände oftmals schneller zu erfahren als durch deren Meldungen.

Vernachlässigung der Gefechtsaufklärung durch die NANAK

Auf Gefechtsaufklärung zielte die Arbeit der Kompanie nicht. Zufällig aus diesem Bereich aufgenommene Sprüche wurden natürlich ausgewertet und weitergereicht. Dies mag zunächst erstaunen, heißt es doch ausdrücklich in der Ziffer 1 des Merkblatts »Die Nachrichtennahaufklärungskompanie«[114]:

---

[114] Merkblatt geh. 10b/4 vom 24. 6. 1942.

»Die Nachrichtennahaufklärungskompanie (N.N.A.-Kompanie) dient der taktischen und der Gefechtsaufklärung.« Dementsprechend war – wie die Ziffern 38, 39 und 40 belegen – vorzugsweise an einen Einsatz der Züge – einzeln oder zusammengefaßt – bei Divisionen gedacht, wobei der Tast-Horchdienst nach Ziff. 64 seinen Schwerpunkt auf den taktischen feindlichen Funkverkehr der mittleren Ebene nach vorwärts und rückwärts, der Sprechfunk-Horchdienst gemäß Ziff. 65 auf den Gefechtsverkehr legen sollte. Weiterhin besagt Ziff. 67, daß bei Schwerpunkt »taktische Aufklärung« die Zuteilung der Kompanie zu einem Generalkommando zweckmäßig sei. Diese Aufgabenzuweisung bildet auch die Grundlage für das von Praun in seiner »Untersuchung«[115] angegebene Einsatzschema.

Der Einsatz der 10. Kompanie des Panzerarmeenachrichtenregiments 4 durch das Panzerarmeeoberkommando 4 erfolgte nun entsprechend einer ganz anderen Zielsetzung: Die Aufklärung sollte sich im Grenzbereich zwischen Operativem und Taktischem bewegen – was zweifellos den Bedürfnissen der Abteilung Ic des Oberkommandos am meisten entsprach.

Aber nicht nur hieraus ergibt sich der geringe Anteil von Gefechtsaufklärung an den Ergebnissen. Er beruht auch darauf, daß die Kompanie Ultrakurzwellensender nicht überwachen konnte, weil sie ausschließlich mit dem Tornisterempfänger Berta und dem Horchempfänger Ulrich ausgerüstet war. Auf Ultrakurzwelle jedoch spielte sich mit den Geräten RRU, 4R (RBS)[116] und dem ab 1943 eingeführten Gerät A-7 ein Teil des sowjetischen Gefechtsverkehrs ab.

---

[115] Praun, Untersuchung, P–038, Skizze 6 und 7.
[116] Siehe Anlage 18.

III. Teil
Art und Geschichte des sowjetischen Fernmeldewesens
A. Sowjetisches Fernmeldewesen im Spiegel der deutschen Nachrichtennahaufklärung

1. Sowjetischer Funkbetrieb und -verkehr

Funkbetrieb

Das russische Morsealphabet entsprach in den gleichlautenden Buchstaben dem deutschen, also deutsches a = russisches a = ».−«; Abweichungen zum deutschen Alphabet waren: dem deutschen ö = »− − − .« entsprach der kyrillische Buchstabe Ч (ausgesprochen tsch); ü = ».. − −« = Ю (ju); ä = ».−.−« = Я (ja); q = »− −.−« = Щ (schtsch); v = »... −« = Ж (j wie im französischen journal); ch = »− − − −« = Ш = (sch); y = »−.− −« = Ы (üj); h = »....« = Х (ch); j = ».− − −« = Й (j hinter Vokalen); z = »− −..« = З (weiches s); x = »−..−« = Ь (Weichheitszeichen).

Als Betriebsgruppen (Betriebsverständigungszeichen) wurden im Tastfunk die Abkürzungen der im Sprechfunk benutzten Klartext-Betriebsbegriffe angewendet, z. B.:

pr = primitje radiogrammu	=	nehmen Sie einen Funkspruch auf!
dr = daju radiogrammu	=	ich gebe einen Funkspruch,
nr = nomer	=	Nummer des Funkspruchs,
gr = gruppi	=	Gruppenanzahl des verschlüsselten Textes,
dk = daitje kwitacia	=	geben Sie Quittung!
ks = kak menja slyschetje?	=	wie hören Sie mich?
ss = slyschu was slabo	=	ich höre Sie schwach,
sh = slyschu was choroscho	=	ich höre Sie gut.

Im Tastfunk erfolgte die Abstimmung mit »Victor« = »... − ... −«.

Beim Sprechfunk wurde durch Zählen von 1 bis 10 und zurück die Abstimmung gegeben: »daju nastroiku: ras, dwa« usw. und zurück, endend anstatt mit »ras« (einmal) mit »odin« (eins).
Am Ende der Durchsage sendete man, um deutlich zu machen, daß die Funkstelle jetzt auf Empfang ginge, das Wort »priom«.
Buchstabiert wurde im Sprechfunk – wie auch bei der deutschen Nachrichtentruppe – mit Benutzung von Vornamen, z. B.: »Konowu (dem Konow)« = »Konstantin, Olga, Nikolaj, Olga, Wassillyj, Uljana«.
Bei der Tastfunk-Durchgabe verschlüsselter Texte, die in Zahlengruppen zu entweder 2, 3, 4 oder 5 Ziffern erfolgte, wurde zwischen den einzelnen Gruppen das Morsezeichen »r« = ».—.« getastet. Bei den Ziffern gab man anstatt »0« = »— — — — —« die Kurzform »t« = »—«.

Rufzeichen und Verkehrsarten

Die sowjetischen Rufzeichen bestanden in der Regel aus 4 oder 3 Ziffern bzw. Buchstaben, im Sprechfunk auch aus Begriffen. Bei Verkehren, die sowohl im Sprech- als auch im Tastfunk abgewickelt wurden, kam es vor, daß die Sprechfunkrufzeichen aus Ziffern, die Tastfunkrufzeichen dagegen aus den Anfangsbuchstaben der einzelnen Ziffern der Sprechfunkrufzeichen bestanden, z. B. Sprechfunk »4023« = Tastfunk »ö (tschetyre) n (nul) d (dwa) t (tri)«. Bei derartiger Rufzeichenwahl entfiel dann die 9, weil ihr Anfangsbuchstabe identisch ist mit dem der 2.
Im Sprechfunk ließen die für die Rufzeichen gewählten Begriffe hin und wieder Rückschlüsse auf die Art des Verkehrs zu, z. B. Verkehr eines Artilleriefliegers mit seiner Bodenstelle: »njebo« = Himmel und »semlja« = Erde. Andere Rufzeichenbegriffe traten bei unterschiedlichen Verkehren immer wieder auf. Dazu gehörten die Worte: sosna = Fichte, berioza = Birke und dub = Eiche. Sie wurden als übliche Tarnnamen für die Bataillone einer Einheit gedeutet.
Der Verkehr zwischen zwei Funkstellen wurde auf einer oder auch auf zwei Wellen abgewickelt. Dabei erfolgte der Anruf sowohl mit dem Rufzeichen der Gegenstelle als auch dem der eigenen Station. Dieses einfache Anrufverfahren erleichterte der deutschen Funkaufklärung die Verkehrsauswertung. Deut-

scherseits verfuhr man in dieser Beziehung aus Tarnungsgründen komplizierter, indem bei bestimmten Verkehrsarten nur mit einem Rufzeichen gerufen wurde, wodurch es für den sowjetischen Horchdienst unklar blieb, ob es sich dabei um das Rufzeichen der rufenden oder der angerufenen Funkstelle handelte[1].

Frequenzbereiche

Die von der deutschen Nachrichtenaufklärung überwachten sowjetischen Funkstellen arbeiteten überwiegend im Frequenzbereich zwischen Grenzwelle und 4750 kHz Kurzwelle. Hin und wieder wurden auch im oberen Frequenzbereich der Mittelwelle Rückwärtsverkehre von Stäben der mittleren Ebene abgehört[2], sofern sie nicht ausschließlich zur Verschlüsselung ihrer Sprüche 5Z-Code benutzten. Diese waren nämlich für die Entziffer der Nahaufklärung nicht zu lösen.

Gewisse Hinweise auf die Verbands- bzw. Einheits-Zugehörigkeit abgehorchter Funkstellen gaben die von ihnen benutzten Frequenzen. Beispielsweise waren die von Panzerverbänden bzw. -einheiten benutzten Funkgeräte 71-TK und 72-TK angelegt auf den Frequenzbereich 4000–5625 kHz, beschränkten sich jedoch, wenn der Armee oder den Schützendivisionen eine Verbindungsaufnahme zu den Panzern möglich sein sollte, auf den Frequenzbereich 4000–4500 bzw. 4750 kHz[3].

Im Verlaufe der Operationen 1941 zeichnete sich ein deutliches Nachlassen der schon vor dem 22. Juni 1941 nicht sehr eindrucksvollen Leistungen russischer Tastfunker ab. Das bezieht sich sowohl auf den Betriebsverkehr wie auch auf die Durchgabe von Sprüchen.

Von den niederen Truppeneinheiten bis mindestens hin zur Armee-Ebene spielte sich der Tastfunkverkehr in sehr langsamem Tempo ab: schätzungsweise im Durchschnitt im Tempo 45 oder

---

[1] Vgl. H.Dv. 421/4b, Ausbildungsvorschrift für die Nachrichtentruppe (A.V.N.), H. 4b: Funkbetrieb, vom 10. 6. 1940, 2. Verkehrsarten, Ziff. 64. *Linienverkehr* zwischen zwei Funkstellen: gemeinsames Rufzeichen auf jeder Welle, *Sternverkehr:* gemeinsame Welle für alle Funkstellen, aber gesondertes Rufzeichen für jede einzelne Verkehrsbeziehung.
[2] Für die Nahaufklärung war das Abhören folgender Frequenzen möglich: Horchempfänger Ulrich 750 bis 25 000 kHz (vgl. D 1056/5, Merkblatt zur Bedienung des Funk-Horch-Empfängers u), Tornisterempfänger Berta 100 bis 6970 kHz (vgl. D 915/1, Tornisterempfänger b).
[3] Vgl. Anlage 16.

50 Morsezeichen in der Minute. Auch dieses unzulängliche Tempo muß vielfach die Leistungsfähigkeit der Funker überfordert haben, wie das häufige Wiederholen von Sprüchen – manchmal bis zu viermal – anzeigte.

Weiterhin führte das Überhandnehmen von Sprechfunk auch in Verkehren oberhalb der Gefechtsebene zu der Annahme, daß Funker eingesetzt waren, die das Morsealphabet nicht beherrschten.

Auch das Herstellen von Funkverbindungen stieß häufig auf große Schwierigkeiten: lange andauerndes Rufen ohne Antwort der Gegenstelle[4] und ausgiebiger Betriebsverkehr, um ausreichende Lautstärken zu erzielen, waren an der Tagesordnung. Bei manchen Sprechfunkverkehren scheint die Unfähigkeit, Verbindungen herzustellen, schon nahezu als Regel akzeptiert worden zu sein: Ihre Funkstellen wickelten den Betriebsverkehr von vornherein verdoppelt ab, z. B.:

»Sosna – Sosna – ja berioza – ja berioza – kak menja slyschetje – kak menja slyschetje ...[5].«

Tonschwankungen – anderer Art als die bei Kurzwellenbetrieb auftretenden – sowie Klangschwankungen wiesen auf technische Mängel mancher Stromerzeuger und Sendegeräte hin.

Nach dem 22. Juni 1941 sank die sowjetische Funkdisziplin erheblich und erreichte um die Wende 1941/42 einen absoluten Tiefstand. Beim Tastverkehr fiel überlanges Abstimmen der Sender durch Geben von immer wiederholtem »Victor« = »...–« auf. Das war bei der deutschen Wehrmacht, um Peilungen zu erschweren, nur auf im Betriebsbuch vermerkten Befehl eines Offiziers zulässig.

Zur selben Zeit war die Disziplinlosigkeit im Sprechfunk oftmals hemmungslos. Der Autor erinnert sich an einen Verkehr südwestlich von Moskau im Spätherbst 1941, bei dem Privatgespräche, Balalaikakonzerte und Schäkereien mit einer Funkerin

---

[4] Da die Trennschärfe der Empfänger so groß war, daß schon bei geringer Differenz der Sende- und der Empfangsfrequenz der Sender nicht mehr gehört werden konnte, hatte man deutscherseits angeordnet, daß der auf einen Anruf wartende Mann am Empfangsgerät die Feinabstimmungskurbel, mit welcher die Frequenz genau eingestellt wurde, unablässig leicht hin- und herzudrehen hatte. Möglicherweise bestand bei den Russen eine derartige Anordnung nicht oder wurde aus Disziplinlosigkeit nicht durchgeführt.

[5] »Fichte – Fichte – ich bin Birke – ich bin Birke – wie hören Sie mich – wie hören Sie mich ...«

Lydia im Vordergrund standen. Vermutlich hat es sich dabei um Radioamateure gehandelt, eingesetzt im Rahmen der improvisierten Volkswehr-Divisionen.

Vielfach wurden Spruchinhalte mit phrasenhaften Mitteilungen oder Befehlen unnötig belastet. Hierzu gehörte die gerne benutzte Floskel: »Vernichten Sie den Gegner!« Grotesk war in diesem Zusammenhang, daß einmal eine Dienststelle auf ihre Meldung hin, sie sei eingeschlossen und befinde sich in einer verzweifelten Lage, auch lediglich aufgefordert wurde, den Gegner zu vernichten.

Bezeichnend ist auch folgender Funksprech-Dialog:

A: »Wo befinden Sie sich?«
B: »Im Walde in wattierten Hosen.« (»W lesu, w wattnych brjukach«).

Wahrscheinlich wurde hier auf eine derart unmilitärische Weise darauf hingewiesen, daß die Ortsangabe in Klartext nicht zulässig sei.

2. Schlüsselverfahren

a) Grundsätzliches

Es kann nicht Aufgabe dieses Kapitels sein, eine umfassende Geschichte der Geheimschriften bzw. der Chiffrierung zu schreiben. Um jedoch die Eigentümlichkeiten der im Kriege 1939–1945 angewandten russischen Chiffre-Texte verständlich zu machen, ist es notwendig, eine grobe Übersicht über die Hauptsysteme zu geben. Drei Obergruppen lassen sich dabei unterscheiden, von denen die erste – nach ihrem Sicherheitsgrad – wiederum in *vier* Untergruppen einzuteilen ist.

I. Buchstabenchiffre (Ersatzsystem)

1. Jeder Buchstabe des Alphabetes, u. U. auch jede Klartextzahl, wird durch *einen* anderen Buchstaben oder *eine* Zahlenkombination oder *eine* Buchstabenkombination bzw. Zahl plus Buchstabenkombination ersetzt, d. h.: z. B. »a« = 17 oder »b« = »f«. Derartige Schlüssel werden im Fachjargon »Cäsar« genannt. Sie sind mit Hilfe der bekannten Häufig-

keit von Buchstaben, wenn ausreichendes Spruchmaterial vorliegt, leicht zu lösen.
2. Für die Verschlüsselung eines Alphabets stehen ca. 3 bis 4 unterschiedliche Buchstabenchiffren zur Verfügung, über deren Anwendung das verschlüsselnde Personal nach Belieben verfügt. Da in diesem Fall bei der Bezeichnung unterschiedlicher Buchstaben keine Chiffre mehrfach erscheinen darf, müssen für jeden Klartextbuchstaben wenigstens 2 Symbole = z. B. zwei- oder mehrstellige Zahl – stehen, z. B.: »a« = 17 oder 28 oder 85. Hier hängt die Entzifferung mit Hilfe von Häufigkeitsmerkmalen u. a. vom Fehlverhalten des schlüsselnden Personals ab.
3. Für die Verschlüsselung *eines* Alphabets steht eine größere, aber noch begrenzte Zahl von Buchstabenchiffre-Schlüsseln zur Verfügung. Diese kommen während des Verschlüsselns in stets gleicher Reihenfolge, d. h. in rhythmischen Perioden zur Anwendung; z. B. 5er Periode: vom Klartext wird der 1., 6., 11., 16. Buchstabe mit Schlüssel a), der 2., 7., 12., 17. mit Schlüssel b), der 3., 8., 13., 18. mit Schlüssel c), der 4., 9., 14., 19. mit Schlüssel d) und der 5., 10., 15., 20. mit Schlüssel e) verschlüsselt.
Bei der Entzifferungsarbeit ergibt das Auszählen der Schlüsselsymbole nach ihrer Häufigkeit zunächst keinerlei brauchbares Bild. Erst nach Feststellung der Länge der Perioden läßt sich – größeren Spruchanfall vorausgesetzt – eine derartige Verschlüsselung lösen.
4. Jeder Klartextbuchstabe wird mit einem anderen Buchstaben-Chiffre-Schlüssel verschlüsselt. Diese Art der Verschlüsselung ist nur auf elektro-maschinellem Wege möglich. Die im Zweiten Weltkriege angewandte deutsche Schlüsselmaschine Enigma arbeitete nach diesem Prinzip.
Zur Entschlüsselung bedarf es neben großem Spruchanfall umfangreicher analytischer Arbeiten und des Einsatzes von Computern zur Nachkonstruktion der Maschine und zur Ermittlung ihrer wechselnden Tageseinstellung[6].

---

[6] Vgl. Waldemar Werther, Die Entwicklung der deutschen Funkschlüsselmaschinen: Die »Enigma«, in: Funkenaufklärung und ihre Rolle, S. 50–65, sowie Lewin, Funkaufklärung, und Albert Neuburger, Chiffriermaschinen, in: Ullsteins Rundfunkführer für das Jahr 1924, Berlin 1924, S. 170–172.

II. Versetz-(Verwürfelungs-)System

Die Buchstabenfolge eines Spruches wird mit Hilfe eines besonderen Systems, z. B. dem Raster-System[7], durcheinandergewürfelt. Die Auszählung der Buchstaben nach ihrer Häufigkeit ergibt zwar ein richtiges Ergebnis, führt jedoch zu keiner Lösung. Diese ist nur möglich durch Ermittlung des Systems.

III. Code-Schlüssel

Beim Code-Schlüssel werden ganze Worte oder aus mehreren Worten bestehende Ausdrücke durch ein anderes Wort oder durch eine Zahlen- oder Buchstabengruppe oder durch eine Zahlen- und Buchstabengruppe ersetzt. Dazu gehören auch die sogenannten Tarntafeln für den Fernsprechbetrieb, in denen Orts-, Einheits- oder Personennamen durch andere Begriffe ersetzt sind.

Natürlich gab bzw. gibt es noch eine große Zahl von Variationen und Kombinationen der genannten Verfahren. Eine sehr interessante Kombination von Verwürfelungs- und Ersatzsystem ist beispielsweise der deutsche Doppelkasten-Hand-Schlüssel, der vom Winter 1940/41 bis zum Kriegsende beim Heer benutzt wurde:

In einem vorbereitenden Arbeitsgang erfolgte hier eine regelmäßige Buchstabenverwürfelung von je zwei aufeinanderfolgenden Perioden à 17 Klartextbuchstaben, anschließend eine doppelte (als Schlüssel bei den Truppennachrichtenverbänden einfache), auf geometrischem Wege erzielte Verschlüsselung. Hierzu benutzt man zwei Quadrate zu 25 Feldern, von denen jedes das gesamte Alphabet verwürfelt enthielt (Erläuterung des Schlüsselverfahrens: Anlage 12). Der Sicherheitsgrad dieses Schlüssels war relativ sehr hoch, doch war seine Anwendung sehr zeitraubend und stellte hohe Anforderungen an die Konzentrationsfähigkeit und Intelligenz des Schlüsselpersonals[8].

---

[7] Siehe S. 151 f.
[8] Bei Kenntnis des Systems, bei großem Spruchanfall und Erfahrungen über den betroffenen Verkehr kann der Doppelkastenschlüssel zweifellos gelöst werden. Verf. hat im Februar 1942, vorübergehend in einem Betriebsfunktrupp tätig, in relativ kurzer Zeit einen aufgenommenen Spruch entschlüsseln können (wobei sich die Ergänzung der Buchstabenquadrate – der sog. Kästen – ergab), obwohl durch Feuereinwirkung ⅔ der erwähnten Buchstabenquadrate vernichtet waren.

Beim Einsatz von kryptographischen Verfahren ist das Verhältnis abzuwägen zwischen Sicherheit gegen feindliche Entzifferung und Zeitaufwand für die Schlüsselarbeit. Beispielsweise erfordert wendige Gefechtsführung eine sehr schnell zu vollziehende Tarnung von Funk- und Fernsprüchen. Dies kann wegen der sich laufend verändernden Gefechtslage und des sich daraus ergebenden schnellen Aktualitätsverlustes der Spruchinhalte in Kauf genommen werden. Auch in Kauf genommen werden muß dabei allerdings, daß selbst aus Gefechtsführungs-Sprüchen noch Hinweise auf Operatives sowie auf Ausrüstung und Gliederung zu gewinnen sind.

Aus der Abwägung des Verhältnisses: »Sicherheit – Zeitaufwand« ergibt sich im Rahmen der verschiedenen Führungsebenen eines Heeres eine Hierarchie der Schlüsselverfahren.

Hierarchie der deutschen Heeres-Schlüsselverfahren[9]

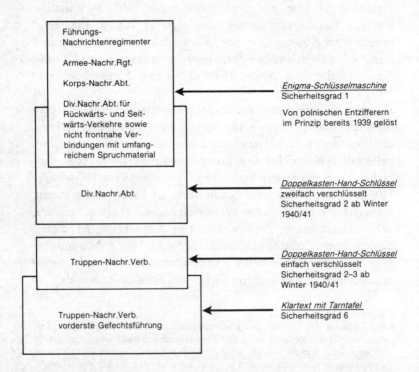

---

[9] Vgl. dazu: Funkaufklärung und ihre Rolle, Kap. 3, 4 und 5; Lewin, Entschied Ultra den Krieg? Vgl. auch H.Dv. g. 92, Teil I, Ziff. 25 und 27.

Während das deutsche Heer – abgesehen von den niederen Gefechtsführungsverkehren – ausschließlich Buchstabenverschlüsselungen anwandte, die mit dem Mittel einfacher Häufigkeitsauszählung nicht zu lösen waren – vor dem Doppelkasten-Handschlüssel war ein Versatz-Handschlüssel (Raster-Stufen-System) im Gebrauch –, hatte sich die Rote Armee für Code-Schlüssel mit involvierten Buchstaben-Chiffren entschieden. Erst im Herbst 1944 kam daneben in beschränktem Maße unterhalb der operativen Ebene ein Raster-Versatzschlüssel in Gebrauch. Die Schlüsselhierarchie der Roten Armee sah folgendermaßen aus:

Hierarchie der Schlüsselverfahren der Landstreitkräfte der Roten Armee

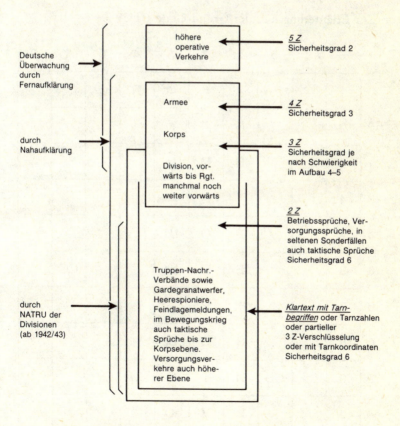

b) Sowjetische Zahlenschlüssel

Bei den Code handelte es sich – je nach Sicherheitsgrad – um Tabellen, Leporellos oder Bücher. Sie waren rechtwinklig in Felder aufgeteilt. Jedes Feld enthielt einen Begriff oder eine ganze Phrase, einige auch Buchstaben oder Zahlen.
Bei den Büchern waren die Seiten in einem Umschlag eingeheftet, der nach linksaußen und oben etwas größeres Format hatte. An diesen Rändern auf der Innenseite des Umschlages bzw. links und oberhalb der Tabellen wurden von den Russen neben den durchgehenden Zeilen bzw. über den durchgehenden Spalten Zahlen eingetragen. Mit ihrer Hilfe konnte – entsprechend einer Koordinatenbezeichnung – jedes einzelne Feld genau bestimmt werden.

Zur Erläuterung hier der Grund-Code PT 39 A:

		6	8	5	2	7	3	4	0	1	9
7	1				А	К	Ф	Я			
2	2				Б	Л	Х				
1	3				В	М	Ц				
3	4				Г	Н	Ч				
4	5				Д	О	Ш				
6	6				Е	П	Щ			СС	
5	7				Ж	Р	Ь				
0	8				З	С	Ы				
9	9			СБ	И	Т	Э				
8	0				Й	У	Ю				

Beim Verschlüsseln eines Begriffes – bzw. einer Phrase, eines Buchstabens, einer Zahl – faßte man diejenigen Zahlen, welche ihren Standort im Code bezeichneten, zu einer Gruppe zusammen. Die linke Zahl stand dabei vor der oberen.
Die Zahlen in der oberen Zeile und in der linken Spalte sind hier willkürlich angenommen worden. Beim Wechsel des Schlüssels wurden sie von den Russen in der Reihenfolge verändert. In jedem der 100 Felder befand sich – auch dort wo Buchstaben und Zahlen standen – ein ganzer Begriff (in diesem Beispiel, da dem Verfasser nicht exakt bekannt, nicht aufgeführt). Sollten die Buchstaben Gültigkeit haben, so wurde der Begriff »СБ« = »smotritje bukwi« gesetzt, sollten Worte gelesen werden, so »СС« = »smotritje slowar«.
Im Beispiel bedeutet »72« = »A«, »06« = »8«.
Aus dem Gesagten ergibt sich, daß mit 2Z-Sprüchen maximal 100 Begriffe und außerdem Buchstaben und Zahlen verschlüsselt werden konnten – und daß bei 3Z-Sprüchen die räumlichen Möglichkeiten für 1000 Begriffe und bei 4Z-Sprüchen für 10 000 Begriffe gegeben waren (womit nicht behauptet wird, daß sie auch voll ausgenutzt wurden).
Über 5Z-Sprüche vermag der Autor aus eigener Erfahrung nichts auszusagen, da sie bei der Nachrichtennahaufklärung nicht bearbeitet wurden. Nach Randewig[10] und Mäkelä[11] handelt es sich beim 5Z-Schlüssel ebenfalls um einen Code. Er wurde in operativen Verkehren eingesetzt. Seine Entzifferung war im allgemeinen der Entzifferungsgruppe Ost im Führerhauptquartier vorbehalten. Bei ausreichendem Spruchmaterial sollen dort etwa 50 % der Sprüche entziffert worden sein.
Über die in der »Felddienstordnung der Roten Armee« von 1943 in Ziffer 66 genannte »doppelte« Verschlüsselung vom »Armee-(Korps-)Netz« an aufwärts weiß der Autor aus eigener Erfahrung ebenfalls nichts. Jedenfalls sind – nach seiner Erinnerung – doppelt verschlüsselte sowjetische Funksprüche in der Entzifferung der NANAK 954 nicht gelöst worden, sondern nur einfache Code-Schlüssel und in ihnen involvierte Buchstaben-Chiffre-Schlüssel sowie später auch Raster-Schlüssel.

---

[10] Randewig, in: Praun, Untersuchung, P-038, S. 27k.
[11] Mäkelä, Im Rücken des Feindes, S. 17 ff.

Nach Mäkelä[12] bestand die sowjetische doppelte Verschlüsselung der 5Z-Sprüche darin, daß zu den einzelnen Fünferzahlengruppen der einfachen Code-Verschlüsselung fünfstellige Zahlen addiert wurden, wobei die sich ergebende Summe natürlich ebenfalls fünfstellig, d. h. eine Zahl unter 100 000 sein mußte. Bei dieser doppelten Verschlüsselung soll es nach Mäkelä Verfahren unterschiedlichen Schwierigkeitsgrades gegeben haben. Das einfachste System bestand darin, zu jeder Zahlengruppe eine von zwei festgesetzten Zahlen zu addieren. Beim kompliziertesten System wurde zu jeder dem Code entnommenen Zahlengruppe eine jeweils andere Zahlengruppe addiert. Letztere entnahm man der Reihe nach einem sogenannten »Block« von Zahlengruppen. Ein derartiges Verfahren ist naturgemäß außerordentlich zeitraubend, bietet dafür jedoch ein sehr hohes Maß an Sicherheit gegen feindliche Entzifferung.

Über die geringe bis mäßige Sicherheit ihrer 2Z- und 3Z- und zum Teil auch 4Z-Schlüssel waren sich die Russen wohl im klaren. Zur Erhöhung der Sicherheit gegen Entzifferung führten sie darum bei 3Z- und 4Z-Schlüsseln eine Vielzahl unterschiedlicher Code-Bücher ein. Ihre Anzahl war so groß, daß Beute-Code-Bücher – die auch dem Autor verschiedentlich vorgelegen haben – im Rahmen der Nahaufklärungsentzifferung niemals unmittelbar benutzt werden konnten[13]. Das erschwerte naturgemäß die Entzifferungsarbeit erheblich.

Aber auch für die Russen müssen daraus große Nachteile erwachsen sein, und zwar bei der Zuweisung von Schlüsselunterlagen. Beispielsweise mußte der Nachrichtenführer eines Frontstabes rechtzeitig übersehen, welche Funkstellen kommunizieren sollten, und dann für Austausch des Code-Materials zwischen den verschiedenen Einheiten und Verbänden sorgen. Die Änderung von Abschnittsgrenzen, das Einschieben von neuen höheren Stäben und die plötzliche Neuunterstellung von Großverbänden stellten ihn zwangsläufig vor Aufgaben, deren Lösung relativ viel Zeit verlangte. War diese nicht gegeben, so konnte ein ordnungsgemäßer Funkverkehr nicht durchgeführt werden. Klartextsprüche mangels Schlüsselunterlagen, Verschlüsselung mit Notschlüsseln von niedrigerem Sicherheitsgrad

---

[12] Ebd.
[13] Randewig, in: Praun, Untersuchung, P-038, S. 27k.

oder auch Verzicht auf Funkverkehr und dessen Ersatz durch Kuriere waren die Folge. Wie ein roter Faden zieht sich die Klage über derartige Mißstände durch die russische Memoirenliteratur[14].

Im Gegensatz zu den 3Z- und 4Z-Sprüchen war bei den 2Z-Sprüchen nur eine geringe Zahl von Überschlüsselungstabellen im Gebrauch. Beutetabellen konnten demnach unmittelbar zur Entzifferung herangezogen werden. Es galt dann nur noch, den Tagesschlüssel bzw. die gerade gültige Zahlenverteilung links und oberhalb der Tabelle zu ermitteln.

Dem Autor haben an 2Z-Tabellen vorgelegen: die PT 39A, welche bereits im Finnlandkriege 1939/40 benutzt worden war und erst ab 1942 allmählich aus dem Verkehr gezogen wurde, sowie die 1942 eingeführten Grund-Code PT 42N und PT 42N-1. 2Z-Sprüche waren jedoch so leicht zu lösen, daß es keiner Beutetabellen hierfür bedurfte.

In Erkenntnis der völligen Unzulänglichkeiten des 2Z-Systems tarnten die Russen diese Sprüche hin und wieder derart, daß der Anschein erweckt wurde, als handele es sich um Verfahren von höherem Sicherheitsgrad. Das geschah entweder durch Voranstellen einer beliebigen einstelligen Zahl vor jede 2Z-Gruppe, wodurch optisch ein 3Z-Spruch entstand, oder durch Zusammenziehen zweier 2Z-Gruppen zu einer 4Z-Gruppe. In den meisten Fällen genügten wenige Minuten der Betrachtung, um derartige Tarnungen zu erkennen.

Signaltafeln für besondere Fälle

Seit Sommer 1941 wurden insbesondere bei planmäßigen Angriffen gegen vorbereitete Stellungen Signaltafeln ausgegeben. Sie enthielten Zahlengruppen für Tastfunk und Deckbegriffe oder ganze Sätze scheinbar abwegigen Inhalts für Sprechfunk, mit welchen die Erfüllung der den Einheiten gegebenen Aufgaben zu melden war.

---

[14] Vgl. S. 214 f. und S. 177 f.

Eine von der 292. Infanteriedivision erbeutete Tabelle sah folgendermaßen aus[15]:

»Funksignal-Tafel für die Truppen der 43. Armee für die Dauer der Operationen ab 7. 9. 1941

1. Die Truppen haben die Angriffsausgangsstellung eingenommen:	Birke grüne Ziffer 804
2. Truppenteile sind über den Fluß Desna erfolgreich gekommen:	Kirsche reife Ziffer 850
3. Der Angriff hat rechtzeitig begonnen und wird erfolgreich fortgesetzt:	Das Konzert begann Ziffer 940
4. Truppenteile erreichten den Abschnitt Pawlowo – Worodatschewka – Malyschewka:	Tamara kam Ziffer 869
5. Truppe erreichte den Abschnitt Werbilowo – Mochai – Amschara:	Das Eis ist gebrochen Ziffer 875
6. Truppe erreichte den Abschnitt Ssigarewo – Wolkowka – Podborje – Lagutowka:	Schönes Wetter Ziffer 280
7. Truppenteile erreichten Pokrowskoje – Poguljajewka – Iwaninow – Ssawejewka:	Iwanow kam nach Haus Ziffer 390
8. PO-774. S. R. übernahm gemäß Armeebefehl die Sicherung des Abschnitts:	Die Sache steht gut Ziffer 470
9. PO-109. Pz.-D. nahm am 7. 9. den im Armeebefehl bezeichneten Abschnitt:	Nikolajew ist gesund geworden Ziffer 107

Der Chef des Stabes der 43. Armee: gez. Sujew, Oberst.
Der Kommissar des Stabes der 43. Armee: gez. Medwedenko, Hauptmann
Der Chef der Operationsabteilung: gez. Ljubarskii, Kombrig.«

Derartige für einen Spezialfall festgelegte Signale waren deutscherseits ohne Beuteunterlagen natürlich nicht deutbar, wenn man von ihrem in den Begriffen zum Ausdruck kommenden positiven Tenor absieht. Andererseits setzte ihre Anwendung einen planmäßigen Verlauf der Kämpfe voraus. Ein widriger Ablauf der Ereignisse zwang dementsprechend zur Benutzung anderer, eventuell leichter zu deutender oder zu entziffernder Tarnmittel.

---

[15] 292. Inf.-Div./Ic, Beutepapiere, 28. 6.–30. 12. 1941, BA-MA, RH 26–292/57.

c) Sowjetische Rasterschlüssel

Der Rasterschlüssel ist die klassische Form eines Systems zum Verwürfeln der Buchstaben eines Textes. Sein Grundprinzip ist folgendes:

Angenommenes Beispiel: Rasterschlüssel für 100 Buchstaben. Seine Grundlage bildet eine Karte von 10 × 10 = 100 quadratischen Feldern – dazu ist als Schlüsselmittel eine zweite derartige Karte vorhanden. Auf dieser sind verstreut 25 Felder ausgestanzt, und zwar so, daß alle 100 Quadrate der ersten Karte *ein einziges Mal* in einem der Stanzlöcher der zweiten Karte erschienen sind, wenn die zweite Karte 3mal um 90 Grad gedreht und so 4mal deckend auf die erste Karte gelegt wurde.

Die Verschlüsselung kann nun auf zwei Weisen geschehen:

a) Man trägt den Spruchtext fortlaufend – pro Quadrat einen Buchstaben – in die erste Karte ein, legt dann die gelochte Karte auf die erste, schreibt die in den Löchern erscheinenden Buchstaben der Reihe nach ab, dreht die zweite Karte um 90 Grad, notiert die neu erscheinenen Buchstaben usw., bis alle 100 Buchstaben – nun verwürfelt – niedergeschrieben sind.

b) Man legt die gelochte Karte auf die unbeschriebene erste Karte und trägt die Buchstaben des Spruches der Reihe nach in die 25 Löcher ein, dreht die Karte um 90 Grad, verfährt entsprechend und ebenso bei der zweiten und dritten Drehung. Die Buchstabenverwürfelung des Textes steht jetzt auf der ersten Karte.

Das Entschlüsseln erfordert jeweils den umgekehrten Arbeitsgang.

Anhand von Abbildungen wird die Arbeit mit einem 6 × 6 = 36er Raster verdeutlicht:

Klartext: »Inf.Rgt. 76 rastet Gorki« = inf rgt sieben sechs rastet × gorki × gorki ×

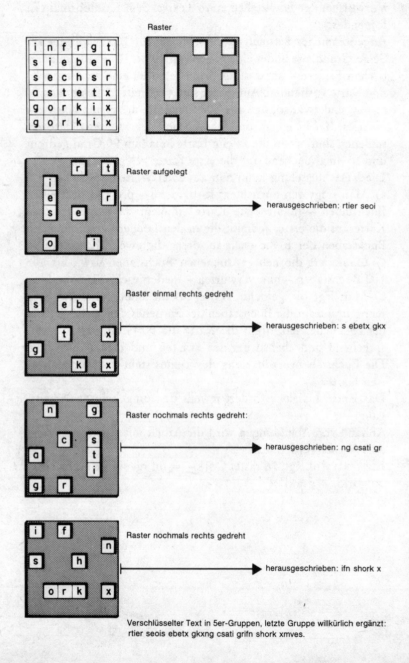

3. Entzifferung von sowjetischen Schlüssel- und Tarn-Verfahren bei der NANAK

a) Rasterschlüssel

Die Durchgabe der mit Raster verschlüsselten russischen Sprüche erfolgte in Gruppen zu fünf Buchstaben. Der Raster selber war nach dem oben erklärten System aufgebaut, d. h. er bestand aus Grundkarte und gelochter Rasterkarte. Diese wurde beim Schlüsseln 4mal auf erstere aufgelegt – davon 3mal regelmäßig nach rechts um 90 Grad gedreht.

Da das reale Spruchende oft nicht mit dem durchgegebenen Spruchende identisch war – Füllbuchstaben zur Komplettierung der letzten Buchstabengruppe! –, wurde in einem ersten Arbeitsgang das wirkliche Spruchende ermittelt:

Der reale, mit dem Raster verschlüsselte Spruch mußte immer eine Buchstabenanzahl haben, die zugleich eine durch 4 teilbare Quadratzahl war; z. B.: Spruchlänge 13 Gruppen = 65 Buchstaben = Rastertafel 8 × 8 = 64 Buchstaben + 1 Füllbuchstabe. Mit dieser Ermittlung waren also wirkliches Verschlüsselungsende und Größe der Tafel gegeben.

Bei der Kompanieentzifferung der NANAK 954 wurden die 1944 weniger ausgelasteten 2Z-Bearbeiter mit der Lösung der Rasterschlüssel betraut. Der Verfasser – als 4Z- und Koordinatenbearbeiter – hat sich lediglich einmal, zur eigenen Information, mit einem rasterverschlüsselten Spruch beschäftigt und diesen auch gelöst. Er weiß darum heute nicht mehr genau, wie er damals dabei – nach Ermittlung des Verschlüsselungsendes und der Größe der Tafel – weiter vorgegangen ist. Heutige Überlegungen im Falle des angeführten Beispieles (8 × 8 Tafel) machen folgende Arbeitsweise wahrscheinlich:

Bei jeder der 4 Rasterauflegungen ergeben sich beim Verschlüsseln 16 hintereinander geschriebene Buchstaben. Von ihnen entstammen die am Anfang stehenden dem Spruchanfang, die am Ende stehenden seinem Ende. Schreibt man nun die ersten 16 Buchstaben des Spruches senkrecht in einer Reihe untereinander, die zweiten, dritten und vierten 16 Buchstaben – jeweils ebenfalls senkrecht angeordnet – daneben, so hat man – beim 8 × 8 Raster – vermutlich in den ersten drei Viererzeilen alle Buchstaben des Spruchanfangs – allerdings verwürfelt – stehen, in den drei untersten Viererzeilen die des Spruchendes. Es sind zunächst jetzt nicht mehr alle 64 Buchstaben zu ordnen, sondern lediglich noch 12 am Anfang und 12 am Ende, die sich durch ihre Lage im Raster sogar gegenseitig bedingen; eine Aufgabe, die in jedem anspruchsvollen Rätselheft vorkommt und die in dem konkreten Falle mit Hilfe von Analogien zu anderen Spruchanfängen meist leicht zu lösen ist.

b) Einfache Buchstabenchiffren

Buchstabenhäufigkeit

Wichtigstes Hilfsmittel war die Auszählung der Buchstaben-Ersatzzeichen, d. h. der einzelnen Zahlengruppen nach der Häufigkeit ihres Vorkommens. Je umfangreicher das Spruchmaterial war, um so größer war die Wahrscheinlichkeit, daß das Ergebnis der Auszählung mit der statistisch festgestellten Normalhäufigkeit russischer Buchstaben übereinstimmte.
Weitaus häufigster Buchstabe im Russischen ist das »o«; ihm folgt mit einigem Abstande das »e«, während das »i« und »a« so oft vorkommen wie die häufigsten Konsonanten.
Besitzt der Entzifferer einige Kenntnisse über die russische Sprache, so vermag er bei einem längeren verschlüsselten Spruch mit über 90 % Sicherheit festzustellen, bei welchen Geheimschrift-Zeichen bzw. Gruppen es sich um Vokale und bei welchen um Konsonanten handelt.

Systematischer Textaufbau

Ähnlich wie bei deutschen Funksprüchen begann und endete die Mehrzahl der russischen Sprüche mit Anrede bzw. Unterschrift. Bei der Anrede wurde entweder die Dienststellung z. B. »natsch« (Abkürzung) = »natschaljniku« = dem Chef »schtaba« = des Stabes – oder der Name im Dativ oder beides genannt. Für eine Entzifferung hilfreich war nun die wenig große Bandbreite von Endungen russischer Familiennamen. Da gab es das sehr häufige großrussische »ow« oder »ew«, das quasi polnische »kij«, das ukrainische »ko« bzw. »enko«, daneben natürlich noch relativ seltene Endungen wie »in« oder wie das armenische »an« oder wie die dem Deutschen ähnlichen Schlußsilben von jüdischen Namen wie etwa »man(n)«,

»stam(m)«, »stejn«, »schejn« usw. Die Anrede endete – wie oben schon erwähnt – auf Dativ – »u«. Vor dem Namen des Unterzeichnenden stand meistens: »podpisj« = »Unterschrift«.

Militärvokabular und charakteristische Buchstabenfolgen

Der Wortschatz in russischen Militär-Sprüchen war sehr gering. Ganze Satzteile oder sogar Sätze kamen stereotyp immer wieder vor, z. B.: »soobschtschitje nemedlenno = melden Sie unverzüglich« – oder: »w tetschenie notschi protiwnik aktiwnosti nje projawljal = im Laufe der Nacht zeigte der Gegner keine Aktivitäten«. Einzelne Worte hatten derart typische Buchstabenfolgen, daß sie unfehlbare Entzifferungshilfen waren, z. B. »perepraw« und »nemedlenno«.
Mit Hilfe von diesen 3 Kriterien war die Entzifferung von ausreichend langen einfachen Buchstabenchiffre-Sprüchen – seien es 3Z- oder 2Z-Sprüche – in sehr kurzer Zeit möglich[16].
Handelte es sich um mit einfacher Buchstabenchiffre verschlüsselte kurze Phrasen innerhalb von Klartexten, so entfielen die Schlüsselhilfen »Buchstabenhäufigkeit« und »systematischer Textaufbau« weitgehend. Hier mußten Analogien zu älteren Sprüchen, Hinweise des Klartextes auf die Begriffe sowie typische Buchstabenfolgen als Entzifferungshilfe genügen.
Bei Buchstabenchiffre-Sprüchen nach I/2 – d. h., wenn für die Russen die Möglichkeit bestand, z. B. »a« nach Belieben mit drei verschiedenen Zahlengruppen auszudrücken – brachte die Auszählung nach Häufigkeit naturgemäß kein korrektes Bild mehr. Bei der Entzifferung war man weitgehend angewiesen auf das Fehlverhalten des schlüsselnden Personals – darauf also, daß aus Trägheit oder Zeitnot hin und wieder von der Möglichkeit des »Abwechselns« kein Gebrauch gemacht wurde. Bemerkenswert ist dabei, daß dieses Fehlverhalten beim Chiffrieren sowjetischen Offizieren anzulasten ist. Praun gibt an[17], in der Roten Armee sei bereits ab Regimentsebene das Chiffrieren von besonderen Offizieren durchgeführt worden. Auch Randewig berichtet[18] – allerdings in bezug auf die obere Führung – über

---

[16] Siehe Anlage 13.
[17] Untersuchung, P-038, S. (121).
[18] Ebd., S. 5.

Chiffrier-Offiziere. Bei Stäben waren die Chiffrierer in besonderen Chiffrierabteilungen zusammengefaßt[19].

c) Getarnte Landkarten-Koordinaten

Von großer Wichtigkeit war das Enttarnen verschlüsselter Landkarten-Koordinaten. Dies lag daran, daß die Inhaltsauswertung von Klartextsprüchen mit verschlüsselten Koordinatenangaben stets Erkenntnisse vermittelte über Maßnahmen und Lagen des Gegners sowie – bei eigenen Rückszugskämpfen – über Frontverläufe und Verbleib auch eigener Truppenteile, und daß diese Erkenntnisse sich nicht nur auf den taktischen Bereich beschränkten, sondern oft auch Rückschlüsse auf Operatives zuließen.

Über das Enttarnen liegt – nach Wissen des Autors – noch keine Literatur vor. Zwar schreibt Praun[20], dies sei durch »Vergleich mit der Ic-Lage, durch Peilung und Bloßstellung« geschehen, doch hat er hier offensichtlich im »nachhinein« lediglich eigene Vermutungen geäußert. Tatsächlich spielten Ic-Lagemeldung und Peilung dabei nur eine äußerst geringe, meist sogar überhaupt keine Rolle. Der Autor hat in den Jahren 1943/44/45 als Spezialsachbearbeiter eine sehr große Anzahl von Koordinaten enttarnt. Er kann darüber aus der Praxis heraus folgendes sagen.

Koordinaten wurden so verschlüsselt, daß die Koordinatenzahlen der Landkarte durch andere Zahlen ersetzt wurden, die – von Ausnahmen abgesehen[21] – gleichmäßig von links nach rechts bzw. von oben nach unten fortliefen[22].

Für eine genaue Ortsangabe genügte natürlich die einfache Nennung der getarnten Koordination nicht, da mit ihrer Hilfe lediglich ein größeres Areal, d. h. ein Quadrat auf der Landkarte, bezeichnet werden konnte. So wurden die Koordinaten-

---

[19] Iwan Ch. Bagramjan, So begann der Krieg, Berlin (Ost) ²1979, S. 396. Zur deutschen Praxis vgl. S. 32, Anm. 32, und S. 55, Anm. 98.
[20] Untersuchung, P-038, S. 99.
[21] Sowj. Durchbruch bei Bar (30 km westlich von Shmerinka) am 21. 3. 1944; hier waren die Koordinatenzahlen in umgekehrter Richtung angeordnet. Der betreffende Funkspruch war sehr wichtig, denn er meldete die von den sowj. Durchbruchsverbänden erreichten Positionen.
[22] Verf. hat sich hier dem russischen Fernmelde-Sprachgebrauch entsprechend ausgedrückt. De facto handelte es sich um eine Numerierung der Zwischenräume *zwischen* den Ordinaten und der Abstände *zwischen* den Abszissen.

angaben meistens ergänzt durch einen topographischen Hinweis, z. B. »Waldrand Koordinate...«, »Brücke Koordinate...«, »Südrand (einer Ortschaft) Koordinate...«. Damit aber waren sichere Hinweise für eine Enttarnung gegeben.

Man fertigte auf Pauspapier eine fiktive Landkarte an, welche die mit Tarnzahlen bezeichneten Koordinaten als Grundgerüst sowie die Koordinatenangaben des Spruches mit den ihnen zugehörenden topographischen Angaben enthielt.

Diese durchsichtige fiktive Karte wurde auf der richtigen Landkarte solange hin- und hergeschoben, bis die Eintragungen sich deckten, d. h. bis Wald auf Wald, Berg auf Berg, Brücke auf Brücke usw. paßten. Lagen derartige Angaben ausreichend vor und deckten sie sich in jedem Falle mit den Realitäten der Landschaft, so war mit hoher Wahrscheinlichkeit die Lösung erzielt. Jetzt erst wurden – soweit vorhanden – Ic-Lagemeldungen zur Kontrolle herangezogen bzw. Betrachtungen angestellt, ob auch – von taktischen Gesichtspunkten aus beurteilt – eine Wahrscheinlichkeit vorlag.

B. Geschichte des sowjetischen Fernmeldewesens im Spiegel sowjetischer und deutscher Quellen verschiedenen Grades

Rückblick auf die Entwicklung zur Zarenzeit

Die mit elektromagnetischen Mitteln arbeitende Nachrichtentruppe der russischen Armee erwuchs, als Werner v. Siemens im Jahre 1855 mit dem Bau einer Telegraphenlinie in das belagerte Sebastopol beauftragt wurde. Bereits im Jahre zuvor hatte er u. a. die Leitung Moskau – Kiew – Odessa angelegt[23].

Relativ frühzeitig nahm man sich dann in Rußland auch der Funkentelegraphie an. So arbeitete die russische Armee bereits während des russisch-japanischen Krieges erfolgreich mit Funkverbindungen: Drahtloser Linienverkehr mit dem eingeschlossenen Port Arthur; Einsatz eines Halbbataillons mit 12 Feldfunkstellen in der Mandschurei[24].

Nach Löbell[25] verfügte das russische Landheer Ende 1913 über sieben mobile Funkkompanien und eine Elektrotechnische Offiziers-Schule mit Lehrkompanie und Lehrstation. Bei den Geräten soll es sich um ausländische Fabrikate gehandelt haben. Eine nennenswerte Radio-Industrie existierte in Rußland nicht[26]. Sie wurde erst nach 1927 allmählich aufgebaut, erreichte jedoch bis 1941 keinen ausreichenden Stand[27].

Soweit aus deutschen und besonders österreichischen Horchergebnissen zu ersehen ist[28], wurden im Ersten Weltkrieg Feld-

---

[23] Werner v. Siemens, Lebenserinnerungen, Leipzig 1943, S. 166 f.
[24] Vgl. Hugo Schmidt, Taktische Tagesfragen mit Rücksicht auf die Erfahrungen im russisch-japanischen Krieg, Wien 1907, S. 141.
[25] v. Löbells Jahresberichte über das Heer- und Kriegswesen, 40. Jg (1913), hrsg. von v. Voß, Berlin 1913, S. 183, 188 f. Die Kompanien waren stationiert in Petersburg, Wilna, Warschau, Kiew, Tiflis, Irkutsk und Fernost. Siehe auch Anlage 3.
[26] Die Streitkräfte der UdSSR, S. 237 f.
[27] Siehe S. 169.
[28] Ronge, Kriegs- und Industrie-Spionage, S. 124 f., 133, 154, 184, 234 f., 265, 268, 292 f.

funkstellen ausschließlich für operative Führung eingesetzt. Front-, Armee-, Korps- und in Einzelfällen Kavalleriedivisionsstäbe erhielten Radiostationen. Um die große Zahl derartiger Stäbe auszurüsten, müssen kurz vor und während des Krieges weitere Geräteimporte stattgefunden haben. Im Gegensatz zu den Mittel- und Westmächten hat man sich jedoch anscheinend im taktischen Bereich mit Draht- und Signalverbindungen begnügt.

Über den Umfang von Geräteverlusten während der Revolutionskriege ist nichts bekannt. Ein gewisser Ausgleich mag hier durch Erbeutung von den Weißrussischen Armeen durch die Westmächte zugeführten Geräten erfolgt sein.

1. Sowjetisches Fernmeldewesen von 1920 bis zum 22. Juni 1941

a) Sowjetisches Fernmeldewesen im Jahre 1920

Die sowjetischen Nachrichtenverbindungen auf höchster Ebene wurden im wesentlichen mittels Drahttelegraphie bzw. Fernschreibern aufrechterhalten. Daneben gab es auch einige Großfunkstationen. So war beispielsweise der berühmte »Zug«, der in einem Sonderzug eingerichtete Feldstab von Trotzki, mit dem dieser die Brennpunkte des militärischen Geschehens aufsuchte, mit einer Funkstation ausgerüstet. Sie war in der Lage, Funkverkehr mit der Zentrale in Moskau aufzunehmen[29].

Frontstäbe (Heeresgruppen) und Armeestäbe scheinen im allgemeinen Funkstationen besessen zu haben[30]. Hierbei ist anzumerken, daß die sowjetrussischen »Armeen« ein Mittelding zwischen Armee und Korps darstellten, und daß dafür die Korpsebene völlig fehlte. Wegen der außerordentlich geringen Ist-Stärke der Divisionen schwankte die Gefechtsstärke der Armeen zwischen 5000[31] und 25 000[32].

---

[29] Leo Trotzki, Mein Leben. Versuch einer Autobiographie, Berlin 1930, S. 397.
[30] Der polnisch-sowjetrussische Krieg, S. 129, 140, 164, 180, 186, 197, 203, 224.
[31] 14. Armee, ebd., S. 166.
[32] Die Streitkräfte der UdSSR, S. 162 f.

Weiterhin liegen Hinweise vor, daß auch – wenigstens einige – Schützendivisionen über Funkstellen verfügten wie z. B. die 7. und die 45., deren Stäbe zugleich die Führung von Stoßgruppen in Stärke eines schwachen Korps übernahmen[33]. Bemerkenswert ist allerdings, daß die Kavalleriedivisionen der 1. Reiterarmee »Budjenny« anscheinend nicht mit Funkmitteln ausgerüstet waren. Hierauf deutet hin, daß die 14. Kavalleriedivision vom 17. bis zum 20. Juni 1920 morgens für den Stab der 1. Reiterarmee praktisch verschollen war. Erst zu diesem Zeitpunkt konnten Meldereitertrupps die Verbindung wieder herstellen[34].

Über die Stärke der damaligen sowjetischen Nachrichtentruppe heißt es:

»Im Januar 1920 begann man mit der Aufstellung spezieller Baukompanien für Fernschreiber. Sie lösten die hinsichtlich ihrer Struktur unvollkommenen Arbeiterkolonnen ab, die bisher den Bau und die Bedienung der militärischen Nachrichtenlinien gewährleisteten. Es wurde auch mit der Formierung von 16 Fernschreib- und Fernsprechabteilungen begonnen, auf jede Armee kam eine solche Abteilung. Zum Jahresende 1920 gab es in den Divisionen, Brigaden und Regimentern 46 Nachrichtenbataillone, 70 Nachrichtenabteilungen, 143 Nachrichtenkompanien, 12 Nachrichtenschwadronen und 159 Nachrichtentrupps. Der erste Chef des Nachrichtenwesens der Roten Armee war der Berufsrevolutionär A. M. Ljubowitsch[35].«

Leider geht aus dieser Aufstellung die Anzahl der Funkeinheiten nicht hervor. Daß sie verschwiegen wird, weist eher auf ihre sehr geringe Anzahl hin.

b) Sowjetisches Fernmeldewesen während des 1. Vierjahresplanes

Funkeinheiten auf Divisionsebene

Über die Ausstattung der sowjetischen Divisionen mit Funkstellen während der 20er Jahre liegen widersprüchliche Aussagen vor.

---

[33] Stoßgruppen Golikow und Jakir (Der polnisch-sowjetrussische Krieg, S. 147, 180).
[34] Ebd., S. 205, 208.
[35] Die Streitkräfte der UdSSR, S. 152.

Während Iwanow[36] für das Jahr 1929 für die Schützendivision 1 Radio-(Funk-)Zug im Rahmen der Divisions-Nachrichtenkompanie und für die Kavalleriedivision 1 Feldradiostation im Rahmen der Divisions-Nachrichteneskadron angibt, erwähnt das Werk »Die Streitkräfte der UdSSR« für 1925 keine Funktrupps in den entsprechenden Einheiten. Erst für den Zeitraum 1935–1938 wird als wesentliche Veränderung die Bildung von Funkeinheiten in den Nachrichtentruppenteilen und Nachrichteneinheiten der Verbände genannt[37].

Die Erklärung für diesen Widerspruch mag in der Tatsache zu finden sein, daß die Rote Armee bis 1935 sowohl aus Kader- wie auch aus Territorialdivisionen bestand[38].

Die Territorialdivisionen mit Kurzausbildung (1. Jahr 3 Monate, die nächsten vier Jahre je 1 Monat Dienst) hatten eine Präsenzstärke von 16 bis 20 % und waren im Landesinnern stationiert. Die Kaderdivisionen mit zweijährigem aktiven Dienst und höherem Präsenzstand waren in den grenznahen Räumen untergebracht.

Die Vermutung liegt nahe, daß lediglich die Kaderdivisionen mit Funkeinheiten versehen waren. Eine dreimonatige Ausbildung im Rahmen der Territorialtruppe hätte auch zur Heranbildung von brauchbaren Funkern nicht ausgereicht.

1929 gab es 90 Kader-Schützenregimenter = 30 Schützendivisionen und 9 Kader-Kavalleriedivisionen sowie 1 selbständige turkmenische Kavalleriedivision sowie 7 selbständige Kavalleriebrigaden mit Nachrichten-Halbeskadrons[39].

Hieraus kann man folgenden Soll-Bestand an Funkkompanien errechnen:

30 Funkzüge in den Schützendivisionen entspricht etwa 15 F.Kp.

17 Radiostationen der Kavallerie in Divisionen und Brigaden entspricht etwa 2 F.Kp.

---

[36] A. N. Iwanow, Kurze Zusammenstellung über die russische Armee, Berlin 1929, S. 78.
[37] S. 228 und 256.
[38] 1930 waren 58 % der Schützendivisionen Territorialdivisionen (Die Streitkräfte der UdSSR, S. 221).
[39] Nach Iwanow, Kurze Zusammenstellung (1929), S. 63 (betr. Schützenregimenter) und S. 28–63 (betr. Schützenregimenter und Kavallerieverbände), Dislokationsliste.

Auf Divisionsebene also Funkeinheiten, die nach westlichen Maßstäben etwa entsprechen: 17 F.Kp.

Funkeinheiten oberhalb der Divisionsebene

Korpsebene:
1929 sollen in der Roten Armee über 21 Stäbe von Schützenkorps und 4 von Kavalleriekorps vorhanden gewesen sein[40]. Jedes Schützenkorps soll über ein selbständiges Nachrichtenbataillon und einen Übungsplatz mit u. a. 1 Feld-Radiostation verfügt haben[41]. Die Kavalleriekorps sollen mit einer Nachrichteneskadron ausgestattet gewesen sein, zu der u. a. 1 Feld-Radiostation gehörte.
Auf Korpsebene gab es also insgesamt 25 Radiostationen, eine Anzahl, die nach westlichen Maßstäben etwa 3–4 Funkkompanien entspricht.

Ebene der Militärbezirke:
Iwanow gibt für 1929 an: 2 Radioregimenter à 2 Bataillone zu je 3 Radiokompanien – sowie pro Regiment 1 Peilkompanie; ferner 10 selbständige Radiobataillone, bestehend entweder aus 3 Radiokompanien oder aus 2 Radiokompanien und 1 Peilkompanie[42].
Nach einer anderen Quelle bestanden 1925 1 Radioregiment, 10 selbständige Funkbataillone und 15 selbständige Funktrupps[43].
Legen wir die Zahlen von Iwanow zugrunde, so ergeben sich weitere 32 Funkkompanien.

Nachrichtenschulen
Nach Iwanow[44] bestanden 1929 an höheren Nachrichtenschulen:
Leningrad: Nachrichtenschule mit Vervollkommnungskursen
Moskau: Kursus für Radiotelegraphie und Fernsprechwesen, Nachrichtenkurse für den Kommandobestand der Armee.

---

[40] Ebd., S. 23.
[41] Ebd., S. 78. Iwanow zählt keine Funkeinheiten auf.
[42] Ebd., S. 79.
[43] Die Streitkräft der UdSSR, S. 228.
[44] Kurze Zusammenstellung (1929), S. 84.

Bestand an Funkeinrichtungen 1929:
Geschätzter Bestand nach westlichen Maßstäben von:

Divisionsebene inkl. selbst. Brigaden:	ca. 17 Funkkompanien
Korpsebene	ca. 4 Funkkompanien
Ebene der Militärbezirke	ca. 32 Funkkompanien
	insgesamt ca. 53 Funkkompanien

für eine Armee von – 1929 – einer Kaderstärke von 562 000 Mann[45] (Gesamtbestand inkl. Kurzdienender nach Iwanow 1 262 000 Mann ohne Reservisten).

Die Geräte sollen aus dem Ausland gestammt haben. Auch Shukow bestätigt das[46]:

»Wir erinnern uns, daß unser Land nach dem Bürgerkrieg keine speziellen Werke für Panzer, Flugzeuge, Flugzeugmotoren, mächtige Artilleriewaffen, Funkgeräte sowie für andere Arten der modernen technischen Kampfmittel und Waffen besaß.«

c) Sowjetisches Fernmeldewesen während des 2. Vierjahresplanes

Außenpolitische Entwicklungen wie auch militärische Ereignisse, welche die UdSSR unmittelbar berührten[47], ließen eine Stärkung der Roten Armee notwendig erscheinen. Die materielle Voraussetzung hierfür wurde durch den rücksichtslos forcierten Aufbau der Schwerindustrie mittels des 1. und 2. Fünfjahresplanes – 1929–1932 bzw. 1933–1937 – geschaffen. Dabei stieg die Bruttoproduktion der gesamten Industrie der UdSSR zwischen 1929 und 1937 auf das Vierfache[48].

Hand in Hand mit den beiden Fünfjahresplänen für den wirtschaftlichen Aufbau gingen – weit voraus disponierend – der 1. und 2. Fünfjahresplan für den Aufbau der Roten Arbeiter- und Bauernarmee der Jahre 1931 bis 1933 bzw. 1938[49].

Die Heeresvermehrung sah in diesem Zeitraum so aus[50]:

---

[45] Einschließlich Kader der Territorialtruppen ausschließlich zur Kurzausbildung eingezogene Territorialsoldaten (ebd., S. 22).
[46] Shukow, Erinnerungen und Gedanken, Bd 1, S. 165.
[47] Chinakonflikt im Sommer und Herbst 1929, vgl. Die Streitkräfte der UdSSR, S. 240 f.
[48] Ebd., S. 243.
[49] Ebd., S. 249; Shukow, Erinnerungen und Gedanken, Bd 1, S. 127 ff.
[50] Für 1929: Iwanow, Kurze Zusammenstellung (1929), S. 22; für 1933 bis 1937: ders., Kurze Zusammenstellung (1937), S. 26; für 1933 zusätzlich: Die Streitkräfte der UdSSR, S. 251; ebd. wird für den 1. 1. 1938 die Gesamtstärke mit 1 513 400 angegeben.

1929 Kaderstärke   562 000 Mann
1933 Kaderstärke   885 000 Mann
1935 Kaderstärke   950 000 Mann
1936 Kaderstärke 1 300 000 Mann
1937 Kaderstärke 1 700 000 Mann

In Hinsicht auf die Nachrichtentruppe war zu Beginn der 30er Jahre die Schaffung der materiellen und personellen Grundlage für ihre Ausweitung primäre Aufgabe.
Bereits 1927 war das Technische Sonderbüro für militärische Erfindungen z. b. V. zu einer leistungsstarken wissenschaftlichen Einrichtung mit eigenen Funkeinrichtungen ausgebaut worden, wie auch bei der technischen Verwaltung des Revolutionären Kriegsrates der UdSSR eine entsprechende Sondersektion bestand. Hier wurden u. a. die technischen Voraussetzungen für die Entwicklung einer eigenen Radioindustrie gelegt[51].
Zur Heranbildung von unteren und mittleren Offizierkadern gründete man zusätzlich zu den bereits bestehenden Lehreinrichtungen weitere Nachrichtenschulen, so daß in den 30er Jahren u. a. vier allgemeine Nachrichtenschulen und eine Nachrichtenschule für die Grenz- und Inneren Truppen bestanden[52]. Letztere wurde von 1932/33 bis 1935 von N. A. Antipenko geleitet, der in seiner Biographie[53] ausführliche Angaben über sie macht: Die Schule befand sich in Taschkent. An ihr wurden Funker und Funktechniker für die Grenztruppen des europäischen Teils der UdSSR und Mittelasiens ausgebildet. Einschließlich Lehrpersonal betrug die Stärke der Lehreinheit 1000 Mann. Für den Unterricht standen über 100 Funkgeräte zur Verfügung. Neben Funk- und technischer Ausbildung wurde auch Grund- und Gefechtsausbildung durchgeführt. Die Fähigkeit, 60 Morsezeichen in der Minute aufzunehmen bzw. zu geben, galt als »befriedigend«[54]. Der Bau der Kasernen der Schulen war 1932 noch nicht abgeschlossen. Antipenko erlebte während seiner Dienstzeit als Schulleiter den Abschluß eines

---

[51] Die Streitkräfte der UdSSR, S. 237 f.
[52] Ebd., S. 269; Iwanow, Kurze Zusammenstellung (1937), S. 88.
[53] Nikolaj A. Antipenko, In der Hauptrichtung, Berlin (Ost) 1973, S. 53 ff.
[54] Diese Aussage Antipenkos ist bemerkenswert, galt doch in der deutschen Wehrmacht das Hören von Tempo 60 als ausgesprochen unbefriedigend. Bereits 1912 bzw. 1916 hieß es in der D.V.E Nr. 663, Ziff. 137: »Funker, die unter 70 hören, dürfen, außer bei kleinen Ausbildungsübungen, nicht als Hörer verwendet werden.«

Lehrkurses. Hieraus erhellt, daß es sich um mehrjährige Kurse handelte. Iwanow nennt als Kursdauer an derartigen Nachrichtenschulen dreieinhalb Jahre[55].

Nimmt man an, daß 800 Kursanten Ende 1934 jede der vier Nachrichtenschulen der Landstreitkräfte verließen, so standen zu diesem Zeitpunkt für die Formierung neuer Nachrichteneinheiten 3200 Chargen bereit.

Für die Ausweitung der Divisions-Nachrichtentruppen war erste einschneidende Maßnahme der Übergang vom Kader- *und* Territorialprinzip zum reinen Kaderprinzip in den Jahren von 1935 bis 1938[56]. Stimmt die weiter oben genannte Prämisse, so erforderte das für die Ausstattung von 39 ehemaligen Territorial-Schützendivisionen und drei ehemaligen Territorial-Kavalleriedivisionen[57] 39 neue Funkzüge und 3 neue Feldradiostationen. Diese Anzahl bedeutet eine Verdoppelung der Funkeinheiten auf Divisionsebene[58].

Ab 1937 wurde die bis dahin unzulängliche Ausstattung der Divisionen mit selbständigen Nachrichteneinheiten durch deren Stärkeverdoppelung westlichen Maßstäben angepaßt, d. h. jede Division sollte nun anstatt über eine Nachrichtenkompanie über ein Nachrichtenbataillon, bestehend aus 2 Kompanien und Stab verfügen[59]. In sich widersprüchlich erscheint die bei Forstmeier wiedergegebene Gliederung des Nachrichtenbataillons einer Schützendivision entsprechend dem Stärkenachweis vom April 1941[60]. Das mag u. a. auf fehlerhafte Benutzung von taktischen Zeichen seitens der damaligen Sachbearbeiter zurückzuführen sein. Es fällt nämlich auf, daß das Nachrichtenbataillon der Schützendivision als »vollmotorisiert« bezeichnet wird, die tak-

---

[55] Kurze Zusammenstellung (1937), S. 88.
[56] Die Streitkräfte der UdSSR, S. 249 ff.
[57] Nach Iwanow, Kurze Zusammenstellung (1929), S. 28–63.
[58] Von der 4. Kav.-Div. – ab 1932 im Raum um Sluzk aufgestellt – berichtet Shukow, sie habe 1933 noch keine divisionsinternen Funkmittel besessen (Erinnerungen und Gedanken, Bd 1, S. 147). Aus seiner Schilderung einer Gefechtsübung im Jahre 1936 geht dann hervor, daß zu diesem Zeitpunkt bereits ausreichend Geräte vorhanden waren, um den Div.-Stab, die Vorausabteilung und die Kav.Rgt. miteinander zu verbinden (ebd., S. 158 ff.).
[59] Die Streitkräfte der UdSSR, S. 256 f.; Friedrich Forstmeier, Odessa 1941. Der Kampf um Stadt und Hafen und die Räumung der Seefestung, 15. August bis 16. Oktober 1941, Freiburg 1967, S. 97 ff.
[60] Forstmeier, Odessa, Anl. 2a. Dort angegebene Quelle: Einzelnachrichten des Ic-Dienstes Ost Nr. 21, Anl. 6, MGFA/DZ/H 3/898, I–IV und H 3/1752.

tischen Zeichen jedoch zwei »teilmotorisierte« *Fernsprechkompanien* und einen »vollmotorisierten« Stab ausweisen und im Stärkenachweis der Fahrzeuge 1 Pferdewagen und 13 Pferdekarren sowie 29 Pferde aufgeführt sind (Stärkenachweis des N. Bataillons: 17 Offiziere, 15 Politische Leiter und Beamte, 53 Unteroffiziere, 193 Mannschaften, 1 Pkw., 15 Lkw., 3 besondere Kraftwagen, 3 Kräder, 3 Panzerspähwagen, 1 Pferdewagen, 13 Karren, 2 Feldküchen, 29 Pferde). Es fehlt hier völlig ein Hinweis auf Funkmittel; die verwendeten taktischen Zeichen – nur für Fernsprechkompanien – erwecken den Anschein, als hätte das Nachrichtenbataillon der Schützendivision vom April 1941 über keinerlei Funkmittel verfügt. Dies wird aber eindeutig durch Horchergebnisse und Beutegut widerlegt.

In welcher Weise im Sommer 1941 im Rahmen des Nachrichtenbataillons die Funkeinheiten organisiert waren, konnte der Autor noch nicht ermitteln. So bleibt die Frage offen, ob die Funkmittel – entsprechend der Organisation der Reichswehr in den 20er Jahren – aufgeteilt waren auf die *beiden* Kompanien des Nachrichtenbataillons, so daß jede von ihnen neben Fernsprechzügen über einen Funkzug verfügte, oder ob sie in einer Kompanie zusammengefaßt waren.

Bei der Reichswehr wurde die Teilung der Divisions-Nachrichtenabteilung in zwei Kompanien, jeweils bestehend aus Fernsprech- *und* Funkzug[61], offiziell zwar nachrichtentechnisch motiviert, hatte effektiv aber wohl mobilmachungstechnische Gründe, ermöglichte sie doch durch Herausziehen je einer Kompanie aus den 7 bestehenden Infanteriedivisionen die sofortige Ausrüstung von 7 Reservedivisionen mit je einer eingespielten mit Fernsprech- *und* Funkmitteln ausgerüsteten Nachrichtenkompanie[62].

Sollten beim sowjetischen Nachrichtenbataillon der Schützendivision Typ April 1941 die Funkmittel ebenfalls auf beide Kompanien verteilt gewesen sein, so mag das aus entsprechenden

---

[61] H.Dv. 487, Führung und Gefecht verbundener Waffen, Abschnitt XV, Ziff. 642.

[62] Vgl. Zur Geschichte der Nachrichtentruppe, S. 128, ferner H.Dv. 421, Der Nachrichtendienst im Reichsheer, vom 19. 3. 1922, Ziff. 8, 11, 12 sowie Anlage 3.

Gründen geschehen sein. Tatsächlich wurden die Nachrichtenbataillone der Schützendivisionen bereits im Herbst 1941 auf eine Kompanie reduziert[63].

Die Aufstellung der Kompanien des sowjetischen Schützendivisions-Nachrichtenbataillons als teilmotorisierte Einheiten war wohl nicht nur eine Folge der Unterentwicklung der sowjetischen Kraftfahrzeugindustrie. Vielmehr erschien damals die Aufstellung wenigstens eines bespannten Fernsprechzuges als sinnvoll, sollte er doch bei Märschen im gleichen Tempo, wie die Schützen marschierten, eine Stammleitung vorbauen. Letzteres hätte bei totaler Motorisierung das andauernde Fahren im ersten Gange erfordert.

Vermehrt wurden aber auch alle anderen Nachrichtentruppen, insbesondere auch die Truppennachrichten:

»In allen Nachrichtenregimentern und -bataillonen der Militärbezirke sowie den Nachrichtentruppenteilen und -einheiten der Verbände bildete man Funkeinheiten. Die selbständigen Nachrichtenkompanien bzw. Nachrichtenschwadronen der Schützen- oder Kavalleriedivisionen wurden zu selbständigen Bataillonen beziehungsweise Abteilungen erweitert. In den Schützenregimentern wurden Nachrichtenkompanien und in den Bataillonen Nachrichtenzüge geschaffen. In den Panzertruppen, den Luftstreitkräften, den Truppen der Luftverteidigung und der Artillerie wurden ebenfalls Nachrichtentruppenteile und -einheiten aufgestellt. Die Nachrichtentruppen erhielten neue Geräte, wurden mit Feldfunkanlagen und neuen standardisierten Telefon- und Telegrafenapparaten *sowjetischer Herkunft* ausgerüstet[64].«

Ergänzend hierzu teilt Iwanow folgende Einzelheiten mit[65]:

»1) Die Funkregimenter wurden aufgelöst,
2) neue Funkverbände wurden für die Militärbezirke, die Korps, Divisionen und Regimenter aufgestellt,
...
4) bei den Nachrichtenregimentern sollen Funk-Kompanien aufgestellt werden,
5) die Spezialtruppen (mot.-mech. Verbände, Luftschutz, Flieger) erhalten besondere Nachrichten-Formationen,
6) Telegrafen- und Fernsprech-Formationen werden motorisiert.

---

[63] Siehe S. 196.
[64] Die Streitkräfte der UdSSR, S. 256 f. (Hervorhebung vom Verf.).
[65] Kurze Zusammenstellung (1937), S. 74 ff.

Es sind zur Zeit vorhanden:
a) mindestens *12 Nachrichten-Regimenter*, davon 10 im europäischen Rußland, während 2 Regimenter im Bereich der fernöstlichen Armee zu suchen sind,
b) mindestens *5 selbständige Nachrichten-Bataillone*, ferner
c) mindestens *11 selbständige Funk-Bataillone*
d) bei jedem Schützen-Korps 1 Nachrichten-Bataillon
e) bei jeder Schützendivision 1 Nachrichten-Bataillon
f) bei jedem Kavallerie-Korps 1 Nachrichten-Schwadron
g) bei jeder Kavallerie-Division 1 Nachrichten-Abteilung
h) bei jeder Flieger-Brigade 1 Nachrichten-Bataillon oder Kompanie
i) bei jedem Schützenregiment 1 Nachrichten-Kompanie.«

Bei Iwanow folgt hier noch eine Aufstellung von vorhandenem Fernsprech-Leitungsbau-Gerät bei einzelnen Einheiten. Details über die Ausstattung mit Funkstellen gibt er folgende an:

»Die Divisions-Nachrichten-Bataillone bei den Gebirgs-Schützen-Divisionen haben das Funkgerät auf 18 Tragtieren und 6 zweispännigen Funkkarren verlastet.
Die Nachrichten-Kompanie eines Artillerie-Regiments soll über zwei Regimentsfunkstellen und über 3 Bataillons-Funkstellen verfügen.«

d) Sowjetisches Fernmeldewesen während der verschleierten Mobilmachung

1939 soll es bereits 303 Kader-Divisionen gegeben haben. Shukow erwähnt für den Zeitraum zwischen 1939 und 1941 einen Zuwachs von 125 neuen Divisionen, ohne mitzuteilen, ob in dieser Zahl die von Herbst 1940 bis Frühjahr 1941 aufgestellten 58 Panzerdivisionen und 29 motorisierten Schützendivisionen mit enthalten sind, und gibt die Gesamtzahl der Roten Armee bei Beginn des Rußlandfeldzuges mit 5 000 000 Mann an[66], während sie noch am 1. Januar 1941 4 207 000 Mann betragen hatte[67].
Auf Divisionsebene bedeutet das gegenüber 1929 mindestens eine Soll-Vermehrung der Funkausstattung um das 20fache. Rechnet man noch die Funkausstattung auf der Truppenebene hinzu sowie die bei neuen technischen Truppen, so gelangt man leicht zu folgender Schätzung:

---

[66] Shukow, Erinnerungen und Gedanken, Bd 1, S. 257.
[67] Die Streitkräfte der UdSSR, S. 296.

Funkausstattung 1929 und Soll der Ausstattung von 1941 verhalten sich wenigstens wie 1:60. In diesem Verhältnis ist die geplante Ausstattung der einzelnen Panzer mit Funkgeräten nicht berücksichtigt.

Geräteausstattung der Funkeinheiten der Landstreitkräfte der Roten Armee am Vorabend des »Großen Vaterländischen Krieges«

Zweifellos lag der Schwerpunkt der materiellen Rüstung der UdSSR auf der Panzer-, Flugzeug- und Feuerwaffen-Produktion. Quantität und Qualität hatten hier eine internationale Spitzenposition erreicht und übertrafen am 22. Juni 1941 sehr erheblich die Gegebenheiten der Wehrmacht.

Dagegen waren technische Entwicklung und Produktionszahlen auf dem Sektor Fernmeldegerät sehr stark im Rückstand geblieben. Nach sowjetischen Angaben, die ihre Bestätigung durch den Verlauf der Operationen 1941/42 gefunden haben, war bei Kriegsbeginn die Geräte-Soll-Ausstattung bei weitem nicht erreicht. Ein nennenswerter Gerätevorrat zum Ersatz von Verlusten scheint nicht existiert zu haben. Die Gesamtplanung der Kooperation von zivilen und militärischen Fernmeldeeinrichtungen im Ernstfalle ist offensichtlich ebenfalls unzulänglich gewesen. Hierzu sollen einige sowjetische Aussagen folgen.

»Die Nachrichten- und Pioniertruppen bestanden aus zur Truppe, zur Armee und zum Militärbezirk gehörenden Truppenteilen und Einheiten. Im Hinblick auf ihre Struktur und technische Ausrüstung standen sie etwas hinter den durch den allgemeinen Entwicklungsstand des Militärwesens bedingten Anforderungen zurück. Neue Pioniertechnik und Nachrichtenmittel wurden gerade erst in der Truppe eingeführt[68].«

»Der Chef der Nachrichtentruppen der Roten Armee, Generalmajor N. I. Gapitsch, meldete uns, daß es an modernen Nachrichtenmitteln mangelte und daß die nötigen Mobilmachungsreserven und eisernen Bestände an Nachrichtengerät fehlten. Tatsächlich war das Funknetz des Generalstabes nur zu 39 Prozent mit Funkanlagen Typ RAT ausgestattet, zu 60 Prozent mit Funkanlagen Typ RAF, deren Ersatzgeräten 11-AK und anderen, zu 45 Prozent mit Ladeanlagen usw. Dem grenznahen Westlichen Militärbezirk standen nur 27 Prozent der vorgesehenen Funkgeräte zur Verfügung, dem Kiewer 30 Prozent,

---

[68] Ebd., S. 301.

dem Baltischen 52 Prozent. Ungefähr das gleiche Bild bot auch die Ausstattung mit anderen Funk- und drahtgebundenen Nachrichtenmitteln.

Vor dem Krieg war man der Auffassung, daß für die Führung der Fronten, der Militärbezirke im Landesinnern und der Truppen der Reserve des Oberkommandos im Kriegsfall vornehmlich die Mittel des Volkskommissariats für Fernmeldewesen und die besonderen Leitungen des Volkskommissariats für Innere Angelegenheiten benutzt werden könnten. Die Nachrichtenzentralen des Oberkommandos, des Generalstabes und der Fronten sollten im Kriegsfall das notwendige Material von den örtlichen Dienststellen des Volkskommissariats für Fernmeldewesen erhalten. Diese Dienststellen waren jedoch, wie sich später herausstellte, nicht auf eine Arbeit unter Kriegsbedingungen vorbereitet.

...

Diese Umstände führten zu Mängeln bei der Ausbildung der Kommandeure, der Stäbe von Verbänden und Armeen; sie beeinträchtigten die Führung der Truppen in komplizierten, schnell wechselnden Lagen. Die Kommandeure mieden den Funkverkehr und bevorzugten die Drahtverbindung. Welche Folgen das in den ersten Kriegstagen hatte, ist bekannt. Der Funkverkehr in den Kampffliegereinheiten, im Flugplatznetz, in den Panzereinheiten und Truppenteilen, wo Drahtverbindungen unmöglich sind, bereitete Schwierigkeiten. Ein Erdkabelnetz, das für die operativen und strategischen Organe unerläßlich ist, fehlte völlig[69].«

»Ein großer Teil der an der Grenze eingesetzten Truppen besaß keine Funkmittel[70].«

---

[69] Shukow, Erinnerungen und Gedanken, Bd 1, S. 238.
[70] Ebd., S. 280. Aus diesem Wortlaut geht nicht hervor, ob Shukow die unmittelbar an der Grenze eingesetzten Grenztruppen und Artillerie-M. G.-Bataillone der Befestigten Räume meint oder generell alle Truppen der Grenznahen Bezirke. In der sehr detaillierten Schilderung der Kämpfe des 16. Btl. im Raum um Drohycin und des 17. Btl. im Raum um Siemiatycze – beide zum Befestigten Raum Brest gehörend – werden keine Funkgeräte erwähnt (A. Krupennikov, Severo-zapadnee Bresta, in: Voenno-istoričeskij žurnal, 8. Jg (1966), H. 6, S. 29–35). Über ihre unzulängliche Fernsprechausrüstung heißt es (ebd., S. 29): »Zwischen den Bunkern fehlten in den meisten Fällen Telephonverbindungen, während zwischen den eingesetzten Truppenteilen und dem Stab des Befestigten Raumes die Telephonleitungen nur oberirdisch verlegt waren.« In seiner Schilderung der Kämpfe der 17. Grenzabteilung – Raum um Brest – erwähnt Platov ebenfalls lediglich Fernsprechverbindungen (V. V. Platov, Éto bylo na Buge, Moskau 1966).

Haben die bisher angeführten Zitate nur Prozentzahlen der Funkausstattung und allgemeine Feststellungen zum Inhalt gehabt, so findet sich in einer Veröffentlichung der Militärakademie M. W. Frunse ein Bericht, der Rückschlüsse auf die Ist-Ausstattung mit Funkgeräten des Nachrichten-Bataillons des an der Baltischen Nordwest-Front eingesetzten XII. mechanisierten Korps zuläßt. Er behandelt einen am 23. Juni 1941 angesetzten Gegenangriff des Korps im Raum um Schauljai:

»Der Kommandeur des Korps hatte angeordnet, bei Angriffsbeginn die Verbindung zu den Divisionen durch Funk aufrechtzuerhalten. Zu diesem Zweck war der auf der Korpsbeobachtungsstelle arbeitenden operativen Gruppe des Korpskommandeurs 1 Zug Panzer zugeteilt worden, die Funkgeräte besaßen. Außerdem verfügte die operative Gruppe über 2 Feldfunkstationen. Diese Nachrichtenmittel konnten jedoch die Truppenführung nicht voll gewährleisten. Außerdem wurden die Funkunterlagen im Korpsstab zurückgelassen. Die Funker waren für den Betrieb in der Bewegung und bei feindlichen Funkstörungen nur sehr schlecht ausgebildet[71].«

Aus dem Wortlaut geht nicht eindeutig hervor, daß der genannte Zug von Funkpanzern – etatsmäßig fünf Wagen – aus dem an sich schon spärlichen Bestand an Funkpanzern der Panzerdivisionen abkommandiert worden ist, doch läßt der Ausdruck »zugeteilt« darauf schließen. Es blieben dann als »Ist« des Korps-Nachrichtenbataillons die zwei erwähnten Feldfunkstationen. Nimmt man an, daß entsprechend den Vorschriften für Schützenkorps[72] auch bei mechanisierten Korps lediglich eine Funkzentrale gebildet wurde und daß zu Korpstruppen – zu ihnen zählte u. a. meistens ein Kradschützenregiment und Pioniere – noch etwa zwei Funkstellen abgestellt worden waren, so ergibt sich eine Gesamtzahl von 4 Funkstellen, was etwa 40 % des Soll-Bestandes entsprochen haben mag[73].

Weitere Aussagen sollen folgen:

»Ich erinnere mich, wie er [der Chef Nachrichten des Kiewer Bezirks General Dobykin] dem Oberbefehlshaber des Bezirks

---

[71] Die Entwicklung der Taktik der Sowjetarmee im Großen Vaterländischen Krieg, Berlin (Ost) 1961, S. 28 ff.
[72] Ebd., S. 119.
[73] Nach Praun, Soldat, Gliederung und Karten, S. 3, bestand im Juni 1940 die Funkkompanie b) einer deutschen Korps-Nachr.Abt. de facto aus 10 mittleren Funktrupps b).

stolz meldete, daß man von dem neuen Gefechtsstand [Tarnopol] aus direkt mit den Stäben der Armeen und mit dem Oberkommando über Telefon, Telegraf oder Funk Verbindung aufnehmen könne. Die Nachrichtenverbindung bestand aus vielen Kanälen, war deshalb zuverlässig, jedoch nur in Friedenszeiten. Hauptsächlich beruhte sie auf den ständigen Drahtverbindungen des Volkskommissariats für Verteidigung [hier Gegensatz zur Angabe Shukows: Postnetz]. Dies war aber dem Gegner bekannt, und er hatte schon in den ersten Kriegsstunden seine Fliegerkräfte und Diversionstrupps auf sie angesetzt. Um die Schäden immer rechtzeitig zu beseitigen, fehlten uns die Kräfte. Die meisten Verbände der Armeen und Fronten sollten ihre Nachrichtentruppen erst mit der Mobilmachung in den Westgebieten der Ukraine erhalten[74].«

Auch die Fahrzeugausstattung der Nachrichtenverbände scheint teilweise unzulänglich gewesen zu sein:

»Noch schlechter war die Lage beim 25. Kradschützenregiment, beim Nachrichtenbataillon des Korps [XV. mechanisiertes Korps] und beim Pionierbataillon: Sie konnten überhaupt nicht ausrücken, denn sie besaßen keine Transportmittel[75].«

Nicht zweckentsprechend müssen auch die sowjetischen Vorbereitungen auf dem Gebiete der Logistik gewesen sein[76]. Das wirkte sich im Ernstfalle auch auf die Versorgung mit Nachrichtengerät aus. Der Kommandeur des II. Schützenkorps der 13. Armee mußte bereits am 28. Juni 1941, d. h. zwei Tage nachdem sein Korps in ernsthafte Kämpfe mit der Panzergruppe 3 eingetreten war, dem Stab der Westfront über die Versorgung melden:

»Keine Kampfmittel, kein Treibstoff, keine Verpflegung, keine Transportmittel für Nachschub und Evakuierung, keine Nachrichtenmittel, keine Hospitale, keine Information, wohin die Verwundeten evakuiert werden sollen[77].«

Zusammenfassend wird in der »Geschichte des Großen Vaterländischen Krieges der Sowjetunion« die sowjetische Funkmeldesituation am Vorabend der Operationen wie folgt geschildert:

---

[74] Bagramjan, So begann der Krieg, S. 93.
[75] Ebd., S. 114.
[76] I. Bojko, Tyl zapadnogo fronta v pervye dni Otečestvennoj vojny, in: Voenno-istoričeskij žurnal, 8. Jg (1966), H. 8, S. 15–26, hier S. 15.
[77] Ebd.

»Während der Kämpfe 1939 und 1940 hatten sich in der Ausrüstung der sowjetischen Streitkräfte mit Nachrichtenmitteln empfindliche Lücken gezeigt. Die Leistungsfähigkeit der sowjetischen Fernmeldeindustrie reichte nicht einmal dazu aus, den dringendsten Bedarf der Streitkräfte zu decken. Man verwendete deshalb viele veraltete und ausgediente, für den Einsatz in beweglichen Gefechtshandlungen kaum noch geeignete Geräte. Viele Kommandeure hielten die Funkverbindungen für zu kompliziert und unzuverlässig, konnten auch nicht gut damit umgehen. Sie zogen es vor, die Verbindungen über Drahtnachrichtenmittel aufrechtzuerhalten. Die sowjetischen Konstrukteure entwickelten deshalb neue technische Nachrichtenmittel, darunter auch Funkstationen für Armeen, Korps, Divisionen und Regimenter. Aber ihre Anzahl reichte zu Beginn des Großen Vaterländischen Krieges noch lange nicht aus.

...

Die Reserve des sowjetischen Oberkommandos verfügte über keine Nachrichtentruppenteile, die Anzahl der Nachrichtentruppenteile der Fronten und Armeen reichte in keiner Weise aus[78].«

Auch die deutsche Funkaufklärung schloß bereits am 14. Juni 1941 aus Eigentümlichkeiten der abgehörten Verkehre, daß die Ausstattung der sowjetischen Stäbe mit Funkstellen gering sei[79].

Mit Sicherheit ist die aufrüstungsbedingte Ausweitung der Nachrichtentruppe in der deutschen Wehrmacht prozentual keineswegs geringer gewesen als in der Roten Armee:

Wehrmacht-Heer:
1. April 1933   7 Nachrichtenabteilungen zu zwei Kompanien
                7 Feste Horchstellen in Zugstärke
3. Januar 1939 67 Nachrichtenabteilungen
                7 Feste Funkstellen
                8 Feste Heereshorchstellen
                7 Horchkompanien
                2 Feste Wehrmachtshorchstellen
Mai/Juni 1941 Heeres-Nachrichtentruppen:
                2 Führungsnachrichtenregimenter
                12 Heeres-Nachrichtenregimenter

---

[78] Bd 1, S. 531, 536.
[79] Kdr. d. Horchtruppen Ost, Funklagemeldung 14/6 vom 14. 6. 1941, S. 4, BA-MA, RH 21-3/v. 434.

    10 Heeres-Nachrichtenabteilungen
    48 Fernschreib-, Feldfernkabel-, Nachrichten-Betriebs-, Fernsprechbau-, Funk- und Trägerfrequenz-Kompanien
    8 Feste Horchstellen – teilweise mobil gemacht
    9 Horchkompanien
Korps-Nachrichtentruppen:
    58 Korps-Nachrichtenabteilungen zu 4, teilweise 2 Kompanien bei General- und höheren Kommandos
Divisions-Nachrichtentruppen:
    159 Nachrichtenabteilungen zu 2 Kompanien
    3 Nachrichtenabteilungen zu 3 Kompanien
    32 Divisions-Nachrichtenkompanien[80].

Wenn die deutsche Nachrichtentruppe unvergleichlich leistungsfähiger gewesen ist als die der Roten Armee, so liegt das sicherlich an folgenden Gründen:
1. weitaus leistungsfähigere Industrie auf dem Gebiete der Herstellung von Nachrichtenmitteln,
2. höherer Durchschnitts-Bildungsgrad der Bevölkerung[81],
3. Vorhandensein eines großen Stammes von in der Reichswehr speziell mit Hinblick auf spätere Aufrüstung herangezogenen Führern und Unterführern,
4. im Verhältnis zu Rußland weitaus größeres Erfahrungsmaterial aus dem Ersten Weltkrieg.

Zu letzterem:
Es ist schon berichtet worden, daß während des Ersten Weltkrieges nur eine sehr begrenzte Ausstattung der russischen

---

[80] Vgl. Wildhagen, Erich Fellgiebel, Charakterbild, S. 185 f.; Heereseinteilung 1939. Gliederung, Standorte und Kommandeure sämtlicher Einheiten und Dienststellen des Friedensheeres am 3. 1. 1939 und die Kriegsgliederung vom 1. 9. 1939, hrsg. von Generalleutnant Friedrich Stahl, Bad Nauheim 1954, passim; Burkhart Müller-Hillebrand, Das Heer 1933–1945, Bd II: Die Blitzfeldzüge 1939–1941, Frankfurt a. M. 1956, S. 157 ff. (Angaben Müller-Hillebrands über Horcheinheiten hier korrigiert, fehlende Angaben über Korps-Nachrichtenabteilungen Mai/Juni 1941 hier sinngemäß ergänzt).
[81] Shukow, Erinnerungen und Gedanken, Bd 1, S. 146: »Die unzureichende Allgemeinbildung vieler Soldaten und Kommandeure wirkte sich hemmend aus. Häufig kam es zu Havarien und technischen Störungen, weil manche sich nicht bemühten, das notwendige technische Wissen zu erwerben. Vor allem fehlten uns technische Fachkräfte.«

Armee mit Funkmitteln möglich gewesen ist. Dagegen fand gleichzeitig in Deutschland ein erstaunlicher Ausbau der Nachrichtenübermittlung per Funk statt. Ab Frühjahr 1918 war die Soll-Funkgeräteausstattung der deutschen Divisions-Funkerabteilungen nur unwesentlich geringer als im Zweiten Weltkriege[82]. 1918 sollte die Divisions-Funkerabteilung, gegliedert in zwei Züge, verfügen über: 1 fahrbare Funkstation mit einer Reichweite bis 100 km, 2 große tragbare Funkgeräte für Entfernungen von 4 bis 6 km, 5 mittlere tragbare Geräte – Reichweite 2–3 km und 6 kleinere tragbare Geräte mit einer Reichweite von 0,5 bis 1 km. Das macht zusammen 14 Funkgeräte[83]. Demnach stand bei Ende des Ersten Weltkrieges in Deutschland eine sehr viel größere Zahl von ausgebildeten Funkoffizieren und Funkern zur Verfügung als in Rußland. Zu Beginn des Zweiten Weltkrieges war die Masse dieses Personals noch in wehrfähigem Alter.

Weiterhin setzte unmittelbar nach dem Ersten Weltkriege in Deutschland eine Radio-Euphorie ein. Zahlreiche Bücher und Periodika über Radiotechnik erschienen, und das Selbstbasteln von Empfangsgeräten wurde eine beliebte Freizeitbeschäftigung. Hierdurch entwickelte sich ein Reservoir von mehr oder minder vorgebildeten Amateuren. Naturgemäß erwuchs in Rußland auch eine Radioamateur-Bewegung, doch kann sie zunächst aus soziologischen und materiellen Gründen keinen vergleichbaren Umfang gehabt haben[84]. Eine wesentliche staatliche Förderung der Radioamateure scheint erst gegen Ende des 1. Fünfjahresplanes, als die technischen Voraussetzungen hierfür geschaffen waren, eingesetzt zu haben[85].

Wahrscheinlich von besonderer Bedeutung war, daß die deutschen Nachrichtenabteilungen bereits ab 1929 mit Kurzwellengeräten (5- und 100-Watt-Sender) ausgerüstet wurden[86], Ruß-

---

[82] Hierbei ist allerdings zu beachten, daß es keine Truppennachrichten-Funktrupps gab. Ihre Aufgaben wurden von den Divisions-Funkerabteilungen mit übernommen, so daß über 50 % ihrer Funkstationen bei der Artillerie eingesetzt wurden (vgl. Vorschriften für den Stellungskrieg für alle Waffen, Teil 9 [1917], Anl. 2).

[83] Balck, Entwicklung der Taktik, S. 146.

[84] Hierfür spricht der während des Rußlandfeldzuges festgestellte Mangel an Radiogeräten: Gemeinschaftsempfänger an amtlichen Stellen mit an diese angeschlossenen Lautsprechern einfachster Konstruktion in den einzelnen Wohnungen.

[85] Siehe Anlage 15.

[86] Praun, Soldat, S. 97.

land jedoch erst etwa fünf Jahre später mit der allgemeinen Einführung derartiger Sender beginnen konnte[87]. Hier ergab sich zweifellos ein empfindliches Erfahrungsdefizit, hat doch die Kurzwelle äußerst komplizierte Eigenschaften.
Im Taschenbuch für den Fernmeldedienst heißt es darüber:

»Bei *HF-Funkverbindungen*[88] spielt die Frequenz eine wichtige Rolle: Zu verschiedenen Jahres- und Tageszeiten sind andere Frequenzen für eine gegebene Entfernung die besten, zu ein und demselben Zeitpunkt sind unterschiedliche Frequenzen für verschiedene Entfernungen am besten geeignet. Das Festlegen der Frequenzen für HF-Funkverbindungen erfordert daher Fachkenntnisse und Erfahrungen ... Zunächst ist festzulegen, ob eine bestimmte Funkverbindung mit *Boden- oder mit Raumwelle* hergestellt werden soll. Danach richtet sich die Wahl optimaler Frequenzen und der Antennen[89].«

Über den Erfahrungsmangel in bezug auf den Funkbetrieb eine deutsche und eine russische Aussage:
Der Kommandeur der Horchtruppen Ost stellt in seiner Funklagemeldung 14/6 vom 14. Juni 1941 fest:

»Der russische Funkverkehr ist zwar von oben her in seinen Grundlagen gut aufgebaut, und die Nachr.Führer der M.B.-Stäbe haben weitgehende Freiheit in der Organisation ihrer Verbindungen. Der Verkehr wird jedoch von einem Personalbestand durchgeführt, der auf verhältnismäßig niedriger geistiger Stufe steht und schon im ruhigen Verkehr bei Friedenszeiten oft erhebliche Schwierigkeiten hat, den Verkehr planmäßig abzuwickeln[90].«

In der »Geschichte des Großen Vaterländischen Krieges« heißt es:

»Die Nachrichtenmittel, über die die Truppen bei Kriegsbeginn verfügten, waren nicht geeignet, das Führungssystem unter den Bedingungen beweglicher Kampfhandlungen zuverlässig zu gewährleisten. Darüber hinaus reichten diese Mittel auch zahlenmäßig nicht aus. Wenn die Drahtverbindungen unterbrochen waren, konnten die veralteten Funkmittel die Führung der Truppen nicht sicherstellen. Erst im Mai 1942 erhielten die Oberbefehlshaber der Fronten und Armeen persönliche Funk-

---

[87] Die Streitkräfte der UdSSR, S. 257.
[88] HF = high frequency = Kurzwelle.
[89] Günter Seeck, Taschenbuch für den Fernmeldedienst, 7. Folge, Darmstadt 1973, S. 17; siehe auch ebd., Tabelle S. 20 f.
[90] S. 5 der Meldung, BA-MA, RH 21-3/v. 434.

stationen. Die Nachrichtentruppen waren genügend vorbereitet, eine ununterbrochene Verbindung auf taktischer Führungsebene aufrechtzuerhalten. Die Frage der Organisation der Verbindungen in einer Armeeoperation, und um so mehr natürlich in einer Frontoperation, waren jedoch nicht einmal theoretisch gelöst. Daher gab es in den Nachrichtentruppenteilen sehr wenig Spezialisten, die für die Gewährleistung der Verbindungen in operativen Vereinigungen erforderlichen Kenntnisse und Erfahrungen hatten[91].«

Mit Sicherheit wirkte sich der Erfahrungsmangel auch negativ auf die Verteilung von Schlüsselunterlagen und auf die Zuweisung von Frequenzen aus. Hierfür einige Belege:
Aussage Generalmajor Jegorows, Kommandierender General des IV. Schützenkorps der 3. Armee, den 22. Juni 1941 betreffend:

»Funkverbindung bestand nicht, da offene Sendungen verboten, Chiffre-Schlüssel aber nicht rechtzeitig ausgegeben war[92].«

Zitate nach Bagramjan:

»Auch mit dem Code können wir nicht richtig umgehen. Immer wieder müssen wir offene Texte übermitteln [Potapow, Oberbefehlshaber der 5. Armee].
...
Die Tabelle mit den Funksignalen, die Kodierungskarten – nichts... war ausgearbeitet worden...
...
Wir kennen ihren Code nicht [Querverkehr V. Kavalleriekorps zur 13. Armee am 10. Dezember 1941][93].«

Zitat nach Shukow:

»Man muß einen Spezialisten mit einem Flugzeug entsenden, um die technischen Differenzen zwischen der Funkübermittlung und der Chiffrierung zu klären[94].«

Das Ergebnis war dann entweder Verzicht auf Funkverkehr oder Klartextverkehr selbst noch auf Armee-Ebene[95] oder die

---

[91] Geschichte des Großen Vaterländischen Krieges der Sowjetunion, 6 Bde, Berlin (Ost) 1962–1968, Bd 6, S. 257.
[92] AOK 4/Ic, Auszüge aus den Angaben bei AOK 4 vernommener russischer Offiziere, 6. 7. 1941, BA-MA, RH 20-4/672.
[93] Bagramjan, So begann der Krieg, S. 250, 501, 525.
[94] Shukow, Erinnerungen und Gedanken, Bd 1, S. 290, betr. Anweisung an Potatov vom 24. 6. 1941.
[95] Siehe Anm. 159.

Benutzung von primitiven Truppenschlüsseln als Notschlüssel, die von den deutschen Horchkompanien umgehend gelöst wurden[96].

e) Sowjetische Nachrichtenaufklärung

Die sowjetische Nachrichtenaufklärung basierte naturgemäß auf den Erfahrungen des Ersten Weltkrieges. Damals bereits ist von den Russen organisiert Horchfunk getrieben worden, ab 1916 auch mit neu entwickelten Radio-Kompaß-Stationen Peildienst[97]. Die Durchführung von Funktäuschungen läßt sich nachweisen[98]. Die Wichtigkeit, welche man russischerseits diesen Mitteln zumaß, wird durch die damalige Einrichtung einer speziellen Radioabhorchschule in Nikolajew belegt[99].
Über die Organisation der sowjetischen Nachrichtenaufklärung teilt Iwanow für das Jahr 1929 folgendes mit:

»Es gibt zwei Radioregimenter und 10 selbständige Radiobataillone. Erstere gliedern sich in 2, aus 3 Radiokompanien und 1 Peilkompanie bestehende, Bataillone und 1 Peilkompanie[100]. Ein selbständiges Radiobataillon besteht entweder aus 3 Radiokompanien oder aus 2 Radiokompanien und 1 Peilkompanie[101].«

Unter Peilkompanien muß man hier wohl Nachrichtenaufklärungs-Einheiten verstehen, da ein Peilen ohne Abhorchen feindlicher Sender nicht möglich ist.
Für 1937 gibt Iwanow an:

»... gibt es voraussichtlich auch Horchkompanien. Über ihre Verwendung ist aus den einschlägigen Dienstvorschriften folgendes zu entnehmen.
Zur Überwachung des feindlichen Funkverkehrs werden besondere Horcheinheiten eingesetzt. Die Betriebsfunkstellen sollen im allgemeinen nicht für den Horchdienst herangezogen werden.

---

[96] Vgl. H.Kompanie (mot.) 611, Sonder-Feindmeldung vom 23. 6. 1941, BA-MA, RH 20-4/681, und Feindlagemeldung Nr. 7 vom 28. 6. 1941, BA-MA, RH 20-4/682.
[97] Ronge, Kriegs- und Industrie-Spionage, S. 215.
[98] Ebd.
[99] Ebd.
[100] Hier vermutlich Satzfehler im Original.
[101] Iwanow, Kurze Zusammenstellung (1929), S. 79.

1) *Stab des Feldheeres:* Festes Horch-Stellen-Netz und ein Sonder-Horch-Zug zur Erkundung auf größere Entfernungen. Der Chef des geheimen Meldedienstes trägt dem Chef der Organisationsabteilung im Stabe des Feldheeres die Horchergebnisse vor.
2) *Frontstab:* 1 Horchzug. Bearbeitung der Horch-Ergebnisse beim Nachrichtenkommandeur, Stellungnahme dazu seitens des Chefs des Funkwesens der Front und Vortrag beim Chef der Operationsabteilung beim Frontstab.
3) *Armee-Stab:* 1 Horchzug. Der Chef des Armee-Funkwesens trägt unmittelbar dem Ia vor und gibt Abschriften seiner Meldung an den Nachrichten-Kommandeur und die Chefs des Funkwesens der Front bzw. der Nachbar-Armee.
4) *Korpsstab:* 1 Horchzug, wahrscheinlich in schwächerer Zusammensetzung als die vorgenannten Horchzüge. Der Horchzug meldet dem Nachrichten-Kommandeur beim Korpsstabe.

Die Horchzüge befassen sich mit der Vor-Auswertung und mit der Entzifferung.

Die Lauschzüge der Nachrichtenregimenter werden bei den Korps und Divisionen eingesetzt. Sie sollen möglichst bodenständig sein. Die Meldungen gehen über die Korps- und Divisionsstäbe in ihren wichtigen Teilen an die Armee- und Frontstäbe.

Soweit möglich, sollen auch die Schützen-Regimenter Lauschstellen erhalten (Erdteilstellen und Lausch-Mikrophon)[102].«

Mitteilungen über sowjetische Nachrichtenaufklärung im Zeitraum zwischen Anfang 1941 und Herbst 1942 sind außerordentlich spärlich. Einige Stellen in der sowjetischen Literatur deuten darauf hin, daß auf Armee- und Front-Ebene entsprechend den oben zitierten Angaben von Iwanow gearbeitet wurde.

So berichtet Sandalow, Chef des Stabes der am linken Flügel des Besonderen Westlichen Militärbezirks eingesetzten 4. Armee, über die Zeit vor Beginn des Rußlandfeldzuges:

»Viel erfuhren wir ... durch durchgegebene Funksprüche deutscher Spione ... (und) ... von in Hajnowka arretierten feindlichen Agenten, welche die Verbindung mit ihren Leitstellen mittels Brieftauben aufrechterhielten[103].«

Bagramjan teilt in bezug auf den Gegenangriff des XXVI. Schützenkorps westlich von Kiew Mitte Juli 1941 mit:

---

[102] Iwanow, Kurze Zusammenstellung (1937), S. 75 f.
[103] L. M. Sandalov, Perežitoe, Moskau 1969, S. 73.

»Davon erfuhren wir nicht nur aus den Kampfhandlungen, sondern auch aus abgehörten Funksprüchen des Gegners[104].«

Weiterhin kann wohl auch folgende Stelle bei Bagramjan auf u. a. sowjetische Nachrichtenaufklärung bezogen werden:

»Lopatin [Herbst 1941 Oberbefehlshaber der 37. Armee der Südwestfront] sagte, daß es trotz des Zeitmangels gelungen sei, mit *allen* Formen der Aufklärung ziemlich ausführliche Informationen über den Gegner zu erhalten[105].«

Über das Vorhandensein sowjetischer Nachrichtenaufklärungseinheiten bei Armee- bzw. Korpsstäben kann der Verfasser aus eigener Erfahrung folgendes berichten:

Während des Gegenangriffs auf Charkow im Februar/März 1943 war er beim Stab des SS-Panzerkorps Hausser auf dem Korpsgefechtsstand Krasnyj in den ersten Tagen des März Zeuge der Vernehmung eines älteren Nachrichtenaufklärungs-Offiziers, der im Kessel 30 km ostwärts von Krasnograd (60 km südsüdwestlich von Charkow) in Gefangenschaft geraten war. In diesem Kessel befand sich der Stab des sowjetischen XV. Panzerkorps sowie der Oberbefehlshaber der sowjetischen 3. Panzerarmee[106].

Wesentliche Erkenntnisse über die sowjetische Nachrichtenaufklärung wurden deutscherseits mindestens bis Ende 1941 nicht gewonnen. So heißt es in der vom OKH herausgegebenen Zusammenfassung »Die Kriegswehrmacht der Union der Sozialistischen Sowjetrepubliken« (UdSSR), Stand Dezember 1941 im Abschnitt »Nachrichtenwesen« Ziff. 3d[107]:

»Horchdienst: keine Anhaltspunkte für Entschlüsselung deutscher Chi-Sprüche.«

Für den Zeitraum zwischen Herbst 1942 und Kriegsende liegen neuerdings einige detailliertere Angaben sowjetrussischer Autoren über den niederen Bereich der sowjetischen Nachrichten-

---

[104] Bagramjan, So begann der Krieg, S. 241 f.
[105] Ebd., S. 465, Hervorhebung durch Verf.
[106] KTB SS-Panzerkorps, Eintragung vom 4. 3. 1943, 00.10 Uhr, abgedruckt in: Befehl des Gewissens. Charkow, Winter 1943, hrsg. vom Bundesverband der Soldaten der Ehemaligen Waffen-SS e. V., Osnabrück 1976.
[107] BA-MA, RHD 7/11/4.

aufklärung vor, die David R. Beachley ausgewertet hat[108]. Er gibt die russischen Angaben hierüber folgendermaßen wieder:

»Im Juli 1944 wurde in der 61. Armee der 1. weißrussischen Front eine Gruppe für einsatzbezogene Funkaufklärung gebildet und dem 106. Nachrichtenregiment unterstellt. Dieses Element von der Stärke eines Zuges wurde als ›Gruppe zur Gefechtsaufklärung mit Fernmeldemitteln‹ oder – in der sowjetischen Abkürzung – mit GBRSS bezeichnet.
... Die GBRSS-Gruppe widmete der Überwachung der deutschen Artillerie-Fernmeldeverbindungen ›besondere Aufmerksamkeit‹, um festzustellen, welche sowjetischen Kräfte als Ziele der deutschen Artillerie vorgesehen waren.
Durch rechtzeitigen Erhalt dieser Informationen war es den sowjetischen Truppen möglich, sich aus den Zielgebieten zurückzuziehen und unnötige Verluste zu vermeiden. Außerdem gewann die GBRSS-Gruppe durch ihre Einsätze Erkenntnisse über die Kräfteordnung des Feindes. Die Art der Geräte in den Funkstellen, die Namen der Truppenführer und die Standorte der feindlichen Teileinheiten in der Verteidigung wurden ›ohne große Schwierigkeiten‹ ermittelt.
Während der Weichsel-Oder-Offensive fing die GBRSS-Gruppe Sprüche von Regimentern, Bataillonen und Kompanien ab und deckte mindestens fünf geplante Gegenangriffe durch Kräfte in Kompanie- und Bataillonsstärke auf. Außerdem fing die GBRSS-Gruppe Sprüche von Truppenteilen der 10. SS-Panzerdivision ab, in denen diese ihre Standorte und geplanten Ausgangsstellungen (cutoff points) einschließlich des Zeitplans für das Beziehen dieser Stellungen mitteilten. Die sowjetischen militärischen Quellen kommentieren die Auswirkung der GBRSS-Tätigkeit in der 61. Armee wie folgt: ›... mit Hilfe der GBRSS-Gruppe, die zum Zwecke der Gefechtsaufklärung in der 61. Armee eingesetzt war, konnten mit üblichen Funkgeräten und ohne besondere Funkpeilsysteme wichtige und zuverlässige Erkenntnisse über den Feind gewonnen werden‹[109].«

Der Text macht deutlich, daß die behandelte GBRSS-Gruppe etwa – auch in der Geräteausstattung – den deutschen NAZ des Jahres 1941/42 entsprach und im Laufe der Zeit auch den Lei-

---

[108] David R. Beachley, Soviet Radio-Electronic Combat in World War II, in: Military Review, Bd 61 (1981), Nr. 3, S. 66–72. Der Aufsatz stützt sich auf Beiträge von Čikin, Grankin, Palij und Zmievskij in der Zeitschrift Voenno-istoričeskij žurnal und Voennyi Vestrik. Beachley hat die bibliographischen Angaben zu diesen Aufsätzen ins Englische übersetzt. Um Mißverständnisse zu vermeiden, sind die russischen Originaltitel im vorliegenden Band ins Literaturverzeichnis aufgenommen. Der Verfasser dankt dem Bundessprachenamt für eine Rohübersetzung des Aufsatzes von Beachley.
[109] Beachley, S. 71.

stungsstand, den die NAZ im Herbst 1941 gewonnen hatten, erreichte.

Während der Einschließung Stalingrads wurde das 394. Regionale Funkbataillon zur Durchführung von Aufklärungs- und Störmaßnahmen eingesetzt[110].

Weiterhin stellten die Sowjets im Spätherbst 1942 und 1943 fünf Spezialeinheiten auf, deren Arbeitsschwerpunkt beim Störfunk liegen sollte. Es handelte sich um das 129., 130., 131., 132. und 226. Spezialfunkbataillon. Nach sowjetischen Angaben soll es sich um die ersten Störfunkeinheiten gehandelt haben. Ausgerüstet waren diese Bataillone angeblich jeweils mit 8–10 Störsendern, 18–20 Horchempfängern und 4 Peilgeräten[111].

Über die Aufgabe der Bataillone schreibt Beachley:

»Die wichtigsten Ziele dieser Spezialverbände waren die ›operativ-taktischen Verbindungen‹ der Fernmeldesysteme auf Armee-, Korps- und Divisionsebene. Durch die Aufklärungsmaßnahmen sollten die Haupt- und Ausweichfrequenzen von Funkstellen, die Standorte dieser Funkstellen sowie Gerät und Tätigkeit der feindlichen Streitkräfte aufgedeckt werden. Bei Störmaßnahmen gegen die wichtigsten Funknetze wurden zwei Störsender verwendet, um sowohl die Haupt- als auch die Ausweichfrequenzen zu erfassen. Dies hatte eine ›ununterbrochene Störung‹ des betreffenden Fernmeldesystems des Feindes zur Folge[112].«

Besondere Bedeutung soll dabei auch der Unterbindung des Funkverkehrs zwischen eingeschlossenen deutschen Truppenteilen und Führungsstellen außerhalb des Kessels zugemessen worden sein[113].

Den quellenbelegten Angaben von Beachley ist zu entnehmen[114], daß die Spezialfunkbataillone während des Stellungskrieges im wesentlichen Horchaufklärung mit dem Schwerpunkt Verkehrsauswertung durchführten, daß jedoch im Bewegungskrieg erstes Ziel die Lähmung oder gar Ausschaltung der deutschen Nachrichtenverbindungen von Armee-, Korps- und Divisionsstäben war.

Letzteres bedeutete jedoch – da sich Störfunk und Horchdienst gegenseitig weitgehend ausschließen – einen temporären Ver-

---

[110] Ebd., S. 67.
[111] Ebd., S. 68.
[112] Ebd.
[113] Ebd., S. 69.
[114] Ebd., S. 68.

zicht auf Horchergebnisse. Als plausible Gründe für diesen Verzicht können vermutet werden:

1. Wegen der relativ schwer und nur mit großem Zeitaufwand zu lösenden deutschen Schlüsselverfahren auch im Truppenbereich[115], war bei schnell wechselnden Lagen eine rechtzeitige Spruch-Inhaltsermittlung und -auswertung für die Russen nur in Ausnahmefällen[116] möglich; mit anderen Worten: Die Effektivität des sowjetischen Horchdienstes auf Divisions- bis Armee-Ebene erwies sich vermutlich während des Bewegungskrieges als so gering, daß sich als nützlichere Alternative der Störfunk anbot.

2. Die Idee einer tiefen Panzeroperation beruhte ursprünglich auf der Erkenntnis, daß die durch sie zu erzielende Zerstörung der feindlichen Führungsstruktur weitaus wirksamer sei als die Abnutzung der feindlichen Kampfkraft in ordinären Materialschlachten[117]. Nutzte man diese Erkenntnis auch für den Einsatz der Nachrichtentruppe, so kam man zwangsläufig zum Störfunk als aktivem Radio-Kampfmittel[118].

Die Spezialfunkbataillone sollten jeweils einer »Front« (Heeresgruppe) zugeteilt werden[119]. Aus den angegebenen Einsätzen[120] ist zu entnehmen, daß das 226. der 1. Weißrussischen[121] und das 132. der 1. Ukrainischen Front[122] attachiert war.

---

[115] Siehe S. 144 und Anlage 12.
[116] Beispiel hierfür siehe S. 94.
[117] Zum ersten Mal ausführlich formuliert von J.F.C. Fuller in seinem am 24. Mai 1918 ausgearbeiteten »Plan 1919« (für den Einsatz der Panzertruppen). J.F.C. Fuller, Erinnerungen eines freimütigen Soldaten, Berlin 1937, S. 282–298.
[118] Deutscherseits maß man der Nachrichtengewinnung durch Horchmittel – wie sich im Laufe des Krieges herausstellte zu Recht – eine so hohe Bedeutung zu, daß man die Lähmung der feindlichen Nachrichtenverbindungen überwiegend mit anderen Mitteln zu erreichen suchte. Hierfür ein Beispiel: Gen.Kdo. VIII. Fliegerkorps/Ia Nr. 1880/41 g.Kdos., 18. 6. 1941, »Befehl für den ersten Einsatz im Fall ›Barbarossa‹«, VI.) Kampfführung, Ziff. 2b, »Unterbrechung der feindl. Nachrichtenverbindungen«, und 2c, »Vernichtung feindl. Stabsquartiere u. Kasernenanlagen«. In diesem Befehl wird detailliert angegeben, an welchen Stellen die permanenten sowjetischen Hochbau-Drahtverbindungen (andere gab es zu dieser Zeit nicht) und Stabsquartiere zu zerstören sind (tatsächlich wurde der Befehl mit nachhaltigem Erfolg durchgeführt), BA-MA, RH 20-9/34.
[119] Beachley, S. 68.
[120] Ebd., S. 68–70.
[121] Vor dem 20. 10. 1943 »Zentralfront«.
[122] Vor dem 20. 10. 1943 »Woronesher Front«.

Die angegebenen Störergebnisse[123] sind phänomenal, doch mit Sicherheit weit übertrieben. Ein Beispiel mag letzteres belegen: Wiederholt wird hingewiesen auf die Bedeutung des Störeinsatzes für die Vernichtung der »eingeschlossenen deutschen Truppen in... Breslau«[124]. In Wirklichkeit aber wurde die Verbindung des belagerten Breslau mit der »Außenwelt« aufrechterhalten durch Funk auf Dezimeterwelle, dessen Störung mangels entsprechender russischer Geräte nicht möglich war und auch bei deren Vorhandensein wegen der besonderen Eigenschaften der Dezimeterwellen Schwierigkeiten bereitet hätte. Der Fernmeldeverkehr innerhalb des »Festen Platzes« – im wesentlichen mittels Drahtverbindungen durchgeführt – blieb sowieso Funkstörungen entzogen[125].

Was die sowjetische Nachrichtenaufklärung auf Gefechts- und taktischer Ebene anbelangt, so konnte der Autor nicht ermitteln, ob die sogenannten »Aufklärer« – eine kleine, auch mit Funkgeräten ausgerüstete Sondereinheit bei den sowjetischen Divisionsstäben[126] – auch Funk- und Lauschaufklärung getrieben haben. Eine ihrer Aufgaben war es, hinter die deutschen Linien zu sickern und von dort aus Beobachtungen durch Funk zu melden. Mit an Sicherheit grenzender Wahrscheinlichkeit haben sie dabei auch deutsche Leitungen angezapft, um Ferngespräche abzuhören. Hierauf weist folgender Bericht aus der Divisionsgeschichte der 292. Infanteriedivision von den Herbstkämpfen 1941 vor Moskau hin:

»Ein andermal wurde ein russischer Offizier erwischt, der sich hinter unserer Stellung mit einem ziemlich primitiven Apparat in unsere Telephonleitungen einschaltete, um unsere Gespräche

---

[123] Z.B. sowjetische Offensive bei Kursk: »Unter diesen Störbedingungen konnten die Deutschen weniger als 30 % ihrer ›einsatzbezogenen Funksprüche‹ übermitteln«, Beachley, S. 68. Beispiel 2: sowjetische Sommeroffensive an der Mittelfront 1944: »Durch das Stören von 70 Funknetzen konnte das Funkbataillon (131. Btl.) die Übermittlung von mehr als 3700 Funksprüchen unterbinden bzw. bis zu 90 % des gesamten Funkverkehrs lahmlegen«, ebd., S. 69.

[124] Ebd., S. 69.

[125] Hans v. Ahlfen und Hermann Niehoff, So kämpfte Breslau, Stuttgart 1976, S. 87 ff.

[126] Siehe S. 222 f. sowie Der Durchbruch der Schützenverbände durch eine vorbereitete Verteidigung, hrsg. von der Militärakademie M. W. Frunse, Berlin (Ost) 1959, S. 295, und Emanuel Kasakewitsch, Frühling an der Oder, Berlin (Ost) [4]1953, S. 123 f.

abzuhören ... Häufig fanden die Störungssucher angezapfte Fernsprechleitungen[127].«

2. Sowjetische Fernmeldewesen während des Feldzuges 1941

a) Verbindungsschwierigkeiten und -zusammenbrüche in den Grenzschlachten

Unmittelbar nach Beginn der Operationen am 22. Juni 1941 stellten sich an der gesamten angegriffenen russischen Front erhebliche Schwierigkeiten bei der Nachrichtenübermittlung zwischen den Stäben der Militärbezirke (seit dem 22. Juni »Frontstäbe« genannt) und den ihnen unterstellten grenznah eingesetzten Armeen ein. Sie führten an der sowjetischen Westfront (Weißrußland) zu einem völligen Zusammenbruch der Verbindungen zwischen Frontstab und 3. und 10. Armee und zwischen 3., 10. und 4. Armee untereinander. Im folgenden soll als charakteristisches Beispiel die Fernmeldelage an der Westfront analysiert werden.

Hauptgrund für den Zusammenbruch war zunächst die technisch rückständige und unzweckmäßig angelegte Führungs-Drahtverbindung. Sie war nicht als Erdkabel verlegt, sondern verlief im Hochbau – deutlich sichtbar – überwiegend entlang den Eisenbahnen (Nutzung von Telegraphenleitungen).

Diese Tatsache bot der Wehrmacht die Möglichkeit zur Desorganisierung der sowjetischen Führungsstruktur. In den Befehlen für den »ersten Einsatz im Falle Barbarossa« wurde der Luftwaffe ausdrücklich und mit festen Zielaufgaben die Vernichtung dieser Leitungen aufgetragen[128]. Darüber hinaus scheinen auch Sabotagetrupps damit betraut gewesen zu sein[129].

---

[127] Nitz, 292. Infanterie-Division, S. 78.
[128] Gen.Kdo. VIII. Fliegerkorps/Ia Nr. 1880/41 g.Kdos. vom 18. 6. 1941, Befehl für den ersten Einsatz im Fall »Barbarossa«, VI, Ziff. 2b, Unterbrechung der feindl. Nachrichtenverbindungen, BA-MA, RH 20-9/34.
[129] L. M. Sandalow, Oboronitelnaja operacija 4-j armii v. načalnyj period vojny, in: Voenno-istoričeskij žurnal, 13. Jg (1971), H. 7, S. 22: »Etwa um 2.00 Uhr [russ. Zeit] wurden die Fernmeldeleitungen des Armeestabes mit sowohl dem Militärbezirk als auch den Truppenverbänden unterbrochen. Es wurde festgestellt, daß die Leitungen an mehreren Stellen zerschnitten waren.«

Infolge dieser Aktionen brachen die Drahtverbindungen vom Frontstab zu den grenznah eingesetzten Armeen und zwischen diesen Armee untereinander noch in der ersten Hälfte des 22. Juni 1941 völlig zusammen[130] und konnten in bezug auf 3. und 10. Armee, wenn man bei der letztgenannten von einer kurzen Zeitspanne am Abende des 22. Juni absieht[131], auch nicht mehr hergestellt werden[132]. Lediglich der 4. Armee (Raum Brest-Litowsk), die später nicht mit in den Kessel von Bialystok/Minsk geriet, gelang es, täglich wenigstens zeitweise in Fernschreibverbindung mit ihrer vorgesetzten Dienststelle zu treten[133].

Zeitweilig bediente sie sich dabei eines vom Frontstab am 23. Juni 1941 in Lesna (24 km südwestlich von Baranowitschi) eingerichteten Meldekopfes[134].

Theoretisch hätte nun das Führungsfunknetz die Verbindungen zwischen Frontstab und Armeen und zwischen den Armeen untereinander aufrechterhalten müssen. Aber auch dieses versagte völlig[135].

Welche Gründe können dafür vorgelegen haben?

1. Wie aus deutschen Horchmeldungen zu schließen ist[136], waren (belegt für 4. und 10. Armee) die Funkstellen des Führungsnetzes Anfang Juni mit Kurz- bzw. Kurz- und Grenzwellen-Sendern[137] ausgerüstet worden. Eine ausreichende Erfahrung im Umgang mit diesem Wellenbereich kann demnach bei den Funkern noch nicht vorgelegen haben.
2. Die hier behandelten Ereignisse spielten sich im letzten Drittel des Juni ab, d. h. in der für Kurzwellenverkehre ungünstigsten Jahreszeit[138].

---

[130] Boldin, Stranicy žizni, S. 84, 91; Sandalov, Perežitoe, S. 116, 105.
[131] Boldin, Stranicy žizni, S. 94.
[132] Ebd., S. 94, 98; Bojko, Tyl zapadnogo fronta, S. 16; Sandalov, Perežitoe, S. 138; Shukow, Erinnerungen und Gedanken, Bd 1 S. 291.
[133] Sandalov, Perežitoe, S. 114 f., 126, 131, 140.
[134] Ebd., S. 140.
[135] Boldin, Stranicy žizni, S. 91; ferner Sandalov, Perežitoe, S. 126: »Die Versuche, mit dem Frontstab per Funk Verbindung aufzunehmen, gelingen wegen der großen Entfernungen nicht.«
[136] Kdr. d. Horchtruppen Ost, Funklagemeldungen 5/6 und 6/6, BA-MA, RH 21-3/v. 434.
[137] Kurzwelle 3000–30 000 kHz, Grenzwelle – Übergangszone zwischen Mittel- und Kurzwelle = 1500–5000 kHz. Über ihre Eigenschaften siehe Kleinschroth, Funkverbindungen im Heer, S. 72.
[138] Vgl. Seeck, Taschenbuch für den Fernmeldedienst, Tabelle S. 20/21.

3. Um den 17. Juni herum hatten alle Funkstellen des Führungsnetzes der Landstreitkräfte Stellungswechsel in die Kriegs-Gefechtsstände gemacht. Es ist durchaus möglich, daß beim Neuaufbau der Funkstellen ungünstige Standorte und Antennenarten gewählt wurden.
4. Die Armeefunkstellen mußten mit dem Frontstab (Entfernung etwa 300 km) die Raumwelle – mit den Nachbararmeen (Entfernung: 10. Armee – 3. Armee 72 km nach Nordosten, 10. Armee – 4. Armee 120 km nach Südosten über den Bialowierzaer Forst hinweg) mit der Bodenwelle arbeiten[139]. Hierfür waren aber, um maximale Reichweiten zu erzielen, unterschiedliche Antennenaufbauten nötig, was den Einsatz von wenigstens je drei Empfängern erforderte.

Vermutlich war es also so, daß im Verkehr Frontstab – Armeen die jeweilige Gegenstelle in der »toten Zone« zwischen Ende der Bodenwelle und Einfall der Raumwelle lag und daß bei den Querverkehren zwischen den Armeen die Bodenwelle nicht ausreichte[140].

Von den Organen der deutschen Nachrichtenaufklärung wurden zwar im Zeitraum vom 23. bis zum 28. Juni 1941 Funkverkehre zwischen dem Stab »Westfront« und der 3. und 10. Armee gemeldet[141], doch stehen diesen Meldungen zahlreiche sehr bestimmte Mitteilungen von Boldin, Sandalov und Shukow entgegen[142]. Die Erklärung hierfür mag folgende sein: Nach Boldin[143] (er bezieht sich dabei auf Archivakten in Moskau) sollen zahlreiche Befehle der Westfront an die 10. Armee bzw. an ihn selber durchgegeben worden sein, die die Adressaten niemals erreicht haben. Offensichtlich handelt es sich dabei also

---

[139] Unter Umständen ist auch hier Raumwelle möglich, vgl. ebd., S. 18.
[140] Ähnliche Schwierigkeiten bestanden beim Verkehr der Pz.Gr. 2 mit ihrem weit südostwärts von ihr operierenden XXIV. Pz.K. Praun, damals Nachrichtenführer der Pz.Gr. 2, vermutet auch hier die Auswirkung der »toten Zone«, Praun, Soldat, S. 138.
[141] Horchkompanie 611, Sonder-Feindlagemeldung vom 23. 6. 1941, BA-MA, RH 20-4/681; Feindlagemeldung Nr. 7 vom 28. 6. 1941, BA-MA, RH 20-4/682; Kdr. d. Horchtruppen Ost, Funklagemeldung 33/6 vom 26. 6. 1941, BA-MA, RH 21-3/v. 434.
[142] Boldin, Stranicy žizni, S. 91, 94, 96, 98 f.; Shukow, Erinnerungen und Gedanken, Bd 1, S. 292 f., 299 f., 303, 305 f.; Sandalow, Perežitoe, S. 116 und 138 betr. Verbindung 10. Armee – Frontstab, S. 126 betr. Verbindung 4. Armee – Frontstab.
[143] Boldin, Stranicy žizni, S. 94 Anm.

um »blind abgesetzte« Sprüche, die, ohne daß erkennbare Verbindung mit der Gegenfunkstelle bestand, auf die Gefahr hin, daß sie überhaupt nicht aufgenommen wurden, zur Durchgabe kamen. Diese Blindabgabe von Sprüchen, welche verschlüsselt waren, mit von den deutschen Aufklärungsorganen nicht lösbaren 5Z-Coden, mag deutscherseits den Eindruck erweckt haben, daß tatsächlich Funkverbindung bestand.
Ähnliche Schwierigkeiten bei der Nachrichtenübermittlung auf der Führungsebene, wie sie hier für die sowjetische Westfront belegt wurden, bestanden auch zu Beginn des Krieges an der Südwestfront. Zahlreiche Mitteilungen in der sowjetischen Literatur stellen dies unter Beweis. So heißt es beispielsweise bei Bagramjan:

»Und nun, da der Kampf begonnen hatte [22. Juni 1941]..., war ihr Oberkommando [Frontstab Südwest] ständig ohne Verbindung zur Truppe. Die Leitungen, die den Frontgefechtsstand mit Moskau verbanden, arbeiteten leidlich. Aber es war kaum möglich, die Stäbe der Armeen zu erreichen.
. . .
Was bei der 5. und 6. Armee geschehen war, in deren Abschnitt der Gegner allem Anschein nach seinen Hauptstoß vorgetragen hatte, konnten wir vorerst nicht aufklären. Telefon- und Telegrafenleitungen waren ständig gestört. Die Bemühungen der Funker blieben ebenfalls häufig erfolglos.
. . .
Durch die häufigen Unterbrechungen der Telefon- und Telegrafenleitungen, die unsichere Arbeit der Funkstationen waren wir gezwungen, uns vor allem auf die Verbindungsoffiziere zu verlassen, die wir mit Autos, Motorrädern und Flugzeugen zu den Truppen schickten[144].«

Was den Funkverkehr innerhalb der an der sowjetischen Westfront am 22. Juni 1941 frontnah eingesetzten Armeen anbelangt, wurden von der deutschen Nachrichtenaufklärung folgende gedeutete Verkehre erfaßt:
von der 3. Armee:
IV. Schützenkorps mit 27., 56. und 85. Schützendivision (d. h. komplett)[145]

---

[144] Bagramjan, S. 94 f. und 100.
[145] Kdr. d. Horchtruppen Ost, Funklagemeldung 27/6 vom 24. 6. 1941, 29/6 vom 25. 6., 33/6 vom 26. 6., 34/6 vom 26. 6., 36/6 vom 27. 6. 1941, BA-MA, RH 21-3/v. 434; Horch-Kp. 611, Feindlagemeldung Nr. 3 vom 23. 6., Nr. 4 vom 24. 6. 1941, BA-MA, RH 20-4/681.

XXI. Schützenkorps mit 24. und 37. Schützendivision (d. h. es fehlte die 17. Schützendivision)[146]
von der 10. Armee:
13. und 86. Schützendivision (d. h. keiner der beiden Korpsstäbe, ferner fehlten 2., 8., 113. und 49. Schützendivision)[147]
VI. Kavalleriekorps mit 6. und 36. Kavalleriedivision (d. h. komplett)[148]
von der 4. Armee:
keine
von der ersten rückwärtigen Staffel:
121. und 155. Schützendivision im Verkehr miteinander (Divisionen standen nicht im Korpsverband)[149].
Hieraus läßt sich schließen, daß – im Gegensatz zu den höheren Führungsnetzen – der Funkverkehr der sowjetischen Schützenkorps mit ihren Divisionen den Umständen entsprechend zweckmäßig funktioniert hat. Das gleiche gilt für das Netz des VI. Kavalleriekorps. Wenn keine Horchergebnisse in bezug auf die sowjetische 4. Armee erzielt worden sind, so wird das höchstwahrscheinlich daran gelegen haben, daß die Funkmittel der 6. und 42. Schützendivision beim deutschen Feuerschlag auf Brest-Litowsk am 22. Juni 1941 zerstört worden sind, demnach also kein Funkverkehr stattfand[150].
Die oben genannten Armeen besaßen zusammen vier mechanisierte Korps mit insgesamt 8 Panzer- und 4 motorisierten Schützendivisionen, dazu noch eine selbständige Panzerbrigade. Keinerlei Führungsnetze dieser Großverbände sind von der deutschen Nachrichtenaufklärung erfaßt worden. U. U. mag das daran liegen, daß derartige Funkverkehre sich damals

---

[146] Kdr. d. Horchtruppen Ost, Funklagemeldung 31/6 vom 25. 6., 33/6 vom 26. 6., 36/6 vom 27. 6. 1941, MGFA, RH 21-3/v. 434; Horch-Kp. 611, Feindlagemeldung Nr. 6 vom 25. 6. 1941, BA-MA, RH 20-4/681.

[147] Kdr. d. Horchtruppen Ost, Funklagemeldung 36/6 vom 27. 6. 1941, BA-MA, RH 21-3/v. 434.

[148] Ebd., Funklagemeldungen 36/6 vom 27. 6. 1941, 33/6 vom 26. 6., 29/6 vom 25. 6. und 31/6 vom 25. 6.; Horch-Kp. 611, Feindlagemeldung Nr. 7 vom 28. 6., BA-MA, RH 20-4/682.

[149] Kdr. d. Horchtruppen Ost, Funklagemeldungen 32/6 vom 26. 6., 33/6 vom 26. 6., 36/6 vom 27. 6. 1941, BA-MA, RH 21-3/v. 434; Horch-Kp. 611, Feindlagemeldungen Nr. 4 vom 24. und Nr. 6 vom 27. 6. 1941, BA-MA, RH 20-4/681 und 682.

[150] Sandalov, Perežitoe, erwähnt an keiner Stelle Funkverkehr der der 4. Armee unterstellten Verbände.

generell auf einer höheren Frequenz abspielten, hierüber jedoch noch keine Erkenntnisse vorlagen[151]. Diese Annahme wird erhärtet durch eine Mitteilung Randewigs in bezug auf die Erfassung von Panzerverkehren im Raum Lemberg 1941:

»Der Verkehr bestand anfangs nur aus Abstimmen und spielte sich auf Wellen ab, die mit Sicherheit keinem der bis dahin bekannten und genau registrierten Funkgerät-Typen zugeordnet werden konnte[152].«

Allgemeine Feststellungen über den sowjetischen Funkverkehr in den ersten Tagen des Rußlandfeldzuges

Über besondere sowjetische Maßnahmen in bezug auf den Funkverkehr zu Beginn des Feldzuges heißt es in der Funklagemeldung 33/6 des Kommandeurs der Horchtruppen Ost vom 26. Juni 1941:

»*Funknetze:* Wie schon im Finnlandfeldzug, bei Besetzung der Baltischen Staaten und Bessarabien beobachtet, wurde auch mit Beginn der jetzigen Operationen eine vorbereitete Kriegsfunkregelung gültig. Sämtliche Heeresnetze wechselten ihre bisherigen Rufzeichen und Frequenzen[153].«

Nachdem am 22. Juni 1941 selbst auf Armee-Führungsebene im Klartext gefunkt wurde und noch am 23. die 3. Armee eine Lagemeldung an den Frontstab mit einem leicht entzifferbaren Schlüssel getarnt durchgegeben hatte[154], gelang es der sowjetischen Nachrichtenführung in den folgenden Tagen, ihren

---

[151] Laut Meldungen des NAZ 292 vom 31. 8., 1. und 2. 9. und 3. 12. 1941 wurden Panzerverkehre überwacht auf den Frequenzen 4400–4570 kHz; laut Meldungen vom 21. 11. und 3. 12. 1941 ein Schützenverband auf 3562 kHz; laut Meldungen ab 7. 12. 1941 ein Armeenetz (fälschlich damals als Schtz.-Div. gedeutet) auf 2100 kHz, BA-MA, RH 26-292/61. Vgl. hierzu auch die Liste der sowjetischen Funkgeräte: Anlage 16.
[152] Randewig, Erfahrungen bei der Beobachtung der feindlichen Funkdienste der Russen, Briten und Amerikaner: Die deutsche Funkaufklärung gegen Rußland vor der Heeresgruppe Süd vom Juni 1941 bis November 1942, S. 4, in: Praun, Untersuchung, P-038.
[153] BA-MA, RH 21-3/v. 434.
[154] Der Verfasser nahm z. B. am 22. 6. 1941 um 8.40 Uhr einen Klartextspruch auf, von dem er heute weiß, daß er von der 11. Armee, unterzeichnet vom OB Morosow, an eine Kommandobehörde im Raum Lozdzieje (litauisch: Lazdijai) gerichtet war (siehe Abb. auf dem Einband), BA-MA, RH 26-292/61. Noch am 23. 6. 1941 funkte die 3. Armee eine Lagemeldung, leicht lösbar verschlüsselt, an den Frontstab (Horch-Kp. 611, Sonder-Feindlagemeldung vom 23. 6. 1941, BA-MA, RH 20-4/681).

Funkverkehr gemäß den für den Kriegsfall vorgesehenen Regelungen zu organisieren. Die Horch-Kompanie 611 machte darüber folgende Feststellungen in ihrer Feindlagemeldung Nr. 7 vom 28. Juni 1941:

»1. In den letzten Tagen fällt bei der Beobachtung des Funkverkehrs auf:
a) Eine straffe Funkdisziplin; Verstöße gegen die russ. Funkregeln treten nur noch selten auf. Die vorgesetzte Dienststelle läßt in solchen Fällen die Funker sofort ablösen. Der Verkehr kommt meist sehr schnell zustande.
b) Die russische ›Funkregelung im Kriege‹ scheint jetzt endgültig verteilt und in Kraft getreten zu sein (neue, bisher völlig unbekannte Rufzeichen).
c) Klartext wird fast überhaupt nicht mehr getastet. Alle wichtigen Befehle und operativen Berichte werden nach einem 5er-Zahlencode verschlüsselt, der bis jetzt noch nicht mitgelesen werden kann. Nach den hier bekannten Schlüsseln werden nur betriebstechnische Sprüche verziffert. Nur wenige Funkstellen, die wohl seit Beginn der Kampfhandlungen nicht mehr zu ihrem Standort Verbindung hatten oder eingeschlossen sind, verwenden auch für taktische Angaben mitlesbare Schlüssel. Mehrfach wird auch in Sprüchen angefragt, ab wann mit dem neuen Code gearbeitet werden wird.

...

3. Der Funkverkehr ist auffallend schwächer geworden[155].«

Diese Meldung der Horch-Kompanie 611 sagt allerdings kaum etwas aus über die tatsächliche Effektivität der sowjetischen Nachrichtenverbindungen. Der Chef des Stabes der 4. Armee, Sandalov, hat sich in seinen Lebenserinnerungen wie folgt darüber geäußert:

»Die Telegrafenverbindung mit dem Frontstab versagt sehr oft... Die Versuche, per Funk Verbindung mit dem Frontstab aufzunehmen, gelingen wegen der großen Entfernung nicht. Die Nachrichtenverbindungen mit den Verbänden der Armee werden mittels Ordonnanzen aufrechterhalten...
... sagte ich, daß es mit den Nachrichtenverbindungen bei uns von der ersten Stunde des Krieges an alles kopfüber verlaufen sei. An Stelle des vorgeschriebenen Systems ›von oben nach unten‹, wie es richtig ist, wird die umgekehrte Reihenfolge angewendet: ›von unten nach oben‹. Wir suchen Verbindung mit dem Frontstab, die Verbandsstäbe mit uns, die Einheitsstäbe mit

---

[155] BA-MA, RH 20-4/682.

den Verbandsstäben, die Kommandeure der Unterabteilungen mit den Einheitsstäben. Als Resultat ergibt sich, daß die Führung der Truppen gestört ist[156].«

b) Verluste an Fernmeldepersonal und -material 1941
Versuch einer Feststellung der Verluste

Die kriegerischen Ereignisse des Jahres 1941 hatten der Roten Armee ungeheure Einbußen an Menschen und Material zugefügt. Gefangenen- und Beutezahlen in deutschen Berichten geben – selbst bei skeptischer Betrachtung – davon noch ein eindringliches Bild[157]. Aus ihnen sind jedoch die Verluste an Nachrichtenpersonal und -ausrüstung nicht ersichtlich. Genaue Mitteilungen hierüber werden erst nach Öffnung der sowjetischen Archive zu erhalten sein, und diese Öffnung ist in absehbarer Zeit nicht zu erwarten.

Gewisse Hinweise hierauf geben allerdings die Totalverluste an Verbänden der mittleren und höheren Ebene. Die Feststellung dieser Verluste stößt aber auch auf Schwierigkeiten.

Mit relativer Genauigkeit lassen sich Angaben über die Doppelschlacht von Bialystok-Minsk machen. Ab Juli 1941 setzte dann aber eine so große Anzahl von Improvisationen ein – wie etwa:

---

[156] Sandalov, Perežitoe, S. 126 und 131.
[157] Auch die in deutschen Feindlagemeldungen getroffenen Urteile über nachlassende Kampfkraft bzw. Vernichtung feindlicher Verbände geben nur bedingt gültige Hinweise auf die tatsächlichen Verluste und die sich daraus ergebenden Konsequenzen. Gebräuchlich ist in den Meldungen die Steigerungsskala: »angeschlagen«, »stark angeschlagen«, »zerschlagen«, »Reste«, »kann als vernichtet gelten« (vgl. AOK 4, Ic-Akten, BA-MA). Tatsächlich erwies sich während des Rußlandfeldzuges, daß die Lebenskraft von sowohl sowjetischen wie auch deutschen Divisionen weitaus stärker war, als nach Friedensvorstellungen erwartet. Entscheidend dafür war immer, wie weit Führungsapparat inkl. Nachrichtenverbindungen, Logistik und ein Mindestmaß von Kadern in allen Waffengattungen noch intakt waren. Sie geben die Garantie für schnelle Regeneration der Division bei Zuführung von Ersatzmannschaften.
Normalerweise sollte man unter dem Begriff »zerschlagen« das Fehlen dieser Regenerationsmöglichkeiten verstehen. Tatsächlich aber traten oftmals als »zerschlagen« gemeldete Divisionen bald wieder oder sogar kontinuierlich im Fronteinsatz in Erscheinung. Was die Nachrichtentruppe dabei anbelangt, so genügt sicherlich die Erhaltung von nur 33 % des Bestandes einer Einheit, um diese in kurzer Zeit wieder einsatzfähig zu machen. Ein gutes Beispiel hierfür ist die 10. (Nahaufklärungs)/Pz.-Armee-Nachr.-Rgt. 4, die knapp ¼ Jahr nach Verlust von 2 Zügen und Teilen des Trosses (in Stalingrad) leistungsfähiger als zuvor tätig war (vgl. S. 103 und 129).

Zusammenlegung von Restdivisionen, Umwandlung von Panzerdivisionen in Restbrigaden, anderweitige Verwendung von Korpsnachrichteneinheiten, Überführung von Resteinheiten zur Auffüllung in die Reserve, Aufstellung von neuen Verbänden mit wohl auch reduzierten Nachrichteneinheiten –, daß über vorhandene Nachrichtentruppen und ihre Personalstärke und Ausrüstung nur noch wenig ausgesagt werden kann.

Erschwerend trat folgendes hinzu: Naturgemäß fanden bzw. finden heute noch Fälle, in denen Einheiten bzw. Resten von Einheiten der Ausbruch aus einer Einschließung gelang, in der sowjetischen Literatur starke Beachtung. Offen bleibt in allen diesen Fällen allerdings, wieviel Prozent der jeweiligen Einheit die eigenen Linien erreichten und in welchem Zustande sie sich befanden. Eine Analyse der sowjetischen Literatur zeigt, daß sich in dieser Beziehung hinter gleichem Vokabular sehr Unterschiedliches verbirgt. So finden wir bei Bagramjan Mitteilungen über Einheiten, die aus dem Kessel von Kiew ausgebrochen sein sollen, die aber anschließend nicht mehr in Erscheinung treten, andererseits aber auch den Hinweis auf den Ausbruch der 3. und 13. Armee aus dem Kessel von Brjansk im Oktober 1941, deren sofortige Weiterverwendung mit den dazugehörigen Divisionen bestätigt wird.

Auf Grund dieser Tatsachen können heute kaum Angaben über die tatsächlichen Verluste der sowjetischen Nachrichtentruppe gemacht werden. Dem folgenden Versuch dazu liegt insbesondere die sowjetische Memoirenliteratur zugrunde. Weiterhin wurden u. a. die Ic-Meldungen des AOK 4 bzw. Pz. AOK 4 dazu herangezogen.

In einer russischen Publikation heißt es – etwas verschleiert –, bis Ende 1941 seien 124 Schützendivisionen aufgelöst worden, die schwere Verluste erlitten hatten[158].

Der Autor hat mit großer Vorsicht – teilweise aus den oben genannten Gründen allerdings auf Schätzungen angewiesen – folgende Zahlen ermittelt[159]:

Totalverlust von Nachrichtentruppen im Rahmen folgender Stäbe der mittleren und höheren Ebene bis Ende 1941

---

[158] Die Streitkräfte der UdSSR, S. 340.
[159] Zusammengestellt nach: Haupt, Heeresgruppe Nord; Hoth, Panzer-Operationen; Erich v. Manstein, Verlorene Siege, Frankfurt a. M. 1969; Ic-Akten des AOK 4, BA-MA, RH 10-4.

Stäbe

Fronten	1
Armeen	13½
Korps	24 – 27
Panzerdivisionen	27 – 30
Schützendivisionen	116 –131
Kavalleriedivisionen	5 – 6

Gesamtverlust ca. 186½–208½ Nachrichtentruppeneinheiten = ca. 20 000 ausgebildete Funker.

c) Probleme des Personalersatzes

Der wahrscheinliche Verlust von mehr als 30 % aller Funkkompanien des Friedensbestandes an Schützendivisions-Nachrichtenbataillonen mußte verheerende Folgen für das Nachrichtenwesen haben, nicht zuletzt auch deshalb, weil dadurch die Möglichkeit zur Bildung von hochwertigen Kadern für die Neuaufstellung von Funkeinheiten empfindlich eingeschränkt wurde.
Die Misere des sowjetischen Nachrichtenwesens gegen Ende des Jahres 1941 wird noch deutlicher, wenn wir den Versuch unternehmen, den Bestand an Funkerreservisten der Roten Armee am 22. Juni 1941 zu ermitteln. Naturgemäß kann diese Untersuchung wegen der schlechten Quellenlage ebenfalls nur zu Annäherungswerten führen.
In Anbetracht der geschilderten Minimalausstattung der sowjetischen Schützendivisionen mit Funkgerät bis in die 30er Jahre hinein wird auf Spekulationen über damals herangezogene Reservefunker verzichtet. Vorausgesetzt wird,
1. daß die Funkeinheiten als Spezialtruppe 100 % Mannschaftsbestand hatten (im Gegensatz zu dem sonst höchstens 60 % betragenden Mannschaftsbestand der Kaderdivisionen[160],

---

[160] Die Streitkräfte der UdSSR, S. 324. Hierzu Shukow, Erinnerungen und Gedanken, Bd 1 S. 236: »Am Vorabend des Krieges wurde die Sollstärke der Kadereinheiten dieser Truppen [Nachrichten- und Pioniertruppen] erhöht.« Die Annahme, daß die Funkkompanien der sowjetischen Kaderdivisionen zur Zeit der starken Vermehrung der Funkeinheiten einen höheren Personalbestand hatten als den normalen für Kaderdivisionen von 60 %, wird unterstützt durch die Analogie zur deutschen Nachrichtenaufrüstung ab 1933: »So wurde zum 1. April 1933 zunächst die Zahl der einzustellenden Offizieranwärter auf das fünf- bis achtfache erhöht und Rekruten für zwei Funkkompanien je Abteilung eingezogen.« (Wildhagen, Erich Fellgiebel, Charakterbild, S. 186).

2. daß zwar zweijährige Dienstzeit bestand[161], daß jedoch wegen der ab 1937 betriebenen ungeheuren Vermehrung der Funkeinheiten[162] die Anzahl der drei und mehr Jahre dienenden Kapitulanten relativ hoch war.

	Eingezogen	Entlassen	Personal f. Funkkp.
Herbst 1935	Jg. 1913 in 71 Funkzügen	Jg. 1911	4
Herbst 1936	Jg. 1914 in 71 Funkzügen ½ Jg. 1915[163]	Jg. 1912	6
Herbst 1937	Jg. 1916 in 71 Funkzügen ½ Jg. 1915	Jg. 1913	6
Herbst 1938	Jg. 1917 in 150 Funkkp.	Jg. 1914 ½ Jg. 1915 Kapitulanten	6 4
Herbst 1939	Jg. 1918 in 303 Funkkp.	Jg. 1916 ½ Jg. 1915 Kapitulanten	6 6
Herbst 1940	Jg. 1919 in 303 Funkkp.	Jg. 1917 Kapitulanten	50 6
Funkpersonal der Reserve für			94 Kp.
minus Personal für bis 22. 6. 1941 neuaufgest. Schtz.Div.[164]			38 Kp.
verbleibt Funkpersonal der Res. für			56 Kp.

Der mit der sowjetischen Totalmobilmachung entstehende Bedarf an Funkkompanien auf Divisions- bzw. Brigade-Ebene läßt sich aus Angaben über die Neuaufstellung von Schützen-, Kavallerie- und Panzerbrigaden bzw. -divisionen schließen:

»Ingesamt wurden bis Ende 1941 286 Schützendivisionen neu aufgestellt, davon 24 Volkswehrdivisionen. Aus Verbänden anderer Waffengattungen wurden 22 Divisionen zusammengestellt . . .
Da die Aufstellung von Schützendivisionen schwierig und sehr zeitaufwendig war, wurde im Herbst 1941 begonnen, eine

---

[161] Iwanow, Kurze Zusammenstellung (1937), S. 12, 14.
[162] Siehe S. 164 ff.
[163] Hier blieb außer Betracht der Ausstoß an Chargen aus den fünf großen Funkerschulen: von 1935 bis 1940 schätzungsweise 6000 Mann, von denen 1938 sicherlich 3000 bei der genannten Aufstellung von Funkeinheiten verwendet werden konnten, deren Gesamtumfang nach westlichen Maßstäben etwa 120 Funkkompanien entsprach.
[164] Shukow, Erinnerungen und Gedanken, Bd 1, S. 233, abzüglich 28 Pz.Div. und 29 mot. 5. Div.

große Anzahl Schützenbrigaden zu bilden. Ende Dezember gab es davon 159.

...

Im Juli/August beschloß das Hauptquartier, in größerem Umfang eine leichte Kavallerie aufzubauen. So entstanden Kavalleriedivisionen in Stärke von etwa 3000 Mann ... Ende Dezember 1941 besaß die Rote Armee 82 Kavalleriedivisionen. Im Dezember wurden sie zu Kavalleriekorps zusammengefaßt[165].

...

Insgesamt erhielt die Feldarmee vom 22. Juni bis 1. Dezember 291 Divisionen und 94 Brigaden: aus den inneren Militärbezirken 70 Divisionen, aus dem Fernen Osten, aus Transkaukasien und Mittelasien 27 Divisionen. Neuaufgestellt wurden 194 Divisionen und 94 Brigaden[166].«

Insgesamt mußten also mit einem Reservistenbestand für 56 Funkkompanien 286 Funkkompanien für Schützendivisionen und 159 Funkzüge für Schützenbrigaden, entsprechend 80 Kompanien, zusammen also 366 Kompanien aufgestellt werden.

Angesichts dieser Personallage und der Tatsache, daß »die nötigen Mobilmachungsreserven und eisernen Bestände an Nachrichtengerät fehlten«[167], wurde im Herbst 1941 beschlossen, das Schützendivisions-Nachrichtenbataillon wieder auf eine einzige Kompanie zu reduzieren. Das bedeutete zugleich eine Beschränkung auf einen Funkzug.

Noch im Frühjahr 1943 betrug die Sollstärke der Nachrichtenkompanie z. B. der sowjetischen 350. Schützendivision: 17 Offiziere und Beamte, 39 Unteroffiziere und 108 Mannschaften[168]. Ihr für die Fernsprech- *und* Funk-Verbindungen der Division zuständiger Personalbestand war damit geringer als der Mannschafts-Sollbestand einer deutschen ordinären Divisionsnachrichtenabteilungs-Funkkompanie alleine[169].

---

[165] Die Streitkräfte der UdSSR, S. 340 f. Am 22. 6. 1941 waren 13 Kav.Div. vorhanden (ebd., S. 300). Davon gingen ca. 6 bis Ende September verloren. Es müssen also bis Dezember 1941 75 reduzierte Kav.Div. neu aufgestellt worden sein. Für sie waren Reserve-(Kavallerie-)Funker kaum vorhanden, da diese vermutlich bereits für die Aufstellung von 10 Pz.Div. im Juli 1941 verwendet worden waren.

[166] Ebd., S. 344.

[167] Shukow, Erinnerungen und Gedanken, Bd 1, S. 238.

[168] Pz. AOK 4/Ic Nr. 543/43 g.Kdos., Feindnachrichtenblatt Nr. 1 vom 25. 4. 1943, Anl. 4, BA-MA, RH 21-4/302 d.

[169] Siehe S. 67.

Durch die Halbierung der sowjetischen Divisions-Nachrichtenabteilung wäre es möglich gewesen, alle neuaufgestellten Divisions-Funkzüge zu 30 % mit Reservisten zu besetzen. Dieser Prozentsatz wird sich vermutlich aber verringert haben, da noch geschultes Personal für Funker-Ersatzeinheiten benötigt wurde[170]. Ein Personalfehl von etwa 11 000 Funkern allein bei den Schützenverbänden kann demnach für den Herbst 1941 angenommen werden. Den Gesamtfehlbestand der Roten Armee zu diesem Zeitpunkt gibt der Marschall der Nachrichtentruppe I. T. Peresypkin mit 30 000 an[171].

Dieser Fehlbestand mußte kurzfristig durch Amateurfunker, Kurzausgebildete und behelfsmäßig bei der Truppe eingewiesene Mannschaften gedeckt werden. An Amateurfunkern standen die Mitglieder der der Osoaviachim[172] angegliederten paramilitärischen »Gesellschaft der Radiofreunde« bereit[173]. Auf die Angestellten des »Volkskommissariats für Fernmeldewesen« (Post-Personal) als Personalersatz-Quelle wird unten noch näher eingegangen werden. Ob bereits im Herbst 1941 bei den sowjetischen Armeen »Armee-Ersatz-Schützenregimenter« gebildet wurden, wie sie für den Winter 1942/43 nachzuweisen sind[174], ist ungewiß. Diese Regimenter dienten der Ausbildung von Ersatzreservisten und hatten in ihrem Bestand – zum mindesten teilweise – auch eine »Ausbildungs-Nachrichtenkompanie«[175].

Angesichts der verzweifelten Nachrichtenpersonallage leistete auch die Komsomol, die kommunistische Jugendorganisation,

---

[170] Nach den für 1927 belegten sowjetischen Bestimmungen war vorgesehen, im Ernstfall beim Ausrücken eines aktiven Regiments [sinngemäß auch jeder anderen selbständigen Einheit] »Kräfte [aus seinem Bestand] für die zweite Staffel bereitzustellen« (Shukow, Erinnerungen und Gedanken, Bd 1, S. 114), das heißt, daß Kader zu bilden waren für Ersatz bzw. für Aufstellung von Reserveeinheiten. Da fast 50 % aller alten Friedensgarnisonen 1941 überrollt wurden, kann über den Verbleib der in ihnen bereitgestellten Kader nichts ausgesagt werden. Vermutlich sind viele von ihnen über Marschbataillone und über besondere Sammelstellen der Fronttruppe zugeleitet worden oder in Alarmeinheiten zum Einsatz gekommen.
[171] I. T. Peresypkin, Sovetskie svjazisty Velikoj Otečestvennoj vojne, Moskau 1965, S. 59.
[172] Siehe Anlage 15.
[173] Hinweis hierauf in: Die Streitkräfte der UdSSR, S. 345.
[174] Pz. AOK 4/Ic, Auszug aus einer Gefangenenvernehmung der 217. I.D., 30. 10. 1943, BA-MA, RH 21-4/305.
[175] Ebd.

einen Beitrag zur Überwindung der Krise: Das ZK der Komsomol rief die organisierten wie auch nichtorganisierten Jugendlichen über 16 Jahre, sofern sie eine siebenjährige Schulbildung nachweisen konnten, auf, sich in Spezialkursen oder in Ausbildungsstätten des Volkskommissariats für Fernmeldewesen für den Dienst in der Nachrichtentruppe vorbilden zu lassen[176].

Alle diese Kurzausbildungen genügten natürlich nicht, im Einsatz ordnungsgemäßen Tastfunk zu gewährleisten. Nach deutschen Friedensvorstellungen benötigte man ein ganzes Jahr, um einen vollwertigen Funker auszubilden[177]. Nach Erfahrung des Autors ist nach sechswöchiger Ausbildung ein Behelfsfunkverkehr mit Tempo ca. 35 (Morsezeichen pro Minute) möglich, wenn auch nicht zweckmäßig, und mit halbjähriger Ausbildung kann ein Funker, sofern er leidlich begabt ist, voll eingesetzt werden. Vorausgesetzt ist in beiden Fällen das Vorhandensein von Kadern zur Funkleitung und Funktruppführung. Zusätzlicher Nachteil bei dem sofortigen Einsatz kurzfristig ausgebildeter Funker ist, daß an der Front bzw. im Rahmen eines eingesetzten Funktrupps kaum Möglichkeit zur Weiterbildung der Hör- und Gebefähigkeit besteht.

Anhand der Horchergebnisse und Horcherfahrungen ist im Kapitel »Einsatz des NAZ 292 während des Feldzuges« belegt worden, welche schwerwiegenden Mängel sich für den sowjetischen Funkverkehr durch den Einsatz minderwertigen Funkpersonals ergaben. Sie sind – nochmals zusammengefaßt –:

1. umfangreicher Sprechfunkverkehr,
2. Mischverkehr, wobei Teile eines Funknetzes mit Tastfunk, andere Teile, deren Funkstellen von Morse-Analphabeten betrieben wurden, mit Sprechfunk arbeiteten,
3. Tastfunk in zum Teil bemerkenswert langsamem Tempo,
4. Schwierigkeiten beim Herstellen von Funkverbindungen,
5. übernormale Schwierigkeiten bei Funkaufnahmen durch Störungseinfluß (fremde Sender insbesondere nachts, Gewitterstörungen),
6. mangelnde Funkdisziplin, durch welche das Abhören und Anpeilen durch die deutsche Nachrichtenaufklärung wesentlich erleichtert wurde.

---

[176] Peresypkin, Sovetskie svjazisty, S. 59 ff.
[177] Wildhagen, Erich Fellgiebel, Charakterbild, S. 185.

Diese Mängel konnten durch die Sowjets bis zum Kriegsende nur teilweise behoben werden. Vermutlich wurden Funkeinheiten von der Armee an aufwärts durch ein Ausleseverfahren personell begünstigt. Dagegen war auf der mittleren und unteren Ebene sowie bei Heerestruppen nur eine geringe Verbesserung zu bemerken, wenn auch die gröbsten Disziplinlosigkeiten im Funkverkehr ausgemerzt werden konnten.

Die sowjetische Fernmeldelage auf Armee- und Korpsebene im Spätsommer und Herbst 1941

Der Untersuchung über die Ausstattung sowjetischer Armee- bzw. Korps-Führungen mit Nachrichtenmitteln muß ein Hinweis auf die von deutschen Verhältnissen abweichende Verwendung und Gliederung von Armeen vorangestellt werden. Besonders auffällig ist ihr umfangreicher treffenweiser Ansatz – im Sommer 1941 an der Westfront zeitweilig drei Treffen hintereinander[178] –, wobei die »Armee« nach Möglichkeit als geschlossener Verband begriffen wurde, der als »Einheit« von einem Frontabschnitt zum anderen verlegt oder in die Reserve oder zur Auffrischung zurückgezogen werden konnte. Eine derartige Verwendung setzt einerseits eine relative Begrenzung der Armee-Größe voraus, macht andererseits aber auch eine erhebliche Anzahl von Armeen notwendig.

Aus diesen Gründen mußten allein an der Westfront 1941 nach Kriegsbeginn mindestens 14 Armeestäbe mit entsprechendem Nachrichtenmaterial und -personal neu geschaffen werden[179]. Der Bedarf an Generalstabsoffizieren und Fernmeldeeinrichtungen war jedoch auf normalem Wege nicht zu decken.

Notgedrungen entschloß man sich, die nach Kriegsbeginn neu formierten Schützen- und Panzerdivisionen nicht mehr in Korpsverbänden zu organisieren, d. h. auf die Neubildung von Korpsstäben zu verzichten, dafür aber ein Mittelding zwischen Korps und Armee zu schaffen, das aus psychologischen Grün-

---

[178] Bereits vor dem 22. 6. 1941 wurden der West- und Südwestfront Armeen als rückwärtige Staffeln zugeführt (Shukow, Erinnerungen und Gedanken, Bd 1, S. 259, 261; Bagramjan, So begann der Krieg, S. 67). Nach dem Zusammenbruch der Westfront im Juni 1941 improvisierte man weitere Staffeln von neuaufgestellten Armeen, die die vorderen in sich aufnahmen (Shukow, Erinnerungen und Gedanken, Bd 1, S. 295, 306).

[179] Der Begriff Westfront schließt ein die »Zentralfront«, die »Reservefront« und die »Brjansker Front«, für die ebenfalls Stäbe aufzustellen waren.

den »Armee« genannt wurde. Trotzdem reichten Personal und Material für die Bildung von Stäben nicht aus.

Man behalf sich zunächst mit dem Rückgriff auf die Stäbe und Nachrichtenmittel der mechanisierten Korps. Diese Korps bestanden nämlich bereits Mitte Juli praktisch nur noch aus einer angeschlagenen motorisierten Schützendivision und einigen Restpanzern[180]. Sie wurden in der zweiten Julihälfte aufgelöst, ihre mot. Schützendivisionen nach Abgabe ihrer Restpanzer unter Beibehaltung der alten Nummern in Schützendivisionen umgewandelt[181], die Restpanzer zur Aufstellung von selbständigen Panzerbrigaden und -bataillonen benutzt und die Korpsstäbe mit ihren Nachrichteneinheiten zur Bildung von Armeestäben eingesetzt[182]. An der Westfront standen hierfür 5 mech. Korpsstäbe zur Verfügung[183].

Allem Anschein nach wurde an der Westfront die relativ geringe Anzahl[184] dort noch erhaltener Stäbe von Schützenkorps

---

[180] Vgl. Alexander Nekritsch und Pjotr Grigorenko, Genickschuß. Die Rote Armee am 22. Juni 1941, Wien, Frankfurt, Zürich 1969, S. 268: »Im Verlauf der ersten zwei bis drei Kriegswochen verloren die westlichen Militärbezirke bis zu 90 % ihrer Panzer und mehr als die Hälfte der Besatzungen.«

[181] Bagramjan, So begann der Krieg, S. 335.

[182] Z. B. Stab VII. mech. Korps (Westfront) Ende Juli umgewandelt in Stab Rokossowski bzw. 16. Armee (Rokossowski, Soldatenpflicht, S. 45).; Stab VIII. mech. Korps (Südwestfront) Ende Juli in Stab 38. Armee (Bagramjan, So begann der Krieg, S. 273).

[183] V., VII., XIV. (?), XVI. und XXIII. – Nach Gefangenenaussagen ist der im Kessel von Roslawl vernichtete Stab der 28. Armee vom Stab des Militärbezirks Archangelsk aufgestellt worden; (AOK 4/Ic, Nachtrag zur Abendmeldung vom 14. 9. 1941, S. 4, BA-MA, RH 20-4/672).

[184] Aus der Kesselschlacht von Bialystok/Minsk hatten sich nachweislich 2, höchstens 3 Stäbe von Schützenkorps retten können: XXXXIV. (Rokossowski, Soldatenpflicht, S. 48) und II. der 13. Armee sowie XXVIII. der 4. Armee. Korps bestanden auch bei der kurz vor dem 22. 6. aufgestellten 16., 19., 21. und 22. Armee: XXXII. Schützenkorps bei der 16. Armee (Pz.AOK 4/Ic, Nachtrag zur Abendmeldung vom 21. 7. 1941, S. 2, BA-MA, RH 20-4/672); XXV. und XXXIV. bei der 19. Armee (ebd., 11., 15. und 21. 7. 1941, sowie Bagramjan, So begann der Krieg, S. 66); LXIII. (Shukow, Erinnerungen und Gedanken, Bd 1, S. 320) und LXVI. (Bagramjan, ebd., S. 359) bei der 21. Armee; LI. und LXXII. Schützenkorps bei der 22. Armee (Werner Haupt, Heeresgruppe Nord 1941–1945, Bad Nauheim 1967, S. 41); ferner nennt Shukow (S. 320) für Juli das LXI. Schützenkorps in Mogilew. Nachweislicher Totalverlust im Spätsommer: Mitte Juli XXV. Schtz.K. (Pz. AOK 4/Ic, Abendmeldung vom 18. 7. 1941, S. 2, BA-MA, RH 20-4/672), LXIII. und LXVI. bei der in dem Kessel von Kiew abgedrängten 21. Armee (Bagramjan, ebd., S. 359), ferner vermutlich LXI. in Mogilew und eventuell Korpsstäbe der 19. Armee nördlich von Smolensk und der 20. Armee.

etwas später als die der mechanisierten Korps, aber noch zwischen Ende Juli und Ende September, ebenfalls anderer Verwendung zugeführt.

An der Südwestfront hatten sich bis Mitte September noch einige Schützen-Korpsverbände erhalten[185]. Sie gingen ausnahmslos in der Kesselschlacht von Kiew verloren.

Über die Auflösung der Korpsverbände und die anderweitige Verwendung ihrer Stäbe und Nachrichtenmittel wird folgendes berichtet:

»Erste Verluste an Menschen und Material verlangten eine Reihe von organisatorischen Maßnahmen zur Verbesserung der Truppenführung und zur Erhöhung der Kampfkraft. Die Korps wurden vorübergehend aufgelöst und die dadurch freigewordenen Kader und Nachrichtenmittel zur Verstärkung der Armee- und Divisionsebene verwendet. Die Armee sollte von 9 bis 12 Divisionen auf 6 reduziert werden. Zum höchsten taktischen Verband wurde statt des Korps jetzt die Division[186].«

In »Die Streitkräfte der UdSSR« heißt es darüber:

»Die großen Verluste der ersten strategischen Staffel zu Beginn des Krieges, die fehlenden Möglichkeiten, sie aufzufüllen und vor allem mit technischen Kampfmittel auszurüsten, sowie der Mangel an erfahrenen Kommandeurkadern für die Führungsorgane der Armeen und für die Vielzahl der Divisionen bedingten, die Führungsebene des Korps abzuschaffen. Die Divisionen wurden unmittelbar dem Befehlshaber der Armee unterstellt. Ende 1941 gab es von zuvor 62 Führungsorganen der Schützenkorps nur noch 6, während die Anzahl der Führungsorgane der allgemeinen Armeen von 27 auf 58 anwuchs[187].«

Die Lage des sowjetischen Fernmeldewesens auf Führungsebene im Herbst 1941 und Winter 1942

Bislang ist nun lediglich von der Personalergänzung für die Divisions- und Armee-Funkkompanien die Rede gewesen. Noch größere Bedeutung kam sicherlich auch der kriegsbedingten

---

[185] 40. Armee: keine Korpsgliederung; 21. Armee: LXIII. und LXVI. Schtz.K.; 5. Armee: XV. und XXXI. Schtz.K., selbst. XXVII. Schtz.K.; 37. Armee: LXIV. Schtz.K., vermutlich schon Anfang August anderweitig verwendet; 26. Armee: VI. Schtz.K., noch Ende Juli stark angeschlagen bestehend; 38. Armee: keine Angaben (Bagramjan, So begann der Krieg, passim).
[186] Shukow, Erinnerungen und Gedanken, Bd 1, S. 318 f.
[187] Die Streitkräfte der UdSSR, S. 340.

Ausweitung des Nachrichtenwesens der Fronten (Heeresgruppen) und der höchsten Führungsebene zu.

Hier muß allerdings ein relativ großes Reservoir von mehr oder minder geschultem Personal angenommen werden, das sofort oder nach kurzfristiger Weiterbildung voll einsatzfähig war. Gemeint ist das zivile Postpersonal[188]. Da auf Nebenstrecken noch mit urtümlichen Tasten telegraphiert wurde, umfaßte es auch Leute, die des Morsealphabets mächtig waren.

Auch Deutschland ist 1939 mit einem erheblichen Mangel an höheren Führungs-Nachrichteneinheiten in den Krieg eingetreten. Auch hier mußte zunächst vielfach mit Personal der Reichspost improvisiert werden[189]. Wurde in Deutschland dieser Personenkreis aus dem laufenden Postbetrieb herausgezogen, so ergab sich in der Sowjetunion durch die riesigen Gebietsverluste der Anfangsphase des Krieges ein erheblicher Überschuß an – beschäftigungslos gewordenem – Nachrichtenpersonal insbesondere der Post, aber auch des Eisenbahnwesens, kann man doch mit Sicherheit davon ausgehen, daß es den Russen gelang, die Masse des nachrichtentechnisch geschulten Zivilpersonals dem deutschen Zugriff zu entziehen. Ein Hinweis auf die Menge derartiger Leute findet sich in der Geschichte des Großen Vaterländischen Krieges:

»Da die faschistischen Truppen viele Gebiete des europäischen Teils der UdSSR besetzten, verfügte das sowjetische Nachrichtenwesen am 1. Januar 1942 nur über 58,9 Prozent der Telegrafen- und Telefonlinien, die es am 1. Januar 1941 besessen hatte. Die Zahl der noch vorhandenen Fernschreiber war auf 40,4 Prozent, die der städtischen Fernsprechämter auf 41,3 Prozent gesunken. Die Zahl der Einrichtungen der Post war auf 37,5 Prozent zurückgegangen[190].«

Die überragende Bedeutung, die in Rußland mit seinem relativ schwach ausgebildeten Militärnachrichtenwesen den Postver-

---

[188] Als Beispiel für den Einsatz von Postpersonal in Einheiten der Roten Armee nennt Peresypkin (Sovetskie svjazisty, S. 28) die Abstellung einer Post-Baudot-Station zur 1. Stoßarmee im Dezember 1941, ferner den Einsatz von weiblichen Postbediensteten beim Nachrichtenregiment der Westfront zur gleichen Zeit (ebd., S. 29).

[189] Vgl. Karl-Albert Mügge, Die operativen Fernmeldeverbindungen des deutschen Heeres 1939, in: Erich Fellgiebel. Meister operativer Nachrichtenverbindungen, S. 37–104, hier S. 82–85.

[190] Geschichte des Großen Vaterländischen Krieges, Bd 2, S. 210.

bindungen zukam, wird unterstrichen durch eine spektakuläre Organisationsänderung:

»Am 23. Juli [1941] beschloß die Sowjetregierung, dem Volkskommissar für Fernmeldewesen der UdSSR, I. T. Peresypkin, auch die Leitung der Hauptverwaltung Nachrichten der Roten Armee zu übertragen. Dadurch konnten alle öffentlichen Nachrichtenmittel des Staates den militärischen Interessen nutzbar gemacht und die Nachrichtenmittel der Roten Armee, wenn dies notwendig war, auch für volkswirtschaftliche Aufgaben eingesetzt werden[191].«

Über die Anzahl der im Rahmen dieser Neuordnung aufgestellten Führungs-Nachrichteneinheiten heißt es:

»Um den reibungslosen Betrieb in den größten Zentren des staatlichen Nachrichtenwesens, in Moskau und Leningrad, zu gewährleisten, wurden 3 besondere Baubataillone aufgestellt. Einige Dutzend Kompanien für Telegrafenbau und -reparatur unterstanden dem Volkskommissariat für Fernmeldewesen und betreuten die Leitungen des Hauptquartiers des Oberkommandos und des Volkskommissariats für Verteidigung.
Am 1. Dezember 1941 unterstanden dem Volkskommissariat für Fernmeldewesen 6 Bau- und Reparaturbataillone, ein Nachrichtenzug der Eisenbahn, 14 Bauabteilungen, 135 militärisch-operative Zentralen und einige Dutzend Bau- und Reparaturkompanien.
Der Produktions- und der Finanzplan des Nachrichtenwesens wurden überarbeitet. Der Bau einiger Objekte, die für die Verteidigung unwichtig waren, wurde eingestellt. Zum Beispiel stoppte man den Bau von Telefonzentralen für die Städte und den Ausbau der Nachrichtenverbindungen innerhalb der Gebiete und Rayons. Dafür wurde der Bau großer Telegrafen- und Telefonzentralen und Rundfunkstationen [radiostancia = Funkstelle] beschleunigt. Im zweiten Halbjahr 1941 wurden die Bauarbeiten an einigen großen Hauptleitungen für den Telegrafen- und Telefonverkehr beendet: an der Leitung Stalingrad – Elista – Newinnomyssk, an der Umgehungsleitung Moskau – Leningrad über den Ladoga-See und an der Leitung Archangelsk – Kap Woronow. Gleichzeitig wurden eine Rundfunkstation [Großfunkstelle?] und eine zusätzliche Telegrafen- und Telefonzentrale in Moskau fertiggestellt. Das Volkskommissariat für Fernmeldewesen arbeitete auch angespannt an der Inbetriebnahme von Rundfunkstationen für Übertragungen, die die ganze Sowjetunion erfaßten, in Kuibyschew, Kasan und Ufa...

---

[191] Ebd., S. 209.

In kurzer Zeit wurde ein Leitungssystem geschaffen, das bei Beschädigung einer Hauptleitung ein schnelles Umschalten auf eine andere gestattete. Rund um Moskau wurde von den Wirtschaftsorganen des Volkskommissariats für Fernmeldewesen und von Sondereinheiten der Roten Armee ein Oberleitungsnetz für den Ringverkehr angelegt[192].«

Weibliches Fernmeldepersonal der Landstreitkräfte der Roten Armee

Der Einsatz von Frauen im Rahmen der Streitkräfte der UdSSR hat in sowjetischen populären Darstellungen – insbesondere auch in der Kriegsbelletristik – einen hervorragenden Platz eingenommen. Im Mittelpunkt stand dabei das medizinische Personal – eingesetzt z. T. bis zur Bataillonsebene –, Partisanen, Pilotinnen, schließlich auch Nachrichtenhelferinnen und Scharfschützinnen.

Relativ sparsam sind dagegen die Angaben über diese Personengruppen in den offiziellen Veröffentlichungen. Einer der Gründe hierfür mag sein, daß sich der Dienst der meisten Frauen in der Roten Armee über die Hälfte des Krieges hindurch unter kaum vorstellbaren schlechten hygienischen und organisatorischen Bedingungen abspielte. Diese Tatsache läßt sich in der Belletristik leicht verschweigen, wird jedoch in Veröffentlichungen mit wissenschaftlichem Anspruch selbst bei sehr zurückhaltender Formulierung transparent.

Bereits bei Beginn der Operationen am 22. Juni 1941 dienten Frauen in den Streitkräften der UdSSR – auf jeden Fall nachweislich im Sanitätsdienst und bei den Luftstreitkräften[193]. Auch im Stabsdienst scheinen bereits Frauen Verwendung gefunden zu haben, und zwar mindestens bis zum Majorsrang[194]. Ob und in welchem Maße Frauen damals bereits in der Nachrichtentruppe dienten, konnte der Verfasser nicht feststellen. Unter den Gefallenen und in den Gefangenenzügen der ersten Kriegs-

---

[192] Ebd.
[193] Marschall Kulik z. B. wurde am 24. 6. 1941 bei einem Besuch beim Stab der 10. Armee (Bialystok) von einer Pilotin eingeflogen (Boldin, Stranicy zizni, S. 98).
[194] Der Verf. sah am 30. 6. 1941 östlich von Zelva eine gefallene Majorin. Ihre Truppenzugehörigkeit hat er nicht festgestellt. Da sie mit einem Pkw. inmitten zusammengeschossener sowjetischer Kavallerie lag, wird sie höchstwahrscheinlich eine Stabsfunktion gehabt haben.

tage befanden sich uniformierte und teiluniformierte Frauen. Hier bleibt allerdings offen, ob es sich bei ihnen um Angehörige der Streitkräfte oder um Frauen aus zivilen Berufen, die sich nach Beginn der Kämpfe hatten militarisieren lassen[195], oder um Familienangehörige von aktiven Offizieren und Unteroffizieren handelte[196].

Die Gedankenlosigkeit und die überstürzte Improvisation bei dem Einsatz von weiblichen Hilfskräften im Rahmen der Streitkräfte der UdSSR ab Herbst und Winter 1941/42 lassen vermuten, daß der Vorkriegsanteil der Frauen in der Roten Armee nicht bedeutend gewesen sein kann. Zwar war jahrelang in der Osoaviachim auch für Frauen intensive vormilitärische Ausbildung betrieben worden[197], doch fehlte offensichtlich eine umfassende vernünftige Planung für ihren Einsatz im Ernstfall.

Die Fernmeldekrise im Spätsommer und Herbst 1941 sowie im Winter und Frühjahr 1942 zwang zur energischen Ausnutzung auch des weiblichen Potentials. Das betraf zunächst weibliche Postbedienstete sowie über Fernmeldebetrieb belehrte Mitglieder der Osoaviachim und des Komsomol[198]. Darüber hinaus wurden bald umfangreiche Rekrutierungsmaßnahmen ergriffen, weil der Bedarf nicht gedeckt werden konnte:

»Deshalb faßte das Staatliche Verteidigungskomitee im März und April [1942] weitere Beschlüsse, nach denen 170 000 Frauen zum Ersatz von Kämpfern bei der Luftverteidigung des Landes, bei den Nachrichtentruppen und in rückwärtigen Truppenteilen der Land- und Luftstreitkräfte in die Armee einberufen wurden[199].«

Erhebliche weitere Einberufungen von Frauen müssen im Verlauf des Krieges noch stattgefunden haben. Die Rückwärtigen Dienste der 1. Weißrussischen Front sollen 1943 zu 75 % aus Frauen bestanden haben[200].

---

[195] Vgl. Boldin, Stranicy žizni, S. 107.
[196] Selbst bei den Art.-M.G.-Btl. der Befestigten Räume lebten unmittelbar an der Grenze Offiziere vom Leutnant ab und ältere Unteroffiziere mit ihren Familien zusammen. Vgl. Krupennikov, Severo-zapadnee Bresta, S. 30, 32.
[197] In den Zeitschriften der Osoaviachim erschienen bevorzugt Abbildungen von Frauen. Siehe auch Anlage 15.
[198] Vgl. S. 197, Anm. 172 und 173, S. 198, Anm. 176.
[199] Die Streitkräfte der UdSSR, S. 389.
[200] Antipenko, In der Hauptrichtung, S. 249.

Sowjetische Nachrichtenhelferinnen wurden im Fernschreib-, Fernsprech- und Funkdienst mit Sicherheit auch auf Armee-, Korps-, Divisions- und sogar Brigadeebene eingesetzt, zum mindesten während der Krise 1941/42 auch im niederen Bereich[201].

Bereits die Ausbildung von sowjetischen Nachrichtenhelferinnen scheint sich teilweise unter erbärmlichen Umständen abgespielt zu haben, insbesondere wohl da, wo sie schlecht organisiert im rückwärtigen Gebiet von Armeen und Fronten stattfand[202].

N. A. Antipenko, in den letzten Kriegsjahren Chef Rückwärtige Dienste der 1. Weißrussischen Front, gibt in seinen Kriegserinnerungen einen längeren Bericht über die durch den Dienst von Frauen in der Roten Armee erwachsenden Probleme[203]. Ihm ist zu entnehmen, daß viele Schwierigkeiten nicht nur vom Versorgungsmangel in der Sowjetunion verursacht wurden, sondern einen tieferen ideologischen Grund hatten. Sie basierten offensichtlich auf der staatlich verordneten Emanzipation der Frau, d. h. auf ihrer Gleichsetzung mit dem Manne. Diese Gleichsetzung führte offensichtlich zu Gleichgültigkeit gegenüber spezifisch fraulichen Bedürfnissen, seien sie medizinischer, hygienischer oder ästhetischer Art. Das weibliche Personal der Roten Armee scheint in hohem Maße in die für Männer zugeschnittenen Organisationsformen der Streitkräfte integriert worden zu sein, was zu unmittelbarem Zusammenleben mit Männern zwang und zahlreiche Schwierigkeiten mit sich brachte.

Zum Vergleich ein kurzer Hinweis auf die Nachrichtenhelferinnen des deutschen Heeres. Sie blieben stets eine spezifisch frau-

---

[201] Vgl. Kasakewitsch, Frühling an der Oder, S. 76; Pz.AOK 4/Ic, Tagesmeldung vom 19. 10. 1943 (BA-MA, RH 21-4/305): Im 966. selbst. Nachr.Btl. dienten in der 3. Kp. angeblich 30–40 Frauen; ebd. Gefangenenvernehmung der 217. I. D., 30. 10. 1943, S. 3: Bei der 248. Schtz.Brig. des XXIV. Schtz.K. waren 11 Frauen als Köchinnen, Telefonistinnen und Sanitäterinnen eingesetzt. Vgl. auch S. 91.

[202] Im Armee-Ersatz-Schtz.Rgt. 175 soll im Winter 1942/43 eine Nachr.Kp. bestanden haben, in der 200 Frauen ausgebildet wurden. Weil sich der »Fraueneinsatz nicht bewährt« habe, wurden im Oktober 1943 dort keine Frauen mehr ausgebildet (Pz.AOK 4, Gefangenenvernehmung, 30. 10. 1943, S. 3, BA-MA, RH 21-4/305). Es handelte sich um eine improvisierte Einziehung der männlichen und von Teilen der weiblichen Bevölkerung in den von den Sowjets zurückeroberten Gebieten der Ukraine.

[203] Antipenko, In der Hauptrichtung, S. 349–352.

liche Sondergruppe mit eigenen, streng geführten Unterkünften. Als solche wurden sie abgeschirmt gegen die rauhe Männerwelt und unter besondere Fürsorge gestellt. Sie hatten in den Etappenstädten eigene Lokale – z. B. in Krakau –, die von Männern nur in Begleitung von Nachrichtenhelferinnen oder anderem weiblichen Wehrmacht- oder Rotes-Kreuz-Personal betreten werden durften[204].

Im Gegensatz zur Roten Armee wurden beim deutschen Heer Nachrichtenhelferinnen nicht vorwärts der Heeresgruppe eingesetzt[205].

Allgemeines über das Ersatzwesen

Es ist oben festgestellt worden[206], daß sich der sowjetische Funkverkehr nach seinem Leistungstiefpunkt im Jahre 1941 bis zum Kriegsende nur partiell verbesserte.

Als Grund hierfür muß in erster Linie angegeben werden, daß sich einerseits im Laufe des Krieges der Bedarf an Nachrichtenpersonal durch zahlreiche Neuaufstellungen von Spezialeinheiten, ab 1942 auch von neuen Korpsstäben, durch starke Ausweitung der Führungs-Nachrichtentruppe und durch generelle Ausrüstung der Panzer mit Funkgeräten gewaltig steigerte, während andererseits nach Kriegsbeginn erhebliche Behinderungen beim Aufbau von Ausbildungs- und Ersatzeinheiten wirksam wurden, die sich naturgemäß langfristig auswirkten.

Hierzu zählt vor allem die Tatsache, daß 1941/42 sehr große Gebietsverluste hingenommen werden mußten, und zwar gerade in den Gegenden, welche die größte Garnisonsdichte aufwiesen.

---

[204] Eheliche Verbindungen zwischen Nachrichtenhelferinnen und am gleichen Ort tätigen Wehrmachtsangehörigen führten zur Versetzung eines Partners. So wurde ein junger Horchfunker der FENAK 617, der sich im Herbst 1944 mit einer Nachrichtenhelferin in Krakau verheiratete, zur NANAK 954 in Zagnansk bei Kielce versetzt.
Vgl. auch Wildhagen, Erich Fellgiebel, Charakterbild, S. 210–212 (»Die Heeres-Nachrichtenhelferinnen«), sowie Ursula v. Gersdorff, Frauen im Kriegsdienst, Stuttgart 1969, S. 60–77 mit zahlreichen Dokumenten.
[205] Über den Einsatz von Frauen in der Roten Armee siehe auch: OKH/GenStdH/Abt. Frd. Heere IIe Nr. 900/43 geh. vom 22. 2. 1943, Einzelnachrichten des Ic-Dienstes Ost, Nr. 10, S. 1, I. Fraueneinsatz in der Sowjetunion, BA-MA.
[206] Siehe S. 199.

Von 17 Militärbezirken bzw. Kommissariaten gingen zeitweilig oder auch langfristiger verloren:

Leningrader Militärbezirk	: teilweise
Kalininer Militärbezirk[207]	: überwiegend
Baltischer Militärbezirk	: ganz
Besonderer Westlicher Militärbezirk	: ganz
Oreler Militärbezirk[208]	: weitgehend
Besonderer Kiewer Militärbezirk	: ganz
Moskauer Militärbezirk	: teilweise
Nordkaukasischer Militärbezirk	: überwiegend
Charkower Militärbezirk	: ganz.

Über die unmittelbaren Auswirkungen heißt es:

»Viele militärische Lehreinrichtungen mußten in das Innere des Landes verlegt werden. Sie waren in nicht für ihre Zwecke eingerichteten Gebäuden untergebracht, manchmal nur in Erdbunkern und Zelten. Die materielle Ausbildungsbasis der meisten militärischen Lehreinrichtungen war schwach... insbesondere mußten Waffen und technische Kampfmittel aus den Lehreinrichtungen, Reserve- und rückwärtigen Truppenteilen abgezogen werden[209].«

Es ist einleuchtend, daß unter diesen Umständen die Friedensplanung für die Ausbildung von Ersatzpersonal im Kriegsfalle ihre Gültigkeit verlor. Improvisationen mußten zunächst an ihre Stelle treten.

In Anbetracht der eminenten Wichtigkeit der Ersatzfrage wurde die bisherige »Verwaltung für Mobilmachung und Auffüllung der Truppen« bei der militärischen Zentralverwaltung Ende Juli 1941 zur »Hauptverwaltung« erhoben[210].

Nach Gefangenenaussagen gliederte sich im Jahre 1943 das Ersatzwesen folgendermaßen[211]:

a) Ausbildung der zum aktiven Dienst anstehenden jüngeren Jahrgänge überwiegend in Ausbildungseinheiten der Militärbezirke,

b) etwa lediglich einmonatige Ausbildung von Personen in Reserve-, Landwehr- oder Landsturmalter in Armee-Infanterie-Ersatzregimentern oder deren unmittelbare Einberufung

---

[207] Im Juli 1937 neu gebildet, Die Streitkräfte der UdSSR, S. 252.
[208] Siehe Anm. 207.
[209] Die Streitkräfte der UdSSR, S. 344.
[210] Ebd., S. 338.
[211] Pz.AOK 4/Ic, Tagesmeldung vom 24. 10. 1943, BA-MA, RH 21-4/305.

in die kämpfende oder zur Auffrischung zurückgezogene Truppe,

c) Bildung von Arbeitsbataillonen aus unausgebildeten Personen höheren Alters[212].

Nach Gefangenenaussagen sollten im Herbst 1943 die Geburtsjahrgänge 1923–1926 eingesetzt sein entsprechend a), die Jahrgänge 1898–1922 entsprechend b) und die Jahrgänge 1893–1897 entsprechend c)[213].

Bei den oben genannten Armee-Infanterie-Ersatzregimentern bestanden mindestens teilweise auch Nachrichtenkompanien[214]. Ebenfalls nach Gefangenenaussagen wurden auch Ungediente unmittelbar als Truppenfernsprecher zur Fronttruppe eingezogen[215].

d) Krise der Versorgung mit Fernmeldematerial im ersten Kriegsjahr

Auf den Mangel an Nachrichtengerät in der Roten Armee ist bereits mehrfach hingewiesen worden. Er betraf nicht nur die drahtlose Telegrafie, sondern alle Zweige des Fernmeldewesens[216]. Verschärft wurde die Lage durch den vorübergehenden Produktionsausfall entsprechender Fabriken, die wegen des deutschen Einmarsches nach Osten verlagert werden mußten[217], und durch die Desorganisation des Zuteilungsapparates in der Anfangsphase des Krieges. Letztere führte Ende Juli zur Einsetzung eines Chefs der rückwärtigen Dienste der Roten Armee, dem die »Hauptverwaltung rückwärtige Dienste« – ebenfalls neu gebildet – unterstand[218].

---

[212] Seit 18. 9. 1941 bestand Ausbildungspflicht für alle männlichen Bürger im Alter von 16 bis 50 Jahren, Die Streitkräfte der UdSSR, S. 336.

[213] Siehe Anm. 211.

[214] Pz.AOK 4/Ic, Gefangenenvernehmung der 217. I. D., 30. 10. 1943, S. 3, BA-MA, RH 21-4/305.

[215] Ebd., Gefangenenvernehmung, 14. 10. 1943.

[216] Einen Einblick in die sowjetischen Verluste an Fernmeldematerial vom 22. 6. bis zum 30. 1. 1941 gibt Folgendes: Die deutsche bei der Pz.Gr. 2 eingesetzte III./F.N.R. 40 verbrauchte für ihren Leitungsbau, größtenteils aus Beutebeständen, 62 t Bronzedraht und 71 t Eisendraht (Praun, Soldat, Anl. 3). Ebd. heißt es über den Abtransport von Beutegerät: »2 G-Wagen ... mit zusammen 42 t«.

[217] Vgl. Die Streitkräfte der UdSSR, S. 334 f. Peresypkin, Sovetskie svjazisty, S. 20, nennt hier u. a. die Fabriken für Fernmeldegerät in Kiew, Minsk und Achtyrka (Ukraine).

[218] Die Streitkräfte der UdSSR, S. 345 f.

Die Lage war so verzweifelt, daß die gesamten Postinstitutionen nach entbehrlichem Gerät durchkämmt wurden. Diese Aktion erfolgte – ähnlich wie die gleichzeitige deutsche Winterzeug-Sammlung für das Ostheer – mit großem Pathos. Die Initiative hierfür hatte man dem Fernmeldepersonal von Ufa überantwortet, das sich mit zündenden Aufrufen an alle Fernmeldestellen wandte. Peresypkin gibt interessante Teilergebnisse der Sammlung wieder, die zum Teil rührend anmuten, wie etwa das Ergebnis von Tadshikistan: 1 Baudot-Apparat, einige Telegrafen-Morseapparate, 1 Telefon-Station, 1 Telefon-Klappenschrank MB. Eine der bedeutendsten Leistungen vollbrachte Taschkent: Im Januar 1942 übergab das dortige Fernmeldepersonal an die Rote Armee 14 Funkstellen RSB auf Lkw. Zis mit Kastenaufbau und in Fahrtrichtung waagerecht über dem Dach montierter Antenne[219].

Mit Sicherheit waren viele der gesammelten Objekte – wie z. B. die altertümlichen Morse-Telegrafen – nicht feldverwendungsfähig. Doch waren auch diese von hohem Nutzen, mußten doch in den während der sowjetischen Winteroffensive zurückeroberten Gebieten die Postverbindungen für kriegswichtige Zwecke neu installiert werden[220].

Als Reserve stand weiterhin das Gerät zur Verfügung, das beim Rückzug der Roten Armee noch rechtzeitig evakuiert werden konnte. Allein 1941 wurden neben anderen Bahntransporten mehr als 1000 Spezial-Eisenbahnwaggons der Post mit Nachrichtengerät in das Innere des Landes gefahren[221]. Diese Gerätereserve sollte die Wiederherstellung der Fernmeldeeinrichtungen in eventuell zurückeroberten Gebieten sichern, doch benutzte man ihr entnommenes Material auch für den kriegswichtigen ergänzenden Ausbau des Fernmeldewesens.

Dies betraf allerdings im wesentlichen die Nachrichtenverbindungen der höheren Führung. Der Fehlbestand an Feldkabel und Feldfernsprechern für die Truppe wurde davon nicht berührt. Hier knüpften sich die Hoffnungen auf Besserung an die im Rahmen des Pacht- und Leihvertrages zu leistende Hilfe der USA. Bereits am 1. Oktober 1941 war in Moskau im sogenannten 1. Protokoll u. a. die Lieferung von 108 000 Feldtelefonen

---

[219] Peresypkin, Sovetskie svjazisty, S. 62–69, auch für das Folgende.
[220] Ebd., S. 61.
[221] Ebd., S. 20.

und 562 000 Meilen Feldtelefonkabel vereinbart worden. Davon wurden bis zum 30. Juni 1942 ausgeliefert: 56 445 Feldtelefone und 381 431 Meilen Feldtelefonkabel[222].

e) Aussagen sowjetischer Offiziere über die Fernmeldesituation im Spätsommer und Herbst 1941

Ein Beispiel für den Mangel an Nachrichtengerät und für die Umwandlung eines Korpsstabes in einen Armeestab soll die Situation in der zweiten Hälfte des Jahres 1941 verdeutlichen. Als Rokossowski am 17. Juli 1941 mit dem Kommando einer beweglichen Angriffsgruppe im Raum Jarzewo (Westfront) betraut wurde, konnte man ihm als einziges Nachrichtenmittel lediglich eine Funkstelle zuteilen[223]. Auf dem Marsch zum Einsatzort gelang es ihm, wenigstens noch einige versprengte Nachrichtensoldaten aufzugreifen und sich zu unterstellen. Über eigene Fernsprechmittel verfügte sein improvisierter Stab nicht. So war es auch nicht möglich, reglementsgemäß die Verbindungen (wie auch bei der deutschen Nachrichtentruppe) von »oben« nach »unten« zu legen. Vielmehr mußten unterstellte Verbände der mittleren Ebene gebeten werden, nach rückwärts zum Gefechtsstand des Oberbefehlshabers eine Leitung zu bauen. Offensichtlich war auch dort der Kabelbestand so gering, daß – um überhaupt Fernsprechmöglichkeiten zu schaffen – der Stab »Rokossowski« gezwungen war, seinen Gefechtsstand dicht hinter der Front einzurichten. Direkte Leitungen zu den unterstellten Kommandobehörden der mittleren Ebene gab es außer der erwähnten einzigen Stammleitung nicht. Gespräche mit Stäben an den Flügeln der Gruppe wurden über frontnahe Querverbindungen durchgeschaltet. Erst Ende Juli trat hier eine Besserung ein, als Rokossowski der Stab des aufgelösten VII. mech. Korps zur Verfügung gestellt wurde. Anfang August brachen Reste der 16. Armee aus der Umklammerung bei Smolensk aus. Man unterstellte sie der Stoßgruppe Rokossowski, die gleichzeitig die Bezeichnung »16. Armee« erhielt. Während der deutschen Oktoberoffensive 1941 wurde die 16. Armee abermals vernichtet; lediglich ihren Stab hatte man am 5. Oktober rechtzeitig herausgezogen. So erscheint die 16. Ar-

---

[222] Schlauch, Rüstungshilfe, S. 111 und 152. Vgl. auch S. 220.
[223] Rokossowski, Soldatenpflicht, S. 32–78 passim, auch für das Folgende.

mee permanent in der Kriegsgeschichte, obwohl sie de facto innerhalb eines Vierteljahres zweimal vernichtet wurde.
Über die Ausrüstung neuaufgestellter Einheiten mit Truppennachrichtenmitteln liegt eine Gefangenenaussage aus der gleichen Zeit über die neuaufgestellte 149. Schützen-Division vor: »Nachrichtenzug ohne Nachrichtenmittel«[224].
Der Mangel an Nachrichtenmitteln auch auf Armee- und Frontebene wird belegt durch eine Reihe von Mitteilungen Bagramjans. Sie beziehen sich auf den Stab der Brjansker Front. Diese Front wurde nach der Kesselschlacht von Brjansk im Herbst 1941 als selbständige Kommandobehörde aufgelöst, die ihr unterstellten Armeen, soweit sie – wie z. B. die 3., die 50. und 13. Armee – aus der Einkreisung ausbrechen konnten, den benachbarten Fronten unterstellt. Um eine einheitliche Führung im Südabschnitt der sowjetischen Armeen zu gewährleisten, war Marschall Timoschenko zum Oberbefehlshaber von Süd- und Südwestfront ernannt worden. Er verfügte aber über keine eigenen Führungsmittel und mußte sich für die Gesamtführung des Stabs- und Nachrichtenapparates der Südwestfront bedienen. Die Ausstattung auch mit Fernsprechmitteln war so gering, daß im Hauptquartier Woronesh das Telefon-Stadtnetz benutzt werden mußte, dem der Chef des Stabes mißtraute[225].
Um so wichtiger war die Übernahme des Führungsapparates der aufgehobenen Brjansker Front durch Timoschenkos Stab:

Ferngespräch Timoschenkos mit Schaposchnikow am 10. November: »Das Hauptquartier schlägt vor, uns die beiden Armeen Jeremenkos [Brjansker Front] zu übergeben. Wir sind damit einverstanden, da die 3. und 13. Armee faktisch in das Operationsgebiet unserer Richtung gehören... Doch wir bitten, uns auch den gesamten Stab Jeremenkos zu übergeben, den wir zur Ergänzung der Führung der Südwestrichtung benutzen wollen... In der Hauptsache interessieren uns Führungsmittel...

---

[224] Aussage von Mitte August 1941 über das III./Schtz.Rgt. 479 und das II./Schtz.Rgt. 568: »Nachrichtenzug ohne Nachrichtenmittel«. Die Div. war kurz zuvor in Kirow aus Resten der 149. und 145. Schtz.Div. sowie aus Reservisten neuaufgestellt worden (AOK 4/Ic, Nachtrag zur Morgenmeldung vom 20. 9. 1941, S. 4 f., BA-MA, RH 20-4/672).
[225] Bagramjan, So begann der Krieg, S. 421: »Er vertraute nicht gern den Stadtleitungen, doch diesmal gab er nach und sagte: ›Na, gut. Ich gehe zum Telefon.‹« Es handelte sich um ein wichtiges Gespräch mit Stalin.

Marschall Schaposchnikow antwortete: Der Befehl über die Übergabe der 3. und 13. Armee ist an Sie abgegangen, darin ist auch die Übergabe des Frontapparates und der Nachrichtenmittel vorgesehen ...[226].

Die Nachrichtentruppen des ehemaligen Brjansker Frontstabes waren 26 Tage (6. Dezember 1941) später in Woronesh noch nicht eingetroffen:

»Ich teilte Bodin [Stabschef von Timoschenko] mit, daß ... die Nachrichtenmittel vom Stab der ehemaligen Brjansker Front nicht eingetroffen seien und kaum [rechtzeitig] eintreffen würden[227].«

An der Witterung kann es kaum gelegen haben, denn – wenigstens vor Moskau – waren ab 8. November alle Wege wieder festgefroren[228].

Relativ ausführliche Angaben über Nachrichtenverbindungen während einer Operation enthält Bagramjans Schilderung eines Angriffs östlich von Orel Anfang Dezember 1941[229]. Die Ausgangslage war folgende:

Im Raum östlich von Orel war die deutsche 2. Armee eingesetzt. Ihr XXXIV. Korps hatte am 3. Dezember gegen die sowjetische 13. Armee Jelez eingenommen und damit die frontnahe sowjetische Rochade-Eisenbahn Waluiki–Tula und die an ihr verlaufende, als Querverbindung dienende Telegrafenleitung unterbrochen. Südlich von Jelez knickte nun die deutsche Front deutlich nach Südwesten ab. Damit war den Russen die Möglichkeit gegeben, durch einen Sichelschnitt von Süden die deutsche Gruppierung um Jelez einzuschließen.

Trotz der kräfteraubenden großen sowjetischen Offensive bei Rostow wurde gleichzeitig kurzfristig auch dieses Angriffsunternehmen geplant und durchgeführt.

Die 3. Armee (nordostwärts von Jelez) und die 13. Armee (ostwärts von Jelez) – beide nach dem Ausbruch aus dem Kessel von Brjansk noch wenig schlagkräftig – sollten durch Angriff von Osten die deutsche Gruppierung um Jelez fesseln, während eine neuzubildende Stoßgruppe von Süden den Sichelschnitt

---

[226] Ebd., S. 447.
[227] Ebd., S. 506.
[228] Tagebuch des Verf.
[229] Bagramjan, So begann der Krieg, S. 498–538, auch für das Folgende.

durchführte. Die Stoßgruppe 214 bestand aus (von rechts nach links):

    1. Garde-Schützendivision unter Russijanow mit den Garde-Schützenregimentern 85, 331 und 4,
    V. Kavalleriekorps unter Krjutschenkin mit 14. und 3. Kavalleriedivision und der unterstellten 32. Kavalleriedivision (beim Korps noch 6 Panzer),

XXXIV. mot. Schützenbrigade unter Oberst Schamschina[230].
Kommandeur der Stoßgruppe war Kostenko, sein Chef des Stabes Bagramjan. Die Stärke der Truppe betrug 20 000 Mann, 82 schwere, 360 leichte M.G., 80 Granatwerfer, 126 Geschütze einschließlich Pak.

Die Kämpfe begannen am 6. Dezember bei Temperaturen zwischen 35 und 50 Grad Kälte und behindert von Schneeverwehungen. Erfolgreich beendet waren sie am 16. Dezember.

Kostenko bekam auch den Oberbefehl über die Gesamtgruppe, bestehend aus der 3., der 13. Armee und der Stoßgruppe. Über einen Stab verfügte er nicht. Sein Chef, Bagramjan, mußte ihn improvisieren. De facto koordinierte dann der Stab der Südwestfront die Angriffsoperationen, weil Nachrichtenmittel kaum vorhanden waren.

Der Stab lag bei Beginn der Operationen in Kastornoje 20 km hinter der Front des Mittelabschnitts, am 10. Dezember zog er nach Terbunj, 8 km hinter der Front des rechten Flügels um. Beide Orte lagen an der Eisenbahn Waluiki–Tula.

Bagramjans Schilderung der Operation ist angefüllt mit Klagen über die Behinderung der Führung durch fehlende Nachrichtenmittel, unzureichend funktionierendes Funkgerät und über die Versuche, diese Mängel durch Improvisationen auszugleichen. Aus allem ergibt sich folgendes Bild.

Nachrichtenmittel des Stabes Kostenko

Über eine Nachrichteneinheit verfügte der Stab offensichtlich nicht. Am Tage des Angriffsbeginns hatte er ein einziges Funkgerät, mit Mühe wurde später ein zweites aufgetrieben. Die Tabelle der Funksignale und die kodierten Karten waren nicht vorhanden. Ein Austausch der Funkunterlagen mit den Nach-

---

[230] Bei der noch genannten 129. Pz.Brig. handelte es sich wohl um einen Restverband, der dem V. Kav.K. unterstellt wurde.

bar- bzw. den unterstellten Armeen hatte nicht stattgefunden. Der Bau von Fernsprechleitungen war nur auf kurze Distanz möglich, zum Vortreiben von längeren Stammleitungen bei Stellungswechseln des Stabes mußten Bautrupps des Stabes der Südwestfront ausgeliehen werden.

Nachrichtenverbindungen nach vorn

Vor Beginn der Operation bestanden Fernsprechverbindungen zwischen dem Gefechtsstand des Stabes in Kastornoje zur 1. Garde-Schützendivision am rechten Flügel, wohl unter Ausnutzung der permanenten Leitung entlang der Bahnlinie, und zum V. Kavalleriekorps. Später werden nur noch Verbindungen über Funk oder durch Kuriere erwähnt. Vermutlich ist die Ausrüstung der unterstellten Verbände mit Fernsprechgerät und Kabel so schlecht gewesen, daß ein Vortreiben und Unterhalten von Stammleitungen über 85 km nicht möglich war[231].
Funkstellen befanden sich bei den Stäben der 1. Garde-Schützendivision, des V. Kavalleriekorps und ihren Divisionen und beim Stab der 34. mot. Schützenbrigade. Der Funkbetrieb funktionierte jedoch völlig unbefriedigend, er wurde ständig unterbrochen, und verschlüsselte Meldungen kamen völlig entstellt an. Funkverkehr zwischen der am rechten Flügel kämpfenden 1. Garde-Schützendivision und der rechts von ihr eingesetzten 13. Armee kam mangels Austausch von Funkunterlagen nicht zustande.
Für das zeitweilige Versagen des Funkverkehrs lassen sich folgende Gründe vermuten:
a) Der Mangel an Funkstellen ließ keinen überschlagenden Einsatz zu; bei den herrschenden Kältegraden mußten – nach deutschen Erfahrungen – nach Stellungswechsel die Geräte, vor allem die Sender, zwei Stunden lang aufgetaut werden, bis sie wieder betriebsbereit waren.
b) Der Nachtbetrieb nach Stellungswechseln mußte in einer Zeit der stärksten Störungen im Kurzwellenbereich durchgeführt werden.

---

[231] Eine Verständigung mit einfachem Feldkabel über 85 km ist sowieso problematisch (Nachrichten-Fibel, 10. Aufl., Berlin o. J., S. 151: Sprechweite schweres Feldkabel, Einzelleitung, Tiefbau: 15–20 km, Hochbau: 60 km; Doppelleitung, Hochbau, unter günstigen Bedingungen: 30–40 km).

c) Die Ausbildung des Personals war schlecht.
d) Die Ausstattung mit Code-Material war mangelhaft.
e) Die Frequenzen waren unzweckmäßig verteilt.

In den letzten Tagen der Operation (13., 14. und 15. Dezember) waren die Funkverbindungen besser. Das ist wohl darauf zurückzuführen, daß die Verbände nun an einer Einschließungsfront standen, so daß die Stäbe keine Stellungswechsel mehr vorzunehmen brauchten.

Nachrichten-Rückwärts- und Querverbindungen

Zwischen dem Stab der Stoßgruppe Kostenko und dem Stab der Südwestfront in Woronesh bestand Fernschreib- und Fernsprechverbindung. Querverbindungen zu den Nachbararmeen gab es nicht, per Funk waren sie mangels Funkunterlagen und Schlüsselunterlagen nicht möglich.

Trotz dieser Mängel verlief die Operation erfolgreich. Grund hierfür war in erster Linie, daß sie völlig überraschend eröffnet wurde.

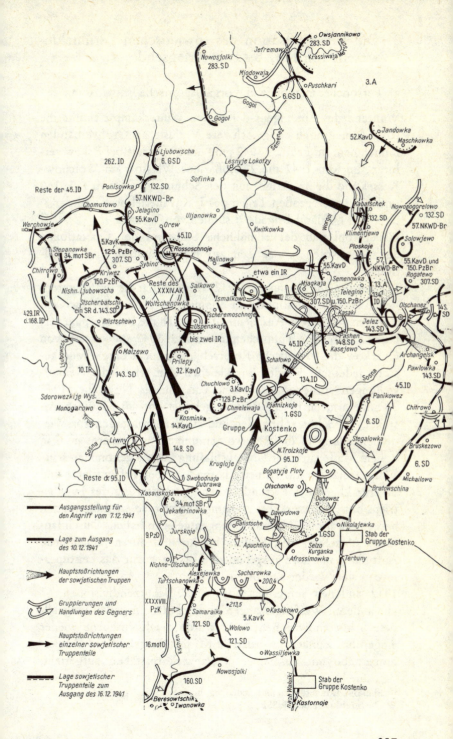

3. Die Reorganisation des sowjetischen Fernmeldewesens von 1942 bis zum Kriegsende

a) Personelle, materielle und organisatorische Entwicklung

Während des Abklingens der harten Winterkämpfe mußte die Rote Armee noch einige schwere Verluste an Großverbänden hinnehmen. Im Februar 1942 ging die 29. Armee bei Rshew verloren, im Mai 1942 die 2. Stoßarmee Wlassow im Wolchow-Kessel und die 33. Armee mit den Schützendivisionen 113, 160 und 338 sowie großen Teilen des I. Kavalleriekorps und der 8. und 201. Luftlandebrigade[232] südlich von Wjasma.

Gleichwohl gab der allmähliche Stillstand der Operationen auch der Roten Armee Zeit zur Reorganisation und Ausbildung.

Die sowjetische Atempause 1942 wurde durch die kräftesparenden Ausweichoperationen im Sommer 1942 noch in gewissem Rahmen verlängert. Anscheinend hat auch die katastrophal verlaufene Offensive Timoschenkos im Mai 1942 südostwärts von Charkow die sowjetische Reservebildung nicht tiefgreifend gestört. Jedenfalls wurden zur gleichen Zeit erhebliche Neuaufstellungen vorgenommen sowie von Juli bis November 1942 2 Panzerarmeen in der Reserve gebildet und 80 Schützendivisionen, 53 Schützenbrigaden und 70 Panzerbrigaden zur Wiederherstellung in die Reserve genommen[233]. Letzteres muß in hohem Maße auch der Funkausbildung zugute gekommen sein. Wenn trotzdem auf Armee-, besonders aber auf mittlerer und unterer Ebene keine grundsätzliche Verbesserung des Funkbetriebs bzw. Funkverkehrs zu bemerken war, so wird das an den bereits erwähnten Neuaufstellungen gelegen haben: Durch laufende Abstellung von Kadern hierfür und durch immer neue Auffüllung mit kurz ausgebildetem Ersatz wurde das Leistungsniveau stets wieder gedrosselt.

1942 sind neu aufgestellt worden: 50 Schützendivisionen, 67 aus anderen Waffengattungen und Schützenbrigaden umgebildete Schützendivisionen; 1942 wurde die Korpsebene wieder eingeführt. Zunächst wurden 28 Korpsstäbe gebildet, 4 Panzerarmeestäbe mit zusammen 8 Panzerkorpsstäben aufgestellt,

---

[232] Shukow, Erinnerungen und Gedanken, Bd 2, S. 53–56.
[233] Die Streitkräfte der UdSSR, S. 389 f.

außerdem Artilleriedivisionen zu je 8 Regimentern und Garde-Granatwerferregimenter (Raketen-Salvengeschütze)[234]. Hinzu trat die Organisation des Funkwesens für die im Aufbau begriffene Partisanenbewegung.

Am 30. Mai 1942 wurde die Bildung des Zentralen Stabes der Partisanenbewegung beim Hauptquartier und von sechs Front-Partisanenstäben angeordnet – letztere bei der Karelofinnischen, Leningrader, Kalininer und Westfront sowie bei der Brjansker und der Südwestfront. Diese Stäbe standen bereits am 10. Juli 1942 mit 387 Partisanenabteilungen hinter den deutschen Linien in Verbindung, die teilweise allmählich in Brigaden gegliedert wurden, wie z. B. im Raum Leningrad, 56 in Weißrußland, 7 im Raum Brjansk[235]. Für die mit Fallschirmen im deutschen Hinterland abgesetzten Funktrupps wurde besonders gut ausgebildetes Funkpersonal ausgewählt, das dort für straffen disziplinierten Funkbetrieb sorgte, um der Gefahr einer Ortung durch deutsche Peilgeräte zu entgehen[236].

Auch hier wird die bereits oben erwähnte Personalauswahl nach Qualität für bestimmte Einheiten deutlich. Nach Horcherfahrungen am schlechtesten bedacht wurden die Garde-Granatwerfer, Heerespioniere und manche Nachschubeinheiten[237].

Während der »Atempause« im Frühjahr 1942 bemühten sich die Sowjets ebenfalls um die Erhöhung der Sicherheit ihres Funkverkehrs gegen die deutsche Funkaufklärung:

»Zweimal wurde noch während des 2. Weltkrieges eine grundsätzliche Änderung des russischen Funksystems und damit die Erschwerung der Arbeit der deutschen Nachrichtenaufklärung festgestellt. Das erste Mal schon am 1. April 1942, als vor der deutschen Heeresgruppe Mitte ein völliger Unterlagenwechsel, neue Schlüssel und Rufzeichen, Verbot der bisher die Auswertung erleichternden Kenngruppen usw. festgestellt wurden. Wahrscheinlich war hier die Kompromittierung der bisherigen Methoden der deutschen Funkaufklärung und ihrer Einbruchstellen durch den Überläufer einer Horcheinheit schuld[238].«

Der Verfasser hat im Rahmen der Nahaufklärung von einer »grundsätzlichen Änderung des russischen Funksystems« nichts

---

[234] Ebd., S. 389, 384–386.
[235] Ebd., S. 393 f.
[236] Praun, Untersuchung, P-038, S. 109 ff.
[237] Vgl. auch S. 128 und 130.
[238] Praun, Untersuchung, P-038, S. 91; vgl. auch ebd., S. 120.

gemerkt. Zu dem Zeitpunkt, den Albert Praun als Stichtag für die Änderung an der Westfront angibt, dem 1. April 1942, überwachte – wie oben geschildert – der NAZ 292 südlich von Gshatsk kontinuierlich mit hervorragendem Erfolg den Verkehr der gegenüberliegenden Schützendivision, wobei sich keine zusätzlichen Schwierigkeiten beim Lösen des dort benutzten relativ »leichten« sowjetischen 3Z-Schlüssels ergaben[239].

Auffällige Neuerung war dann allerdings, daß die Sowjets im Laufe des Frühlings 1942 zwei neue 2Z-Codetabellen einführten – die PT 42 N und die PT 42 N-1[240]. Sie verdrängten fast vollständig die alte, außergewöhnlich primitive PT 39a. Da Überschlüsselungen mit diesen beiden neuen Tabellen jedoch auch sehr leicht zu lösen waren, brachte diese Änderung für die Sowjets keine nennenswerte Verbesserung. Eine wesentliche Behinderung der deutschen Funkaufklärung war dagegen der Ausbau eines umfangreicheren Draht-Meldenetzes, der mit dem Erstarren der Fronten im Frühjahr 1942 möglich wurde. Hier wird sich mit hoher Wahrscheinlichkeit die inzwischen angelaufene Lieferung von USA-Fernsprechmaterial im Rahmen des Pacht- und Leihvertrages entscheidend ausgewirkt haben[241]. Allein die Hälfte der gelieferten Kabelmenge würde ausreichen, alle ca. 400 neuaufgestellten bzw. reorganisierten Schützendivisionen mit je 700 km Kabel auszurüsten[242]. Der Ausbau des Kabelnetzes machte dann die strikte Durchführung von Funkstille möglich.

Während Randewig, damals Kommandeur der Nachrichten-Aufklärung 1 im Südabschnitt, nichts über eine grundsätzliche

---

[239] Der Gebrauch der Funkentelegrafie durch die Sowjets an diesem relativ ruhigen Frontabschnitt resultiert vermutlich aus den Versorgungsschwierigkeiten dieser schmalen Brückenköpfe westlich der Istra während des Frühjahrshochwassers im April/Mai. Hier haben also besondere örtliche Gegebenheiten zum Verzicht auf Funkbeschränkungen gezwungen.
[240] Siehe S. 149.
[241] Vgl. S. 210 f.
[242] Nach Iwanow, Kurze Zusammenstellung (1937), S. 75, verfügte eine sowj. Schützendivision 1937 über folgende Kabelmengen: Nachr.Btl. = 70 km Telegrafenkabel und 75 km Fernsprechkabel; jedes Schtz.Rgt. = 60 km Kabel für Rgt. und 60–80 km für die 3 Btl., zusammen 505–565 km Kabel (für die Div.Art. bei Iwanow keine Angaben). Rechnet man nach deutschem Muster (H.Dv. 421, 1926) noch 253 km Kabel dazu, ergibt sich eine Gesamtmenge von 758–818 km. Die zu dieser Zeit neu formierten Schtz.Div. hatten statt zwei nur noch ein Art.Rgt. (Struktur vom Juli 1941: 24 Geschütze, vom März 1942: 52 Geschütze); Die Streitkräfte der UdSSR, S. 340 und 385.

Änderung des russischen Funksystems mitteilt, berichtet er ausführlich über die der deutschen Funkaufklärung durch Funkstille erwachsenden Schwierigkeiten.

So konnte die Funkaufklärung im Januar 1942 keine Hinweise auf die sowjetische Offensive bei Slawjansk und Balaklaja südlich von Charkow geben[243]. Der Beginn der sowjetischen Maioffensive 1942 bei Charkow blieb auch ungeklärt, doch konnten Ansammlungen schneller Truppen, die auf offensive Absichten schließen ließen, gemeldet werden[244].

Über die Anfangsphase der deutschen Offensive 1942 an der Südfront schreibt Randewig:

»Fast gänzlich ergebnislos blieb die Funkaufklärung während des eigenen Angriffs im Juli über den Donez zur Erreichung des Don zwischen Rostow und Woronjesh. Die russischen Divisionen schienen ohne zu funken auszuweichen. Sogar die Verfolgung der bisher stets unter Kontrolle gehaltenen Funkverkehrsbeziehungen der oberen Führung setzte aus. An der nördlichen Don-Front schien die Leitung des russischen Funkverkehrs in der Hand einer überaus tatkräftigen Persönlichkeit zu liegen[245].«

Erst ab August 1942 stellten sich wieder hervorragende Ergebnisse der deutschen Funkaufklärung ein, an denen – wie Randewig ausdrücklich betont – die Nachrichtennahaufklärung hohen Anteil hatte[246].

---

[243] Randewig, Funkaufklärung Heeresgruppe Süd, in: Praun, Untersuchung, P-038, S. 9.

[244] Ebd., S. 10.

[245] Ebd., S. 10 f. Vgl. jedoch K. S. Moskalenko, In der Südwestrichtung, Berlin (Ost) 1975, S. 285, der damals OB der 38. Armee war und am 8./9. 7. 1942 einen Funkspruch an den Frontstab hat absetzen lassen. Dort heißt es weiter: »Außerdem war die Verbindung zum Stab der Südwestfront erneut verloren gegangen. Wir funkten ununterbrochen, erhielten aber keine Antwort. Am 12. Juli empfingen wir schließlich über Funk den Befehl, daß die 38. Armee laut Anordnung des Hauptquartiers an die Südfront übergeben werde. Aber auch zahlreiche Versuche, mit dem Stab der Südfront Verbindung aufzunehmen, bleiben ergebnislos« (S. 291). Der OB der Südwestfront, Timoschenko, konnte mit seinem eigenen Stab zeitweilig nur mit Funk und Meldern Verbindung halten (ebd., S. 286). Moskalenko berichtet in seinen Memoiren sonst wenig über Nachrichtenverbindungen. Wenn er hier die Regel durchbricht, müssen außergewöhnliche Umstände vorgelegen haben. Die Möglichkeit ist nicht auszuschließen, daß diese Funkverkehre ihm in besonderer Weise im Gedächtnis geblieben sind, weil sie – auf seine Verantwortung – trotz angeordneter Funkbeschränkung durchgeführt wurden.

[246] Randewig, Funkaufklärung Heeresgruppe Süd, in: Praun, Untersuchung, P-038, S. 12. Siehe S. 16.

»Die Erklärung dafür gab ein russischer Spruch, aus dem hervorging, daß der Gegner aus Mangel an Drahtverbindungen die von ihm angestrebte Funkbeschränkung nicht halten konnte[247].«

Während sich – wie im vorigen Abschnitt dargelegt – die amerikanischen Lieferungen von Feldfernsprechmaterial an die Sowjetunion negativ auf die Wirksamkeit der deutschen Nachrichtenaufklärung auswirkten, führte die anscheinend etwas später einsetzende Versorgung der Roten Armee mit amerikanischen Funkgeräten zu einer Ausweitung des sowjetischen Funkverkehrs, die der deutschen Funkaufklärung nur von Vorteil sein konnte. Diese Entwicklung wurde noch verstärkt, als die in das Innere Rußlands verlagerten Radiofabriken ihre Produktion wieder voll aufnahmen, anscheinend gegenüber der Friedenszeit sogar erheblich steigerten:

»Vervollkommnet wurde auch das System der Nachrichtenverbindungen zwischen dem Hauptquartier, dem Generalstab und den Frontstäben. Auf der Ebene Hauptquartier – Front – Armee wurde die Funkfernschreibverbindung über die Funkstrecken der Funkgeräte RAT mit Spezialapparatur ›Almas‹ eingeführt. Auf den taktischen Führungsebenen kamen die neuen UKW-Geräte A-7 zum Einsatz. Es stieg die Zuführung von RBM, RGM-5 und anderen Funkgeräten[248].«

Was die Gesamtzahl der allmählich eingesetzten Funkgeräte anbelangt, so spricht Praun sogar von einer in den letzten Kriegsjahren einsetzenden »Überschwemmung« der Roten Armee mit Funkgeräten[249]. Tatsächlich konnten gewisse Funkaufklärungsergebnisse zu einem derartigen Urteil führen. Der Autor selber hat z. B. ab Herbst 1942 zahlreiche abgehörte Funksprüche in der Hand gehabt, in denen sowjetische Beobachter regelmäßig ihre Ergebnisse meldeten, und zwar etwa derart: »Im Zeitraum von ... bis ... auf Straße von ... nach ... ein Fuhrwerk, drei Fußgänger, ein Reiter.« Bei diesen Meldungen handelte es sich jedoch nicht um ausuferndem Einsatz von nahezu überzähligen Funkstellen, sondern höchstwahrscheinlich um Funksprüche einer spezifisch sowjetischen divisionseigenen Sondereinheit, den sogenannten »Aufklärern«. Eine ihrer Aufgaben war es, ins feindliche Hinterland »einzusickern«, dort

---

[247] Ebd.
[248] Die Streitkräfte der UdSSR, S. 425.
[249] Praun, Untersuchung, P-038, S. 120.

Aufklärung zu treiben und die Ergebnisse per Funk zu melden[250].

In Wirklichkeit kann kaum von einer »Überschwemmung« der Roten Armee mit Funkgeräten die Rede sein. Zwar sollen die USA im Laufe des Krieges 16 000 Funkgeräte an die Sowjetunion geliefert haben[251], doch war damit wohl nur der Geräteverlust des ersten Kriegsjahrs ausgeglichen. Mit Funkmitteln auszurüsten blieben aber noch die sehr zahlreichen Neuaufstellungen insbesondere an Heerestruppen und selbständigen Einheiten. Auch wurden allmählich die einzelnen Panzer mit Funkgeräten ausgestattet.

Rigoros scheinen bei der Zuteilung von Funk- und sonstigen Nachrichtenmitteln Schwerpunkte gesetzt worden zu sein. Vernachlässigt wurden dabei die »ordinären« Schützendivisionen. Hierauf weist eindeutig ein Bericht über den Durchbruch der 293. und 76. Schützendivision der 21. Armee durch die deutsche Front nördlich von Stalingrad am 19. und 20. November 1942 hin:

»Es muß darauf hingewiesen werden, daß die Truppenführung ... während des Angriffs am 20. November zeitweise gestört wurde. In der Hauptsache war das auf Unterbrechungen der Nachrichtenverbindungen zurückzuführen. Das Hauptnachrichtenmittel war die Drahtverbindung; der Funk wurde nur ungenügend eingesetzt. Weit verbreitet war der Einsatz von Meldereitern und Verbindungsoffizieren auf Kraftfahrzeugen[252].«

Erst Ende 1944 hob man die zur Zeit der Fernmeldekrise 1941 verfügte Reduzierung bzw. Halbierung der Divisions-Nachrichtentruppe auf nur eine Kompanie wieder auf. Von da an sollte die Schützendivision wieder über ein Nachrichtenbataillon verfügen, d. h. in seinem Rahmen anstatt über einen Funkzug über eine Funkkompanie[253]. Die Realisierung einer derartigen Maßnahme erfordert natürlich Zeit, so daß es fraglich bleibt, wie weit sie bis zum Mai 1945 durchgeführt werden konnte.

---

[250] Der Durchbruch der Schützenverbände, S. 295; Kasakewitsch, Frühling an der Oder, S. 123 f.
[251] Augustin Guillaume, Warum siegte die Rote Armee? Baden-Baden 1950, S. 145.
[252] Der Durchbruch der Schützenverbände, S. 38.
[253] Die Streitkräfte der UdSSR, S. 493 f.

Die schwache Funkausrüstung der Schützendivision einerseits und ihr räumliches Zurückbleiben hinter den Panzer- und mechanisierten Verbänden während der sowjetischen Offensiven – also gerade zu den Zeiten, in denen operationsbedingt freier gefunkt wurde – andererseits brachte es mit sich, daß die Ergebnisse der deutschen Funkaufklärung in bezug auf die Schützendivisionen weniger spektakulär waren. Hierauf basiert wohl die Annahme von Praun, daß die Funkdisziplin der Schützendivisionen besonders hoch gewesen sei[254].

Über die Nachrichtentruppe der Schützenkorps im Juli 1943 liegt eine Aussage über das 37. selbständige Nachrichtenbataillon des VIII. Garde-Schützenkorps der damaligen »Westfront« vor[255]. Danach betrug sein Bestand:

Personal	611
Gewehre	418
Maschinenpistolen	13
l MG	1
Kfz. aller Typen	26
Pferde	181

Personal- und Fahrzeugbestand lassen eine Gliederung des Bataillons in einen Stab, 2–3 bespannte Fernsprech- und 1 teilmotorisierte Funkkompanie vermuten. Die im nächsten Abschnitt zitierten Angaben über den Fernmeldeaufmarsch des Korps und die überaus starke Zuteilung von Heeresartillerie und Luftstreitkräften[256] machen einen Ist-Bestand der Funkkompanie von wenigstens 20 Funkstellen wahrscheinlich[257].

Über die Funkausstattung der Panzerkorps und deren Panzer- bzw. mechanisierten Brigaden hat der Autor bislang keine genauen Angaben gefunden. Da während der sowjetischen Offensiven die Funkverkehre dieser Verbände ergiebigste Quellen der Nachrichtennahaufklärung waren, muß angenommen werden,

---

[254] Untersuchung, P-038, S. 121.
[255] Der Durchbruch der Schützenverbände, Tabelle 4, S. 52 f.
[256] Ebd., S. 50 ff.
[257] Im Schema der Funkverbindungen des XVI. Garde-Schützenkorps am 12./13. Juli 1943 ist die Funkzentrale des Korps mit 12 Funkstellen und 2 speziellen Empfangsstationen dargestellt. Es fehlen im Schema die Funkverbindungen der Logistik. Da außerdem wegen der schwachen Ausstattung der Schtz.Div. mit Funkmitteln angenommen werden kann, daß vom Korps-Nachr.Btl. noch Funkstellen nach vorn abgestellt wurden, erscheint eine Gesamtzahl von bis zu 20 Funkstellen plausibel.

daß ihre Ausrüstung mit Funkmitteln gut gewesen ist. Dies erscheint auch deswegen selbstverständlich, weil sie als »Durchbruchseinheiten« zeitweilig weit vor den Schützenverbänden operierten, was ausreichende Funkverbindungen voraussetzt.
Die Nachrichtenverbindungen der Frontstäbe und ihre Ausrüstung mit Fernmeldeeinheiten im Zeitraum zwischen dem Sommer 1944 und dem Kriegsende werden ausführlich von P. Kuročkin behandelt. Er weist darauf hin, daß die Ausrüstung der Frontstäbe mit Nachrichtentruppen sich nach der Anzahl der unterstellten Armeen und selbständigen Einheiten richtete, und diese Ausrüstung war – wenn man ihm folgt – gut. So verfügte beispielsweise die 1. Weißrussische Front während der »Weißrussischen Operation« im Sommer 1944 über: 2 besondere (selbständige) Nachrichtenregimenter, 2 selbständige Nachrichtenbataillone, 1 Funkerabteilung, 10 selbständige Linienbataillone, 6 selbständige Baukompanien, 11 selbständige Explutatoren-Kompanien, 4 Kabel-Stangen-Kompanien und 1 selbständige Nachrichtenkompanie der Etappe[258].
Die Ausstattung mit Funkstellen scheint relativ hoch gewesen zu sein, sollten doch drei Funkzentralen, die räumlich voneinander entfernt lagen, ausgerüstet werden, und zwar die des Hauptstabes, die des Kommandopunktes (Befehlsstand) und die der Logistik. Weiterhin sollte noch ausreichend Gerät bereitstehen für überschlagenden Einsatz bei Stellungswechseln. Im Sommer 1944 hatten Hauptstab und Kommandopunkt zusammen 47 Funkstellen, und zwar nach Gerätetypen aufgegliedert: 3 RAT, 24 RAF, 14 RSB, 6 RB und RBM. Bei diesen Typen handelte es sich ausnahmslos um in der Sowjetunion hergestellte Geräte[259].
Eine Vorstellung davon, in welchem Maße es den Sowjets gelang, die durch mangelhafte Vorkriegs-Nachrichtenrüstung und schwere Materialverluste entstandene Fernmeldekrise des Jahres 1941 zu überwinden, gibt Kuročkin:

---

[258] P. Kuročkin, Svjaz' vo frontovych nastupa tel'nych operacijach Velikoj Otečestvennoj vonjy, in: Voenno-istoričeskij žurnal, 7. Jg (1965), H. 7, S. 35–45, hier Anm. S. 37 f.
[259] Die Streitkräfte der UdSSR, S. 425; Shukow, Erinnerungen und Gedanken, Bd 1, S. 238; anscheinend war das von den USA gelieferte Gerät wegen seiner Sendeleistung mehr für frontnahen Einsatz geeignet.

»So wurden in der Endphase des Krieges während der Berliner Operation allein bei der 1. Weißrussischen Front zur Sicherstellung der Nachrichtenverbindungen eingesetzt: 13 000 Funkstellen verschiedener Typen, 61 032 Telefonapparate, 77 637 km Feldkabel und ungefähr 30 000 km permanente Hochleitung[260].«

b) Sicherung des sowjetischen Fernmeldeverkehrs gegen feindliche Aufklärung und Einsatz der Fernmeldetruppe in Angriffsschlachten

Die Unzulänglichkeit der Tarnung geht aus einem Gespräch Bodins, des neuen Chefs des Stabes der Südwestfront, mit Angehörigen seines Stabes Anfang Oktober 1941 über die Geheimhaltung hervor:

»›Ich verlange von Ihnen‹, sagte er zu Dobykin, der wieder die Verwaltung Nachrichten der Front leitete, ›strengere Kontrolle in dieser Sache.‹.
Dobykin erwiderte, daß wir wirklich alles Erforderliche täten. Bodin lächelte.
›Dieses Telegramm haben auch Sie gesehen.‹ Er nahm aus einem Aktendeckel ein Blatt und las vor: ›Nichtgedeckter Dorfsowjet in Borisowka wieder bombardiert worden. Keine Mittel zur Luftabwehr vorhanden. Erbitte eine Flakartillerieabteilung und eine MG-Kompanie.‹ Der Stabschef schaute Dobykin vorwurfsvoll an. ›Wir dürfen den Gegner nicht für dumm halten. Jedem deutschen Gefreiten dürfte klar sein, um was für einen ›Dorfsowjet‹ der Verfasser des Telegramms hier besorgt ist.‹
Alle schwiegen betroffen, denn jeder hatte ähnliche Sünden auf seinem Konto. Geheimhaltung war eine schwache Seite unserer Arbeit. In Friedenszeiten hatten wir wohl hin und wieder eine Spezialausbildung genossen und uns damit zufriedengegeben. Bei Stabsübungen wurden alle Informationen im Klartext übermittelt. Jeder dachte: ›Na schön, im Krieg wird alles anders sein.‹ Dabei hatten wir vergessen, daß auch auf diesem Gebiet Kenntnisse und Übung vonnöten sind. So kommt es dann zu solchen Erscheinungen, daß Soldaten in einer Meldung ‹Bleistifte› und Panzer ›Schachteln‹ genannt werden und der Verfasser allen Ernstes glaubt, der Gegner wisse nicht, wovon die Rede ist[261].«

Diese Hinweise Bodins beziehen sich lediglich auf Details einer Primitiv-Tarnung. Die grundsätzlichen Bestimmungen der Tar-

---

[260] Kuročkin, Svjaz' vo frontovych, S. 35.
[261] Bagramjan, So begann der Krieg, S. 400 f.

nung des Funkverkehrs wurden neu formuliert in der »Felddienstordnung der Roten Armee, Entwurf 1943«[262].
Was die Nutzung des an sich immer bedenklichen Klartextverkehrs anbelangt, so fällt auf, daß sie gemäß Ziff. 69 in bestimmten Bereichen grundsätzlich bis zur Armee-Ebene ausgeweitet war. Zwar wurden die dort zulässigen Spruchinhalte beschränkt auf – nach Ansicht der Sowjets – für die Deutschen weniger Wichtiges, doch gewann die deutsche Nachrichtenaufklärung aus diesem »weniger Wichtigen« außerordentlich wichtige Erkenntnisse, wie oben vielfach belegt wurde.
In der Publikation »Der Durchbruch der Schützenverbände« werden mehrere Berichte über Nachrichteneinsatz und -tarnung im Rahmen des Schützenkorps und der Schützendivision gegeben[263].
Durchbruch des VIII. Gardeschützenkorps der 11. Gardearmee der Westfront durch die Verteidigung des Gegners in der Bolchow-Operation Juli 1943:

»In der Ausgangslage wurde die Nachrichtenverbindung auf der Linie der Gefechtsstände und der Beobachtungsstellen der Schützen- und Artillerietruppenteile organisiert. Da an dem engen Durchbruchsabschnitt etwa 500 Funkstationen konzentriert waren, machte sich eine sorgfältige Verteilung der Wellen und eine exakte Gesprächsdisziplin notwendig. Der Funkverkehr wurde folgendermaßen geregelt: Während der Artillerievorbereitung war es den Funknetzen der Armee-, Korps- und Divisionsstäbe sowie den Stäben der Artillerie zum Zwecke der Feuerleitung erlaubt, zu senden. Mit dem Übergang zum Sturmangriff begannen die Funknetze der Panzer, der Schützenregimenter und -divisionen sowie die Funkstationen der Artilleriebeobachter mit verringerter Leistung zu arbeiten. Die Armee-, Korps- und Divisionsfunker arbeiteten nur im Tastverkehr, alle übrigen im Sprechfunk.
Zum Einführen der Panzerkorps wurde ein besonderes Funknetz geschaffen, an das die Funkstationen des Stabes des VIII. Gardeschützenkorps angeschlossen wurden.«

Durchbruch des XXXII. Garde-Schützenkorps in der Operation von Belgorod-Charkow, 3. bis 5. August 1943:

---

[262] Sie muß im ersten Halbjahr 1943 herausgegeben worden sein, da laut der Schrift: Die Entwicklung der Taktik, S. 149, die Truppenführer während der Angriffsschlacht bei Kursk im Sommer 1943 mit ihr arbeiteten. Wortlaut siehe Anl. 19.
[263] S. 73, 111, 173 f.

»Ferngespräche über Fragen des bevorstehenden Angriffs waren kategorisch verboten ... Die Funkstationen arbeiteten in allen Truppenteilen des Korps während der Vorbereitung des Angriffs nur auf Empfang. Mit Beginn des Sturmangriffs war das Senden erlaubt.«

Dieser Text erscheint gleichlautend oder ähnlich bei mehreren Gefechtsdarstellungen der gleichen Publikation.
Durchbruch des XXXXII. Schützenkorps der 48. Armee der 1. Belorussischen Front in der Bobruisker Operation Juni 1944:

»Bis zum Beginn des Angriffs wurden die Gefechtsstände und Beobachtungsstellen des Korps, der Divisionen und der Regimenter so nahe wie möglich zu den Truppen verlegt. So war zum Beispiel der Korpsgefechtsstand 5,3 km von der HKL des Gegners entfernt. Die Gefechtsstände der Divisionen lagen 3 km und die der Regimenter 1 bis 3 km vor der gegnerischen HKL. Die Entfernung zwischen dem Gefechtsstand des Korps und den Gefechtsständen der Divisionen betrug 2 bis 3 km, zwischen den Gefechtsständen der Divisionen und den Gefechtsständen der Regimenter 1,5 bis 2 km.
Die Beobachtungsstellen der Bataillonskommandeure befanden sich im ersten Graben, die der Regimentskommandeure 500 bis 800 m vor der HKL des Gegners. Die B-Stellen der Divisionskommandeure waren 1,2 km und die des Korpskommandeurs 1,6 km vom Gegner entfernt.
Auf den Beobachtungsstellen des Korpskommandeurs und der Divisionskommandeure befanden sich außer diesen die Chefs der Artillerie und die operativen Gruppen, die aus Offizieren der Operativen, der Aufklärungs- und der Chiffrierabteilung sowie aus Nachrichtenleuten bestanden. Die Gefechtsstände und Beobachtungsstellen der Kommandeure der zugeteilten und unterstützenden Truppenteile und Verbände wurden in der Nähe des Gefechtsstandes oder der B-Stelle des Verbandes ausgebaut, den sie zu unterstützen hatten ...
Die Gefechtsstände und Beobachtungsstellen durften während des Angriffs nur mit Erlaubnis des höheren Vorgesetzten verlegt werden ...
Die geringe Entfernung zwischen den Gefechtsständen der Verbände und Truppenteile verringerte den Bedarf an Nachrichtenkräften und -mitteln und trug zur ununterbrochenen, sehr elastischen Truppenführung bei.
Die Hauptnachrichtenmittel waren in der Vorbereitungsperiode des Angriffs die Drahtverbindung und die Verbindung mit beweglichen Mitteln. Um die Vorbereitung des Angriffs geheimzuhalten, war das Funken kategorisch verboten. Während des Angriffs sollte der Funk das Hauptnachrichtenmittel werden, falls die Drahtverbindung unterbrochen werden sollte ...

Zwischen den Gefechtsständen und Beobachtungsstellen wurden sowohl die Draht- als auch die Funkverbindung organisiert. Während des Angriffs sollten die Drahtverbindungen nach Achsen und Richtungen verlegt werden. Die Verbindung mit den Nachbarn und innerhalb des Korps zwischen den Divisionen und Regimentern wurde für die Drahtnachrichtenmittel von rechts nach links organisiert; die Einheiten tauschten außerdem ihre Funkunterlagen aus...
Für die Verbindung mit den Artillerietruppenteilen wurden ein Funknetz für den Kommandierenden der Artillerie des Korps und ein Netz für seinen Stab organisiert. Dadurch wurde die Verbindung mit den Chefs der Artillerie der Divisionen und ihren Stäben sowie mit den Kommandeuren der zugeteilten und unterstützenden Artillerietruppenteilen gesichert.
Die Funkverbindung mit den SFL-Truppenteilen [Selbstfahrlafetten] sollte dadurch aufrechterhalten werden, daß ein Empfänger auf die Welle der SFL-Einheiten eingestellt wurde und man sich bei Bedarf in das Funknetz dieser Truppenteile einschalten konnte. Die Funkverbindung mit den Luftstreitkräften lag in der Hand von Fliegeroffizieren, die sich beim Korpsstab aufhielten.«

Es ist sehr umfangreich zitiert worden, weil hier mit besonderer Deutlichkeit die Entwicklung aufgezeigt wird, die das Nachrichtenwesen der Roten Landstreitkräfte nach seinem Zusammenbruch im Herbst 1941 genommen hat. Kriegserfahrungen hatten zu einer sicheren Führungstechnik geführt, Nachrichtengerät stand zwar nicht übermäßig, aber doch ausreichend zur Verfügung. Nicht deutlich wird allerdings das Defizit an Funktraining und Funkdisziplin, das bis zum Kriegsende nicht beseitigt werden konnte.

Schlußbetrachtung

Der Verfasser hofft, Geschichte, Arbeitsweisen, Ziele und Grenzen der Nachrichtenaufklärung mit Schwerpunkt Nachrichtennahaufklärung (Ost) dem interessierten Leser deutlich gemacht zu haben.
In bezug auf den Zweiten Weltkrieg ist er dabei von den Einzelbeispielen NAZ 292, 10. (Nachrichtennahaufklärungs-) Kompanie des Panzerarmee-Nachrichtenregiments 4, NANAK 954 ausgegangen. In Armeebereichen, denen diese Einheiten nicht zugehörten, mögen – je nach den individuellen Vorstellungen und Wünschen der Oberbefehlshaber – formal unterschiedliche Einsatzarten der Nachrichtennahaufklärungskompanien praktiziert worden sein. Grundsätzlich werden sich jedoch die Arbeitsweisen und auch die Erfolgsquoten der einzelnen Nachrichtennahaufklärungskompanien nicht wesentlich unterschieden haben. Hieraus leitet sich die Berechtigung ab, relativ gültige Schlußfolgerungen aus dem Gesagten zu ziehen.
Nachrichtenmittel und ihre Nutzung einerseits und ihre Offenlegung durch den Gegner andererseits sind Korrelata. Das eine ruft das andere fordernd auf, und jedes verändert sich notwendig, wenn sich das andere merkbar verändert, soweit nicht unüberwindliche äußere Hemmungen dem entgegenstehen.
Dieses Wechselverhältnis besteht sowohl bei den materiellen Gegebenheiten, d. h. bei dem technischen Stand der Nachrichten- bzw. Aufklärungsmittel und ihrer Qualität und Quantität, als auch bei dem Personaleinsatz zur Nutzung der Mittel. Überall dort, wo sich zwischen den Korrelaten Diskrepanzen auftun, ergibt sich zunächst entweder erhöhte Sicherheit der Nachrichtenübermittlung oder das Gegenteil, ergibt sich aber auch zwangsläufig das Bemühen eines jeden Gegners, für ihn negative Diskrepanzen in positive umzuwandeln.

Kurz vor und zu Beginn des Rußlandfeldzuges hatte auf russischer Seite das Nachrichtenwesen noch nicht den damals möglichen qualitativen und quantitativen Stand erreicht. Theoretisch hätte also die deutsche Nachrichtenaufklärung gleichsam ein starkes Übergewicht über die sowjetische Nachrichtenübermittlung bzw. Nachrichtentarnung haben müssen. Wenn man von Teilbereichen wie z. B. den sowjetischen Luftstreitkräften und den NKWD-Grenzschutzfunkverkehren absieht, war dies jedoch nicht der Fall. Zwar standen der Wehrmacht ausreichend Horchgeräte zur Verfügung, doch war die Ausrüstung mit Peil- und Lauschgerät unzulänglich. Als am schwerwiegendsten erwies sich jedoch die Tatsache, daß quantitativ der Ansatz von Nachrichtenfernaufklärungseinheiten gegen die UdSSR bis zu Hitlers Entschluß für »Barbarossa« im Herbst 1940 bemerkenswert gering gewesen ist und daß die Nachrichtennahaufklärung gegen die UdSSR überhaupt erst etwa ab April 1941 mit improvisierten Kräften allmählich begann.

Der Schilderung des improvisierten, autodidaktischen Beginnens der Nachrichtennahaufklärung (Ost) ist in diesem Buch breiter Raum zugemessen worden. Tatsächlich ist es auch eine bemerkenswerte Erscheinung. Übertragen könnte man sagen, daß hier von Mannschaftsdienstgraden über Subalternoffiziere bis hin zu Offizieren eine quasi schöpferische Arbeit geleistet worden ist, die in ihrer Art aus dem üblichen Rahmen fällt und sich durch den mit ihr notwendig verbundenen, mehr oder minder ausgeprägten individuellen Freiraum der Einzelperson den heute vielfach noch üblichen Vorstellungen über »Kommissbetrieb« völlig entzieht. Hier ergeben sich manche Hinweise auf das Problem einer modernen Inneren Führung.

Der geringe quantitative Ansatz von Nachrichtenaufklärungseinheiten gegen die UdSSR hatte zur Folge, daß am 22. Juni 1941 ein beträchtliches Defizit an für Aufnahme, Entzifferung, Auswertung und für russische Militärsprache geschultem Personal bestand.

Was die einzelnen Ressorts innerhalb der Nachrichtenaufklärungseinheiten betrifft, so machte naturgemäß die Horchaufnahme von Tastfunk die geringste Schwierigkeit. Hierzu war jeder geübte Betriebsfunker nach kurzer Unterweisung über sowjetische Betriebsformen fähig. Einige Erfahrung war allerdings notwendig, um im Suchdienst für die Nachrichtennahaufklärung relevante Verkehre zu finden.

Große Schwierigkeiten entstanden jedoch, als sich bereits kurz nach Beginn des Rußlandfeldzuges der sowjetische Sprechfunk unerwartet ausdehnte und zwar bis hin zur Armee-Ebene. Zur Aufnahme der Fülle dieser Verkehre reichte der Bestand an Dolmetschern nicht aus. Erst 1943 wurde dieses Problem bewältigt durch die Auslieferung von Tonschreibern an die Truppe und durch den Einsatz von bei der Dolmetscherkompanie Meißen (später St. Avold) auf Russisch umgeschulten Polnisch oder Tschechisch sprechenden Volksdeutschen sowie von Angehörigen deutscher Volksgruppen der Sowjetunion und schließlich – etwas später – auch von russischen Hilfswilligen.

Aus diesen Tatsachen sollten Lehren gezogen werden. In diesem Zusammenhang weist der Autor darauf hin, daß in der kaiserlichen Armee die angehenden Generalstabsoffiziere während der Absolvierung der Kriegsakademie dort entweder die russische, englische oder französische Militärdolmetscherprüfung abzulegen hatten. Der Vater des Autors bestand dort 1901 die russische Dolmetscherprüfung. Die noch vorhandenen Lehrbücher und schriftlichen Ausarbeitungen belegen den Umfang der Anforderungen.

Was Entzifferung und Auswertung anbelangt, so ist in dieser Publikation ausreichend über das langwierige und mühsame autodidaktische Einarbeiten in diese Gebiete bei den Organen der Nachrichtennahaufklärung berichtet worden.

Aus dem Dargelegten ergibt sich, daß bei der Organisation der Nachrichtenaufklärung im Frieden personell erheblich vorgehalten werden muß und daß grundsätzlich jede Neuentwicklung von Nachrichten- und sonstigem elektronischen Gerät flankiert sein sollte von der entsprechenden Neuentwicklung von Aufklärungs- bzw. Störungsmitteln.

Die Geschichte des militärischen Fernmeldewesens einerseits und andererseits der Nachrichtenaufklärung und ihrer Erfolge verdeutlicht, daß sich die Fernmeldeführung immer von neuem mit der Beantwortung einer Frage beschäftigen muß, die sich auch für die kämpfende Truppe stellt, der Frage nämlich, ob Deckung oder Wirkung Vorrang haben solle – oder – in bezug auf die Nachrichtenübermittlung formuliert – was höher zu bewerten sei: zeitraubende Verschlüsselung bzw. Tarnung mit

höherem Sicherheitsgrad oder schneller Fernmeldefluß unter Vernachlässigung ausreichender Sicherung gegen Feindaufklärung.
Besondere Lagen werden hier immer wieder auch besondere Antworten auf diese Frage verlangen, wenn auch grundsätzlich in dem Sinne entschieden worden ist, daß auf Führungsebene bis hinab zur mittleren Ebene die Deckung Vorrang haben solle, auf dem Gefechtsfeld hingegen die Wirkung. Erleichtert wurde diese Entscheidung durch den Gedanken, daß die schnell wechselnden Lagen im Gefecht kaum eine rechtzeitige taktische Ausnutzung von durch Nachrichtennahaufklärung gewonnenen Erkenntnissen zuläßt.
Wie vielfach in dieser Publikation belegt, hat die Praxis des Zweiten Weltkrieges jedoch gezeigt, daß sich für den Gegner aus von ihm abgehorchten oder abgelauschten Funk- bzw. Fernsprüchen der taktischen oder Gefechts-Ebene, wichtige Rückschlüsse auf Taktisches und sogar Operatives ergeben können.
Zwar hat die Technik inzwischen Mittel entwickelt, die eine bessere Tarnung auch des Gefechtsfunks ermöglichen, doch kann mit Sicherheit angenommen werden, daß entsprechende technische Entwicklung des Horchgeräts das Gleichgewicht zwischen Tarnung und Aufklärung wieder herstellt, wenn nicht gar zugunsten der Aufklärung verschiebt. Dies wird auf jeden Fall dann eintreten, wenn das Vertrauen auf neue Übermittlungsgeräte mit neuen Tarnungsverfahren zu leichtsinnigerem Gebrauch dieser Geräte verführt.
Technische Fortschritte in bezug auf Nachrichten- und Nachrichten-Tarnungs-Mittel bewirken, daß uns heute die Nachrichtenaufklärung des Ersten und Zweiten Weltkrieges außerordentlich veraltet erscheint. Unser Computerzeitalter gibt uns ganz andere Arbeitsmöglichkeiten bzw. Arbeitsnotwendigkeiten. Auch ist die Nachrichtenaufklärung heute zu einem Teilbezirk der sogenannten Elektronischen Kriegführung geworden, einer Kriegführung, die u. a. in hohem Maße auch die Störung von Raketen-Leitsystemen usw. umfaßt.
Gleichwohl muß damit gerechnet werden, daß unter besonderen Krisenumständen Rückgriffe auf antiquierte Nachrichtenübermittlungsweisen und dementsprechend auch auf antiquierte Aufklärungsweisen möglich sein können. Das galt bereits für

den Zweiten Weltkrieg, wie der Autor an verschiedenen Stellen dieser Schrift belegt hat.

Wie in der Einführung mitgeteilt, ist die Quellenlage über Nachrichtenaufklärung allgemein, insbesondere aber in bezug auf organisatorische Details der einzelnen Nachrichtenaufklärungseinheiten außerordentlich unbefriedigend. Es wäre wünschenswert, wenn in Privatbesitz noch erhaltene Quellen, aber auch Tagebuchnotizen und Erinnerungsaufzeichnungen dem Bundesarchiv-Militärarchiv in Freiburg im Breisgau überlassen würden.

Entsprechend der mißlichen Quellenlage können dem Verfasser Fehler bei seiner Darstellung unterlaufen sein. Für diesbezügliche Hinweise ist er dankbar.

Anlagen

Anlage 1

Frühformen der Funkaufklärung im Russisch-Japanischen Krieg
Aus: Wladimir Ssemenow, Die Schlacht bei Tsuschima, Berlin 1907, S. 10 und 15.

Das Schicksal war uns sichtlich bis jetzt günstig, man hatte uns noch nicht entdeckt. Auf dem Geschwader war der Gebrauch der Funkentelegraphie untersagt, und wir fingen deshalb deutliche Telegramme der Japaner auf. Die Torpedooffiziere bemühten sich in jeder Weise, auch die Richtung festzustellen, aus der sie kamen. Schon in der Nacht auf den 26. Mai und am folgenden Tage hatte ein Gespräch zwischen zwei Stationen begonnen, oder richtiger, wir empfingen Meldungen einer näheren, die sich vor uns befand, auf die eine andere, entferntere, weiter zur Linken antwortete. Die Telegramme waren nicht chiffriert. Obgleich unsere Telegraphisten nicht an das fremde Alphabet gewöhnt waren und die angefangenen Sätze Lücken aufwiesen, war es doch möglich, einzelne Worte und sogar die Phrasen: Gestern Nacht ... nichts ... elf Lichter, aber in Unordnung ... ein helles Licht ... derselbe Stern ... usw. zu entziffern.
Wahrscheinlich handelte es sich um eine starke Küstenstation auf den Goto-Inseln, die einer fernen Station meldete, was man in der Meerenge beobachtet hatte.
Gegen Abend beobachtete man das Gespräch von weiteren Stationen. In der Nacht wurden bis zu sieben Stationen unterschieden. Die Telegramme waren chiffriert, aber nach ihrer Kürze und Gleichförmigkeit sowie infolge ihrer regelmäßigen Wiederkehr in bestimmten Perioden war mit größter Wahrscheinlichkeit anzunehmen, daß es sich nicht um Meldungen handelte, sondern um den gegenseitigen Aufruf der Schiffe in einer Aufklärungslinie. Zweifellos waren wir somit bisher noch nicht entdeckt.
...
Im Morgengrauen des 27. Mai stieß ihr Hilfskreuzer »Schinano Maru« fast mit der Nase auf unsere Hospitalschiffe und fand durch sie das Geschwader selbst. Von uns aus wurde er nicht gesichtet; daß wir aber entdeckt waren, wurde uns sofort dar-

aus klar, wie der Charakter der Telegramme sich plötzlich änderte. Das war jetzt kein gegenseitiges Anrufen mehr, sondern eine Meldung, die immer weiter und weiter nach Norden hin übermittelt wurde.

Jetzt wurden Telegramme von allen Seiten aufgefangen, und deshalb wurde die Aufklärungsgruppe auf Befehl des Admirals zum Schutze unserer ungedeckten Nachhut (der Transporter) gegen plötzliche Angriffe an die Queue des Geschwaders befohlen.

Anlage 2

Versagen der Nachrichtenverbindungen im Sommer 1914 an der Westfront

Kurz vor dem Ersten Weltkrieg wurde beim deutschen Heer die Leistungsfähigkeit des Militär-Fernsprechers euphorisch überschätzt. Zu seinen Gunsten wurde im Jahre 1911 »der mit Arbeitsstrom betriebene ›Feldtelegraphenapparat‹ aus dem Heere ausgeschieden«[1]. Manövererfahrungen auf der taktischen Ebene hatten dazu geführt. Die Notwendigkeit weiträumiger operativer Netze hatte man einfach übersehen.

Zu dieser Zeit war jedoch noch kein Mittel gegen die Dämpfung (d. h. gegen die widerstandsbedingte Abnahme der Verständigungsmöglichkeit bei wachsender Leitungslänge) völlig ausgereift, die Pupinsche Spule noch nicht in kriegsverwendungsfähige Kabel eingebaut. Es gab also noch keine ausgesprochenen Fernkabel[2].

Unter diesen Voraussetzungen kam es im Sommer 1914 zum völligen Versagen der Drahtverbindungen zwichen 1., 2., 3. und 4. Armee einerseits und Großem Hauptquartier andererseits, weil die technischen Voraussetzungen fehlten:

»Bestand denn eine technische Möglichkeit, eine brauchbare Sprechverständigung auf so langen Leitungen herzustellen? Durch einfachen Stammleitungsbau mit Feldkabel zweifellos nicht! ... Denn die Leitungen waren ja bis zu 600 km lang. Aber selbst sorgfältig gebaute Einzelleitungen aus Bronzelitze hätten keine ausreichende Sprechverständigung ergeben. Und die guten alten Morseapparate, die natürlich Telegraphieverbindung sichergestellt hätten, hatte man abgeschafft. Der Fernschreiber war damals als Feldgerät noch unbekannt.
...
Ich ziehe also den Schluß: ›Mit den vorhandenen Mitteln und ohne besondere Maßnahmen war ausreichende Drahtverbindung O.H.L. – A.O.Ks. tatsächlich *nicht* zu erreichen, und die besonderen Maßnahmen, Telegraphieapparate und gute Querverbindungen, sind verabsäumt worden‹[3].«

---

[1] H.Dv. 164, Unterrichtsbuch für die Fernsprechtechnik im Heere, Berlin 1930, Ziff. 306, S. 148; vgl. auch Praun, Soldat, S. 26, sowie Schott, Geschichtlicher Überblick, S. 37 ff. (Abdruck von Dokumenten).

[2] Geschweige denn das Fernfeldkabel, das erst 1936 von Major Dipl. Ing. Beutel vom Heereswaffenamt herausgebracht wurde (vgl. Wildhagen, Erich Fellgiebel, Charakterbild, S. 187).

[3] Fellgiebel, Verwendung von Nachrichtenmitteln, Sp. 1335.

Zwar bestanden Drahtverbindungen (bzw. wurden gebaut) von der O.H.L. zu den A.O.K., doch kam auf ihnen keine Verständigung zustande:

»Kurz, eine brauchbare Sprechverständigung auf diesen Leitungen wurde nicht erreicht.
Ich darf mich da auf das Urteil des damaligen Oberpostinspektors – jetzigen Staatssekretärs im Reichspostministerium Ohnesorge berufen, der damals als Postbeamter zur O.H.L. kommandiert war, und der am 3. 9. 1914 schreibt: ›Sprechmöglichkeiten nur bis Lüttich ... Nach Westen nur bis Esch‹[4].«

Es kann kein Zweifel darüber bestehen, daß die Nachrichtenkommunikation des Großen Hauptquartiers 1870/71 besser funktioniert hatte als die des Großen Hauptquartiers im Sommer 1914[5].

---

[4] Ebd., Sp. 1334.
[5] Gründe: 1870/71 bestand fast immer der Vorteil der inneren Linie. Das Große Hauptquartier befand sich stets relativ frontnah zwischen den Armeestäben (15–40 km), so daß Ordonnanzen bzw. Relais eingesetzt werden konnten. Der schnelle Bau von Stammleitungen (durch Feld- und Etappentelegrafenabteilungen) erlaubte ständige Verbindung zwischen dem Großen Hauptquartier, der Heimat und den Armeen, auch bei lebhaftem Bewegungskrieg. Vgl. Moltkes Militärische Korrespondenz. Aus den Dienstschriften des Krieges 1870/71, hrsg. vom Großen Generalstabe, Abtheilung für Kriegsgeschichte, Berlin 1897 (= Moltkes Militärische Werke, I, 3. Theil), S. 243 ff.; v. Chauvin, Organisation der elektrischen Telegraphie in Deutschland für die Zwecke des Krieges mit einer Übersichts-Skizze des in Frankreich 1870/71 ausgeführten Kriegstelegraphennetzes, Berlin 1884).

Anlage 3

Funkstellen im deutschen und russischen Heer 1914

Das russische Landheer verfügte Ende 1913 über 7 mobile Funkkompanien im Rahmen der (Feld-)Ingenieurtruppe[1].
Das deutsche Heer dagegen besaß durch die Heeresvermehrungen 1912 und 1913 vor Kriegsausbruch 1914 insgesamt 14 mobile Funkkompanien und die mit mobilem Gerät ausgerüstete Funkerschule.
Selbst wenn man annimmt, daß in Rußland 1914 noch weitere Funkeinheiten aufgestellt wurden, kann der Gesamtbestand an fahrbaren Funkstellen keinesfalls die deutsche Gesamtzahl erreicht haben.
Die anders als in Deutschland durchgeführte Ausstattung der Generalkommandos mit Funkstellen sagt demnach nichts über die Menge vorhandener Funkstellen aus, sondern über ihre Verteilung.
1914 wurden also zwei Theorien über die Verwendung von Funkmitteln im Ernstfall gegeneinander abgewogen, einerseits die russische: Konzentrierung der Funkstellen auf die höhere Kommandoeben – andererseits die deutsche, die das Schwergewicht auf schnelle Aufklärungs-Funkmeldungen durch die Heereskavallerie legte.

---

[1] Vgl. v. Löbells Jahresberichte über das Heer- und Kriegswesen, 40. Jg (1913), hrsg. von v. Voß, Berlin 1913, S. 183 und Tabelle S. 188 ff.

Anlage 4

In Vorderasien 1917/18 eingesetzte deutsche Heeres-Funkereinheiten

Einheit	Geräteausstattung soweit ermittelt	Bemerkungen
Groß-Stationen Konstantinopel Damaskus Bagdad	ausgebaute Funkenstation des versenkten Dampfers »Peter Rickmers« (Das Leben im Bild – Kriegsbilder, Abb. 14)	
Fu.Abt. Osmanie		teilweise Postpersonal
Fu.St. 1751		Kaukasus
Fu.-Abt. 151	6 S.Fu.St., Richtempfänger	Mesopotamien seit Juni 1916
Fu.Abt. 105	4 tragbare Fu.St.	»Pascha I«, 1916
		folgende Einheiten alle »Pascha II« Ende 1917 bzw. Verstärkung »Pascha II« Anfang 1918
Armee-Fu.Abt. 1722	1 S.Fu.St.	
Div.Fu.Abt. 1704	1 S.Fu.St., 2 tragbare Fu.St. (andere Qu.: 1722 + 1704 = 3 S.FuSt. und 5 tragbare)	
Gebirgs-Fu.Abt.	?	
Fu.Zug 1731	?	
Fu.Abt. 1720	?	
Fu.Empfangsst. 801	?	
Auswertungsstelle 70		

Quellen: Mühlmann, Waffenbündnis, Tab. B: Nachrichtenformationen in der Türkei 1918, S. 299; Nachweisung der in der Türkei befindlichen und der Militärmission unterstellten Formationen und Einzelkommandierten nach dem Stande vom 20. 1. 1918, ebd., S. 318; Nachweisung der dem Heeresgruppenkommando F unterstellten Formationen, die nicht in der Pascha II-Vorschrift aufgeführt sind, 3. 1. 1918, ebd., S. 321 f. Werner Steuber, »Jildirim«. Deutsche Streiter auf heiligem Boden, Oldenburg, Berlin 1926, Anlage. Salzmann, Bilder vom Kriegsschauplatz, S. 194 ff. Schmid, Deutsche Nachrichtentruppen, S. 198 ff.

Anlage 5

Auszug aus der Vorschrift Nachrichtenmittel und deren Verwendung

Aus: Vorschrift für den Stellungskrieg für alle Waffen, hrsg. vom Chef des Generalstabes des Feldheeres, Teil 9, vom 15. Dezember 1917, S. 6ff.

Fernsprecher

...

4. ... Ein weiterer Nachteil des Fernsprechers ist die Möglichkeit, abgehört zu werden.
Dies vermag der Feind durch Anschalten oder durch Benutzung von Abhörstationen. Gegen Anschalten kann nur gute Bewachung der Strecken schützen.

5. Zur Verhinderung des Abhörens, das der Feind ausgiebig organisiert hat, sind in den vorderen Stellungen notwendig:
a) *schärfste Sprechdisziplin.*
Die Art der Verwendung des Fernsprechers muß die eigene Truppe unter allen Umständen vor den Nachteilen des feindlichen Abhörens bewahren. Jeder, der in einer Entfernung bis zu 3000 m von der vorderen Linie entfernt den Fernsprecher benutzt, muß sich bewußt sein, daß der Feind in der Lage ist, alle Gespräche mitzuhören. Auch *scheinbar* gleichgültige Äußerungen können dem Feinde wichtige Aufschlüsse über die taktische Lage usw. geben.

Der Gebrauch des Fernsprechers ist daher in der Zone vorwärts der Befehlstellen der Infanterie-Regimenter und Artillerie-Untergruppen nur Offizieren und Offiziersstellvertretern – in Ausnahmefällen mit besonderer Erlaubnis auch Unteroffizieren und Mannschaften – erlaubt.

Die vorgesetzten Dienststellen haben die Pflicht, durch ihre Organe die Fernsprechdisziplin zu überwachen.

b) Verringerung der Verbindungen und Sprechstellen – nicht nur in der vorderen Kampfzone – auf das unbedingt notwendige Maß.

c) Völlige Trennung des Fernsprechnetzes der Abhörzone von dem rückwärtigen Leitungsnetz, so daß Durchsprechen unmöglich ist. Nähere Anordnungen hierfür haben die Divisionen usw. zu treffen.

d) Einschränkung des Sprechverkehrs und seine Überwachung durch besondere »bewegliche Überwachungsstellen«. Empfangsgeräte für Erdtelegrafie und Arendt-Stellen eignen sich ebenfalls hierzu (s. auch Ziff. 5a und 21).

e) Gebrauch von Decknamen oder besser Deckzahlen (s. auch Teil 10 des Sammelheftes der Vorschriften für den Stellungskrieg für alle Waffen).

Es ist grundsätzlich verboten, bei Einsatz an neuer Stelle die Decknamen des bisherigen Abschnitts weiterzuverwenden. Dem Feind würden hierdurch wichtige Aufschlüsse zuteil werden.

f) Sorgfältiger Bau nur *gut isolierter Doppelleitungen* in der Kampfzone von der vorderen Linie bis 3 km nach rückwärts.

...

6. Sämtliche Fernsprechanschlüsse, die nicht einem dringenden taktischen Bedürfnis entsprechen, sondern lediglich der persönlichen Bequemlichkeit dienen (z. B. ein beträchtlicher Teil der Quartieranschlüsse), sind verboten.

Anlage 6

Beispiel aus dem Polenfeldzug 1939 für Drahtaufklärung mittels Einschaltung in feindliche Leitungen

Aus: Mügge, Die operativen Fernmeldeverbindungen, S. 70.

Das polnische Fernkabel Rzeszow – Warschau wurde am 23. vor Warschau 300 m hinter den vordersten Truppen getrennt und abgeschirmt. Das feindwärts führende Stück wurde zum Abhören des Gegners ausgenutzt. Auch auf dem Fernkabel Lodz-Blonie-Warschau wurde kurz vor Warschau Drahtaufklärung betrieben. Da die Polen wahrscheinlich einige Adern des Kabels nicht von ihrer Vermittlung in Warschau abgelegt hatten, wurden fast alle Gespräche der Kommandantur Warschau abgehört. So erfuhr die deutsche Führung durch die Drahtaufklärung das Eintreten von Wassermangel in der Stadt, die Wirkung der Stukas sowie die Verluste und die Stimmung. Auch der jeweilige Aufenthaltsort des Kommandanten wurde bekannt.

Anlage 7

Zur Störanfälligkeit und Trennschärfe von Sendern mit gedämpfter und ungedämpfter Welle

Aus: A. Esau, Der Empfang von Sendern verschiedener Arbeitsweise und die dabei auftretenden Schwierigkeiten, in: Radio für Alle. Unabhängige Zeitschrift für Radiotechnik und Radiosport, Bd 1, Stuttgart 1924, S. 213–215.

A. *Normaler Empfang*

1. Empfang gedämpfter Wellen

... Infolge der mehr oder weniger großen Dämpfung der Wellen ist naturgemäß die Abstimmschärfe und damit die Störungsfreiheit gegenüber den benachbarten Wellen nicht sehr groß, so daß für einen störungsfreien Empfang die Wellendifferenz gegenüber benachbarten Sendern nicht zu klein bemessen sein darf. Dies hat zur Folge, daß innerhalb eines bestimmten Wellenintervalls nur eine sehr beschränkte Senderzahl eingesetzt werden kann ...

2. Empfang ungedämpfter Wellen

Infolge der nicht vorhandenen Dämpfung der Wellen ist die Abstimmschärfe ungedämpfter Sender viel höher als die der gedämpften. Wellen, die nur einige Prozent von der zu empfangenden Welle abliegen, werden selbst bei erheblicher Intensität nicht mehr gehört, da die Interferenztöne zwischen ihnen und den für den Empfang eingestellten Hilfswellen (Überlagerer oder Rückkopplung) nicht mehr in den günstigen Hörbereich des Ohres fallen. Es lassen sich hier zur Erhöhung der Abstimmschärfe akustische oder elektrische Selektionsmittel verwenden.
...

C. *Empfang in der Nähe starker Sendestationen*

1. Gedämpfte Wellen

Schwierigkeiten ganz anderer Art und von ganz anderer Größenordnung treten auf, wenn die Empfangsstation in der Nähe stärker tönender Senderanlagen liegt. Infolge der großen Energie [grundsätzlich notwendig bei Sendern mit gedämpfter Welle], wird der Empfang hierbei in einem sehr großen Bereich der benutzten Sendewelle gestört. Die Breite dieses Bereiches wird naturgemäß um so größer ausfallen, je näher die Empfangsstation am Sender liegt, d. h. je größer das Senderfeld am Empfangsort und je stärker die Dämpfung des Senders ist ...

2. Ungedämpfte Sender

Bei ihnen fällt diese Stoßwirkung fort, abgesehen von einem leicht wahrnehmbaren Geräusch beim Einsetzen der Zeichen, das aber nicht stört. Was jedoch bei ungedämpften Wellen nachteilig auf den Empfang einwirkt, ist die mehr oder minder große Zahl von Oberwellen, die infolge der Sendewelle (Grundwelle) auftreten. Es muß daher Sorge getragen werden, sie sowohl der Zahl als auch der Stärke nach möglichst zu unterdrücken. Die dadurch hervorgerufenen Empfangsstörungen sind aber nicht annähernd so schädlich wie die von tönenden Funken, da sie einmal nur bei ganz bestimmten Empfangswellen stören und weiter ihnen keine Stoßwirkung innewohnt.

Anlage 8

Horch- und Stördienst der Funkenstation Eiffelturm

Aus: Hanns Günther, Radiotechnik. Das Reich der elektrischen Wellen, Stuttgart 1921, S. 27 ff.

Die Funkstation Pola ... hatte damals an Stelle des alten Marconischen Knall- und Knarrfunkensenders (so genannt wegen der knarrenden Funkenentladungen) eine neue Sendeeinrichtung nach dem sogenannten System der tönenden Löschfunken bekommen. Dieser Tonfunkensender sollte im Verkehr mit Nauen auf seine Reichweite ausprobiert werden. Zur Vornahme dieser Versuche hatte die Militärbehörde einige Feldfunker, darunter auch den [Leutnant Meydam] und einen Oberleutnant ... nach Nauen geschickt. »Wir saßen alle da«, schreibt Meydam ... »und erwarteten Polas Antwort auf unseren Anruf. Pola kam auch, aber gleichzeitig kam jemand anders, und der konnte es leider besser, nämlich der Eiffelturm.« ... [Um dem Störsender auszuweichen, wurde folgendes Verständigungsmittel über Wellenwechsel improvisiert:] [Der Oberleutnant] »sagte zu mir: ›Sind Sie Humanist?‹ ... ›... Jawoll!‹ ... ›Was heißt höher?‹ ... ›Hoch heißt bathys und höher bathyteron!‹ ›Gut, nu passen Sie Achtung. Griechisch lernen die Franzosen sicher nicht auf der Penne, aber die Bundesbrüder können ja meist alle Sprachen.‹ Sprach's, griff zur Taste und funkte 4–5mal hintereinander ›Pola von Nauen. Lambda bathyteron 450, Lambda bathyteron 450« [der griechische Buchstabe Lambda ist in der Physik die Bezeichnung für Wellenlänge]. »Und war es schon komisch, daß der Premier auf diesen Ausweg kam, so war es noch komischer, daß tatsächlich nach 4–5 Minuten Pola ... tönend uns antwortete, genau um 450 Meter höher. – Das Komischste aber ... war denn doch, daß nach weiteren 10 Minuten plötzlich der Eiffelturm mit wilden Störzeichen dazwischen hieb, die er nach einem wahren Höllenradau von etwa 3 Minuten in die ironische Anerkennung ›Vous parlez donc le grec? Bravo, bravo, bravo!‹ ausklingen ließ, womit er dann zur allgemeinen Befriedigung seine höchst unnütze Tätigkeit für diese Nacht einstellte.«

Anlage 9

Das Einschalten in feindliche Nachrichtenverbindungen

Aus: Rodolfo Graziani, Somali-Front, München 1940, S. 285.

Aus dem »Tagebuch des Nachrichtendienstes«

Neghelli, 21. Januar 1936 XIV

Am Abend des 9. Januar mußte der Sender des Ras Destàs (ETV) wegen eines Motordefekts seinen Dienst einstellen.

Am Morgen des 15. fällt der Sender in unsere Hand, wobei die ihm zugeteilten Funker Zena und Taddesè gefangengenommen werden.

Der Sender ETL von Addis Abeba, der von dem Schicksal der Station Ras Destàs nichts weiß, fährt fort, dreimal am Tage ETV wegen »wichtiger Nachrichten« zu rufen.

Gerade heute sind die Rufe noch dringender als an anderen Tagen. Wir entschließen uns daher, dem Bedürfnis der Sendestation Addis Abeba abzuhelfen und ihr Antworten des von ihr so sehnlichst herbeigerufenen Senders Ras Destàs zu übermitteln. Im folgenden die gewechselten Funksprüche.

Ortszeit Somali	Sendestationen	
	ETL (Addis Abeba)	ETV (vorm. Ras Destà)
18.24	Habt ihr nichts mitzuteilen? Wir haben wichtige Nachrichten. Bitte, gebt uns eine Reihe v-Zeichen.	
18.30	Guten Abend, Freunde. Wir geben euch die genaue Zeit: 18.31 MEZ.	
18.41		vvvvvvvvvvv .... vv Guten Abend, Herrschaften. Habt ihr Nachrichten? Unser Motor arbeitet sehr schwach.
18.47		Guten Abend, Herrschaften. Wir hören euch gut. Bitte, gebt uns eure Nachrichten. Unsere Nachrichten folgen später. Fangt gleich an und sendet die Zeichen nur einmal.

Orts-zeit Somali	Sendestationen	
	ETL (Addis Abeba)	ETV (vorm. Ras Destà)
18.51		Mitteilung für Leiter ETV: Wie kam es, daß wir euch so lange nicht gehört haben? Teilt uns mit, was in der Zwischenzeit alles geschehen ist. Uorku Itateku. Ato Uorku wartet dringend auf Antwort.
18.53		Nachricht für Ato Uorku: Wir sind im Neghelli. Wir haben wegen Motordefekts nicht senden können. Bitte, gebt uns jetzt eure Nachrichten und sendet die Zeichen nur einmal. ETV
18.56	Mitteilung für ETV: Wir haben guten Empfang. Wo befindet sich Ras Destà? Geht es allen gut? Uorku Itateku. Ich erwarte umgehend Antwort.	
19.01		Bitte wartet einen Augenblick. Unsere Batterien sind leer. Nachricht für Ato Uorku: Ras Destà ist zwei Wegstunden von hier entfernt. Es geht allen gut. ETV. Bitte bestätigt Sendung und gebt uns eure Nachrichten.
19.08	Empfang gut. Wir beginnen mit unseren Nachrichten.	

Der Sender ETL ahnt nicht im entferntesten die Wahrheit und übermittelt der Station ETV die gesamten Nachrichten, die sich seit dem 10. angesammelt haben – also in der Zeit, in der Ras Destàs Sender geschwiegen hat.

(Der Verkehr wurde noch bis zum 27. Januar – bei wachsendem Mißtrauen von ETL (Addis Abeba) – fortgesetzt.)

Anlage 10

Schema der Gliederung einer Nachrichtennahaufklärungskompanie

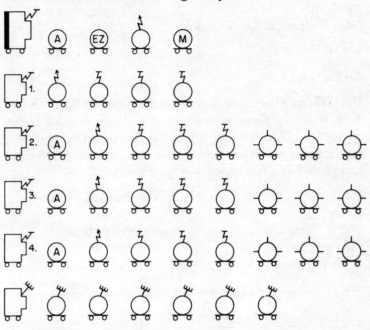

Zeichenerklärung

- Horchtrupp
- Funktrupp
- Peiltrupp
- Drahtaufklärungstrupp
- (A) Auswertungstrupp
- (M) Meldetrupp
- (EZ) Entzifferungstrupp

Abweichungen vom Schema bei der NANAK 954

Schema	NANAK 954
1. Zug	= Horchzentrale ohne FuTrupps
2. Zug	= 1. Zug, ohne Peiltrupps
3. Zug	= 2. Zug, ohne Peiltrupps
4. Zug	= 3. Zug, ohne Peiltrupps
Drahtaufklärungszug	= Lauschtrupps, anfangs bei den Zügen 1–3 eingesetzt, erst gegen Kriegsende dem Schema mehr entsprechend.

3 Peiltrupps, von der Kompanieauswertung mit dortigem Kommandosender eingesetzt.
Keine Einteilung in Horchtrupps.

Nach Praun, Untersuchung, P–038, S. 14, sollen bei Kriegsende in 15 Nahaufklärungskompanien 4500 Mann tätig gewesen sein, was eine Stärke von 300 Mann pro Kompanie ausmacht. Hinzuzuzählen sind an der Ostfront noch zahlreiche hilfswillige Russen (Hiwis), die teilweise beim Kompanietroß, teilweise als Sprechfunk-Horcher eingesetzt waren.
Quelle: Praun, Untersuchung, P–038, Skizze 6.

Anlage 11

Sonderausweise für Angehörige der Nachrichtennahaufklärung

Abschrift
(zum Einlegen in das Soldbuch)

6. 4. 44

An Verteiler

Um nicht zu ersetzende Ausfälle und hiermit ein Absinken der Aufklärungsergebnisse zu vermeiden, sind versprengte Angehörige der Nachr.Aufklärung umgehend über die AOK's ggf. über das Heeresgruppenkommando den Nachr.Aufkl.Abteilungen bzw. dem Kdr.d.Nachr.Aufkl. 1 zuzuführen.

F.d.R.i.A.	Obkdo.d.Hgr.Nordukraine/Ia Nafü
Dörr	I. A.
Oblt.u.Komp.Chef	gez. Schulze-Büttger
(Stempel: Dienststelle	Oberst
Feldpostnummer)	

Nachr.Nahaufkl.-Komp.954   Im Felde, im Februar 45

<u>Ausweis</u>

Der _____ ist Angehöriger der Nachr.Aufkl.Truppe

                                   Dörr
(Stempel: Nachr.Aufkl. Abt.4) Oberleutnant u. Komp.Chef

Auszug aus Befehl OKH Gen St d H / Op.Abt.(Ia) Nr. 9468/45 g.Kdos. v. 17. 9. 44
Betr.: Nachr.Aufklärungstruppen

Absatz 3: Vor einer etwaigen Einschließung sind die Nachr. Aufklärungstruppen aus festen Plätzen und Ortsstützpunkten rechtzeitig herauszuziehen.

Absatz 4: Die im Zuge von Absetzbewegungen marschierenden Einheiten der Nachr.Aufklärungstruppen dürfen nicht festgehalten werden.

F.d.R. gez.Hertzer
Major u. Rgts.Kdr.   Unterschrift gez. Guderian

Kommandeur der Nachrichtenaufklärung 1
H.Qu., den 14. 4. 1945

Diese Bescheinigung gilt nur in Verbindung m. Soldb.Nr.473

<u>Bescheinigung</u>

Der _____ ist Angehöriger einer Nachrichten-Aufklärungseinheit (Nachr.Nahaufkl.-Komp.954) in führungswichtigem Einsatz.

Gem. Verfügungen Der Chef des Generalstabes des Heeres/
Chef HNW V/1
Nr.11795/42g. II.Ang.v.28.12.42
und   OKH/GenStdH/Op.Apt.(Ia) Nr.9468/44
gKdos.v.17.9.44

ist für Angehörige dieser Einheit der infanteristische Fronteinsatz verboten. Bei etwa bevorstehender Einschließung wird diese Einheit rechtzeitig herausgezogen. Sie darf auch im Zuge von Absetzbewegungen nicht festgehalten werden. Zu Sicherungsmassnahmen, Schanzen usw. dürfen Angehörige dieser Nachrichten-Sondereinheit nur soweit herangezogen werden, als ihre Aufgaben keine Beeinträchtigung erfahren.
Der genannte hat Befehl, bei etwa beabsichtigter Heranziehung zu einer Alarmeinheit oder bevorstehender Umleitung zu infanteristischem Fronteinsatz auf die oben genannten Befehle unter Vorlage dieser Bescheinigung hinzuweisen und notfalls seiner Einheit sofort fernmündlich Meldung zu machen.

F.d.R.d.Ausstellung: gez. Hertzer
Dörr   Major und Rgt.Kommandeur
Oberleutnant u. Kp.-Chef
Stempel: Nachr.Aufkl.Abt.4

Anlage 12

Der deutsche Doppel-Kastenschlüssel mit doppelter Verschlüsselung für die Nachrichtentruppe

Spruchbeispiel

»Inf. Rgt. 508 nimmt Borowsk«
Niederschrift des Spruches in Doppelzeilen, Zeilenlänge 17

```
i  n f r g t f u e n f n u l l a q
t  f u e n f n u l l a q t n i m m

t  x b o r o w s k
x  b o r o w s k x
```

A-Kasten

g	t	h	b	o
w	a	u	i	e
f	x	m	r	p
z	n	c	q	v
s	y	d	k	l

B-Kasten

u	e	p	t	g
k	f	v	c	b
y	q	h	s	l
a	r	i	n	o
w	m	x	d	z

Verschlüsselter Spruch:

uo qyt zioyg vkywr xotlp dwkhm iuxah xpiyf qvwfe wcpmm bursk mz svh

Schlüsselverfahren

Man nimmt das erste Buchstabenpaar, also i t, sucht das i im A-Kasten, das t im B-Kasten, nimmt dann denjenigen Buchstaben, der auf der Höhe von t (B-Kasten) über bzw. unter i im A-Kasten steht – in diesem Falle also das *b* und denjenigen Buchstaben, der in der Höhe von i (A-Kasten) über bzw. unter t im B-Kasten steht, also das *c*.

Nun sucht man c im A-Kasten und b im B-Kasten, verfährt entsprechend und erhält damit das Buchstabenpaar *uo* und damit die Doppelkasten-Verschlüsselung von it.

Stehen beide Buchstaben in der gleichen Reihe der beiden Kästen wie z. B. bei dem letzten Buchstabenpaar des Spruches kx, so verfährt man folgendermaßen:

k wird im A-Kasten gesucht, x im B-Kasten; gewählt wird nun das rechts von k stehende l und das rechts von x stehende d; d sucht man dann wieder im A-Kasten und l im B-Kasten und verfährt dann weiter wie oben angegeben. Das Schlüsselergebnis heißt in diesem Fall also: *mz* (steht einer bzw. stehen beide Buchstaben des zu verschlüsselnden Paares auf gleicher Reihe des A- und B-Kastens, aber am rechten Rand des Kastens, so wählt man auf gleicher Reihe den am linken Rand stehenden Buchstaben).

Wird die letzte der damals im deutschen Funkverkehr üblichen 5-Buchstabengruppen nicht mehr voll, so setzt man beliebige Buchstaben an ihr Ende.

(Bei der schlüsselgerechten Niederschrift des Spruches steht anstatt »ch« = »q«, weil das deutsche »c« nur in Verbindung mit »h« und »k« vorkommt und damit dem Gegner Entzifferungshilfe leistet.)

Anlage 13

Lösung eines mit der PT 39 a verschlüsselten Spruches

СС		СБ	К	О	Н	О	В	У	П	Р	О	Т
61	15	95	77	47	37	47	12	87	67	57	47	97

И	В	Н	И	К	Н	А	Х	О	Д	И	Т	С
92	12	37	92	77	37	72	23	47	42	92	97	07

Я	Ю	Ж	Н	А	Я	О	К	Р	А	Й	Н	А
74	83	52	37	72	74	47	77	57	72	82	37	72

М	И	Х	А	Й	Л	О	В	К	А	П	О	Д
17	92	23	72	82	27	47	12	77	72	67	47	42

П	И	С	Ь	Н	А	У	М	О	В
67	92	07	53	37	72	87	17	47	12

Lösung mit Hilfe des Grund-Codes (siehe Abb. S. 146):

Auszählung nach der Häufigkeit der Zahlengruppen

17 //	М	12 /////	В				
27 //	Л			23 //	Х		
37 ///////	Н						
47 ////////	О	42 //	Д				
57 //	Р	52 /	Ж	53 /	Ь		
67 ///	П					61 / СС	
77 ////	К	72 ////////	А				74 /// Я
87 //	У	82 //	Й	83 /	Ю		
97 //	Т	92 /////	И				95 / СБ
07 //	С						

Erfahrungsgemäß ist die zweite senkrechte Reihe des Alphabets im Grund-Code vollständiger und meist auch häufiger belegt als die anderen Reihen. Das liegt daran, daß die erste Reihe die selteneren Buchstaben Й, Ж, Ч und Г enthält, die dritte Reihe fast nur seltene und die vierte Reihe nur das seltene Я. Demnach

umfassen in diesem Falle die Gruppen 17 bis 07 das Alphabet von
К bis У, die Gruppen 12 bis 02 das Alphabet von А bis И, die
Gruppen 13 bis 03 das Alphabet von Ф bis Ю.
Der Spruch beginnt mit drei Gruppen, deren Endziffern nur
einmal vorkommen. Es ist anzunehmen, daß 61 bedeutet: Lesen
Sie Worte = СС, daß 15 für einen Begriff steht und 95 Symbol für
»Lesen Sie Buchstaben« = СБ ist.
In der Tabelle steht »СС« waagerecht neben Е, П, Щ, damit sind
62 = Е, 67 = П, 63 = Щ bekannt
СБ steht waagerecht neben И, Т, Э. Also bedeutet 92 = И, 97 = Т,
93 = Э.
In der Häufigkeitsauszählung ist nun noch eine Gruppe mit einmalig vorkommender Endziffer ungedeutet. Sie erscheint dreimal und muß demnach ein Buchstabe sein, der alleine in einer
Reihe steht. Dies tut allein das Я. Waagerecht neben dem Я
stehen А = 72, К = 77 und Ф = 73.
Jetzt sind also bereits 10 Buchstaben des Codes bekannt.
Der Zusammenstoß der Gruppen 72 und 74 = АЯ (aja) zeigt, daß
37 ein Konsonant sein muß. In der Reihe der Zahlengruppen, die
auf 7 enden, ist Н der häufigste Konsonant, О der häufigste Vokal.
Setzt man zunächst hypothetisch Н für 37 und О für 47, so ergeben sich waagerecht daneben 32 = Г und 33 = Ч sowie 42 = Д
und 43 = Ш.
Am Anfang des Spruches heißt es nun: »КОНО...«, offensichtlich der häufige Name »КОНОВ«, hier als Anrede im Dativ also
»КОНОВУ« (Konowu). Hypothetisch haben wir also nun 12 = В;
Dies ist auch deshalb wahrscheinlich, da der ganze Spruch mit
12 endet, als Unterschrift also ebenfalls einen Namen hat mit
der sehr häufigen Namensendung ОВ (ow). Mit В ist auch 17
= М gegeben, mit У weiterhin 82 = Й und 83 = Ю. Jetzt ist
es leicht, die restlichen Buchstaben zu ergänzen.
Der Spruch lautet ins Deutsche übertragen:
»Dem Konow! Der Gegner befindet sich Südrand Michailowka.
Unterschrift Naumow.«

Anlage 14

Inhalt einer Funkertauglichkeitsprüfung Anfang Oktober 1940 bei der NEA 2 Pasewalk/Stettin

Test 1
Eine Grammophonplatte mit einer längeren Folge von Morsezeichenpaaren wird vorgespielt. Die Paare bestehen aus gleichen oder ähnlichen Morsezeichen. Der Prüfling muß schriftlich der Reihe nach festlegen, ob Identität oder nur Ähnlichkeit vorliegt.

Test 2
Der Prüfling bekommt Kopfhörer und Morsetaste und muß gehörte Morsezeichen nachtasten.

Test 3
Konzentrationstest: Auf einer großen weißen Leinwand erscheinen in kurzer Folge hintereinander verschieden gefärbte und geformte Symbole entweder rechts oder links. Je nach Erscheinungsort und Art des Symbols sind vom Prüfling Hand- und Fußhebel zu bedienen. Dauer des Tests: 3 Minuten.

Test 4
Der Prüfling hat einen Kurzaufsatz zu schreiben; drei unterschiedliche Themen stehen dabei zur Wahl (in diesem Fall lautete eins der Themen: »Die Freiheit«).

Anhand der Testreihe positiv beurteilte Prüflinge wurden schließlich zu einem Einzelgespräch mit einem Wehrmachtpsychologen kommandiert.

Anlage 15

Die Osoaviachim

Bei der Osoaviachim handelt es sich um eine paramilitärische Massenorganisation mit folgenden Aufgaben:
1. vormilitärische Ausbildung, 2. militärische Ausbildung von ungedienten Männern und von Frauen, 3. Weiterbildung der Reservisten, 4. Luftschutz.
Die Osoaviachim unterstand vor dem Kriege einem Leiter im Generalsrang der Roten Armee und zählte im Jahre 1935 bereits nahezu 13 Millionen Mitglieder. Neben ihrer praktischen Ausbildungsarbeit sorgte sie mit einer Reihe reichbebilderter Fachzeitschriften für die Popularisierung von Waffenhandwerk, Waffentechnik und Wehrwillen. 1938 erschienen unter ihrer Schriftführung u. a. folgende Zeitschriften:
»Samolët« (Flugzeug), Monatsschrift für Luftfahrt-Sport und -Technik,
»Vorošilovskij Strelok« (Woroschilower Schütze), vierzehntägig erscheinende Zeitschrift für den Massen-Schießsport,
»Chimija i Oborona« (Chemie und Verteidigung), Monatsschrift für allgemein chemische, kriegs-chemische und Luftschutzarbeit,
»Radiofront« (Radiowesen), vierzehntägig erscheinende Zeitschrift für Radioliebhaberei und für die Sache »Radio«.
Die Osoaviachim entstand 1927 durch den Zusammenschluß der Gesellschaft zur Förderung der Landesverteidigung OSO (hervorgegangen aus der 1920 gegründeten »Militärwissenschaftlichen Gesellschaft WNO«) und dem »Aviachim«, einer Gesellschaft zur Pflege von Luftfahrt, Fallschirmspringerei und chemischer Kriegführung. Nach 1936 wurde auch die »Gesellschaft zur Unterstützung der Entwicklung des Automobilismus und zur Verbesserung des Wegenetzes – Avtodor« mit etwa 2 000 000 Mitgliedern angegliedert und mit an Sicherheit grenzender Wahrscheinlichkeit auch die »Gesellschaft der Radiofreunde«.

(Vgl.: 10 let Osoaviachim, in: Vorošilovskij Strelok, Moskau 1937, H. 3; Frey Rydeberg, C. Kempff und G. Gärdin, Rußlands Rüstung, Potsdam 1935, S. 23, 59 f.; Theodor Adamheit, Sowjetarmee und Weltrevolution, Berlin-Leipzig [6]1943, S. 144 ff.)

Anlage 16

Sowjetisches Funkgerät (Erläuterungen: S. 262)

Typen-Bezeichnung	Frequenz-Bereich	Zahl der		Kraft-
		Sender	Empf.	Sender
RAT	2500–12000	1	2	Benzinmotor 65 PS
3 A	425–750	1	1	Motor 2 PS
11 AK	2500–4500	1 z. 500 W 1 z. 20 W	1	2 Benzinmot. 6 PS, 1 Umf.
5 AK	3250–4750	1	1	Sammler Umformer
6 – PK oder RKR (bei Verlastung auf Tragtier)	3750–5250	1	1	Battr.
RB	1500–6000	1	1	Battr.
RRU	43000–46000	1 Sender-Empfänger (1 Kanalgerät)		Battr.
4 R (RBS)	43000–46000	1 Sender-Empfänger (1 Kanalgerät)		Battr.
71-TK-3	4000–5625	1	1	Sammler Umformer
45 – PK 45 – PK 1 45 – PS	155–12000	–	1	

-quellen Empf.	Bewegungsart	Verwendet bei	Bemerkungen
Sammler	Wahrscheinlich motorisiert	Frontstab	
	2 Lkw.	Korps	Verschwindet
Sammler	2 Lkw.	Armee – Div. (?)	Wird vermutlich durch neues Gerät ersetzt
Battr.	Pkw. oder Lkw. oder 4rädr. Wagen (Tatschanka). 2rädr. Karren, Tragtier	Div. – Rgt.	
Battr.	1 oder 2 Tragelasten	Rgt. – Btl.	Wird vermutlich durch Gerät RB ersetzt
Battr.	1 oder 2 Tragelasten	Rgt. – Btl.	In zwei Ausführungen, vermutlich Ersatz für 6 – PK
Battr.	1 Tragelast	Btl. – Komp.	Wird vermutlich ersetzt durch 4 R (RBS)
Battr.	1 Tragelast	Btl. – Komp.	Auch als Feldfernsprecher verwendbar. Vermutlich Ersatz für RRU
Sammler Umformer	Panzer	Panzerkampfwagen	Abarten 71-TK-1 71-TK-2 haben geringfügige Abweichungen
Sammler Umformer	–	Armee-Kurzwellenfunkstellen, auch für Schreibempfang	Die Typen unterscheiden sich durch geringfügige Abweichungen

Quelle: Die Kriegswehrmacht der UdSSR, Stand Dezember 1941, Teil 1, BA-MA, RHD 7/11,4.

Erläuterungen zu Anlage 16

Die Liste der Funkgeräte ist unvollständig. Insbesondere fehlt in ihr der Sender RAF, der zweifellos einer der meistgebrauchten Sender im Führungsbereich Frontstab – Armee – Korps – Divisionen (aufwärts) gewesen ist.

So gibt Kuročkin[1] als Funkmittelausstattung von Frontstäben im Sommer 1944 folgendes an:

1. Weißrussische Front: 3 RAT, 24 RAF, 14 RSB, 6 RB und RBM;

1. Ukrainische Front: 2 RAT, 23 RAF, 1 RSB, 4 RB und RBM.

Eine exakte Mitteilung über den Frequenzbereich des Senders RAF hat der Autor nicht finden können[2], doch lassen Horcherfahrungen und Angaben in der sowjetischen Literatur vermuten, daß er etwa von Mittelwelle 1500 kHz an aufwärts bis in den Kurzwellenbereich arbeiten konnte und u. a. für die Verbindungen: Armee zum Korps, Korps zur Division und Korps-Arko zum Div.-Arko benutzt wurde[3].

---

[1] Kuročkin, Svjaz' vo frontovych, S. 44.
[2] Die umfangreiche Sammlung sowjetischer Dienstvorschriften, welche vom OKH zusammengetragen worden ist und deren Verzeichnis sich im Bundesarchiv-Militärarchiv befindet, soll angeblich noch nicht aus ihrem Zwangsexil in den USA zurückgekehrt sein. In ihr befinden sich auch Ausrüstungsnachweise für Funkstellen.
[3] S. hierzu Horchergebnisse des NAZ 292: Funknetz der sowjetischen 33. Armee, oben S. 95 f.

Anlage 17

Auszug aus der Felddienstordnung der Roten Armee

Aus: Felddienstordnung der Roten Armee, Entwurf, hrsg. vom Volkskommissariat für die Verteidigung 1943, Kap. 4: Truppenführung, BA-MA, RHD 18/204.

Die Operationsgruppe ist eine vorübergehende Zusammenfassung zur Ausführung eines bestimmten Gefechtsauftrages. Mit ihrer Führung wird gewöhnlich der Stellvertreter des Oberbefehlshabers der Armee betraut. Der Stab der Operationsgruppe und die Nachrichtenmittel werden vom Stabe der Armee gestellt.

63. Zwecks Leitung des Gefechts wird bei jedem Truppenverband eine Nachrichtenverbindung der Führung und eine Nachrichtenverbindung für das Zusammenwirken eingerichtet.

Die Nachrichtenverbindung der Führung dient zur Weitergabe von Befehlen und Anordnungen von Vorgesetzten zu den Untergebenen und zur Entgegennahme von Meldungen. Sie wird vom Vorgesetzten zum Untergebenen auf dessen Befehl und mit den Nachrichtenmitteln des vorgesetzten Führers hergestellt. Das entbindet jedoch die unterstellten Führer nicht der Pflicht, mit allen ihnen zur Verfügung stehenden Mitteln zu versuchen, eine Nachrichtenverbindung mit ihrem Vorgesetzten herzustellen.

Die Nachrichtenverbindung für das Zusammenwirken dient zum Abstimmen der Kampfhandlungen der einzelnen Waffengattungen und der benachbarten Truppenverbände bei der Ausführung eines gemeinsamen Gefechtsauftrages.

Die Nachrichtenverbindung wird in der Regel von der Artillerie und Kavallerie zur Infanterie und von der Artillerie zur Kavallerie hergestellt. Doch wird dadurch die Infanterie (Kavallerie) nicht von der Verpflichtung entbunden, für die Aufrechterhaltung dieser Nachrichtenverbindung Sorge zu tragen.

Die Nachrichtenverbindung von Panzerverbänden (-einheiten) und Luftwaffe zu den Truppenverbänden, der Artillerie oder untereinander wird nach den Weisungen des das Zusammenwirken regelnden Armee-(Korps-)Stabes hergestellt.

Die Nachrichtenverbindung für das Zusammenwirken zwischen Nachbarn wird mit Mitteln des rechten Nachbarn zum linken hergestellt.

64. Die ununterbrochene Nachrichtenverbindung wird durch Anwendung verschiedener Nachrichtenmittel in jedem Abschnitt (Überlagerung der Nachrichtenverbindung) gewährleistet.
Von besonderer Bedeutung ist die Funkverbindung und der Dienst der Verbindungsoffiziere.
Die Stäbe müssen immer eine Reserve an Nachrichtenkräften und -mitteln zu ihrer Verfügung haben.

65. Die Funkverbindung ist das Hauptmittel der Führung bei allen Waffengattungen und bei allen Arten des Gefechts; bei der Luftwaffe und den Panzertruppen ist sie in der Regel sogar die einzige Art der Nachrichtenverbindung.
Die Funkverbindung gewährleistet eine ununterbrochene Führung in den schwierigsten Lagen und besonders beim Zusammenwirken der Truppen im Gefecht.
Geschickter Einsatz der Funkstellen durch die Stäbe ist von entscheidender Bedeutung für die Führung im Gefecht. Daher muß der Aufbau der Funkverbindung und die Verwendung derselben für die gesamte Dauer des Gefechts sorgfältig durchdacht werden.
Für jedes Gefecht und zuweilen auch für die einzelnen Gefechtsphasen müssen die Stäbe Funksignaltafeln aufstellen.
Jeder Truppenführer muß mit allen Mitteln dafür Sorge tragen, daß in jeder Lage eine Funkstelle bei ihm und beim Stabe ist.
Für die Errichtung einer unbedingt zuverlässigen Funkverbindung sind der Chef des Stabes und der Chef der Nachrichtentruppen verantwortlich.
Die Funkverbindung darf nicht verlorengehen.

66. Die Führung durch Funk wird mit Hilfe der Verschlüsselung durchgeführt. Funkgespräche sind nach Decknamenlisten, einer verschlüsselten Karte und einem Kartenbesteck für Offiziere zu führen. Eine einheitlich verschlüsselte Karte und die Decknamenliste für alle mit Funkgerät ausgestatteten, und zur Armee gehörenden Truppenverbände und -teile werden vom Armeestab ausgearbeitet.

Wenn es nicht möglich ist, andere Nachrichtenmittel während der Kampfhandlungen zu benutzen, werden im Laufe des Gefechts Befehle und Meldungen über gefaßte Entschlüsse durch Funk übermittelt: vom Armee-(Korps-)Netz aufwärts – doppelt verschlüsselt, vom Div.-Netz abwärts – durch einfachen Code. Das Recht zur Genehmigung oder Untersagung des Funkbetriebs haben die Chefs des Stabes von der Div. (Brigade) aufwärts.

67. Der Funkverkehr ist verboten während einer Umgliederung, während des Aufmarsches, während der Vorbereitung des Angriffs sowie in der Verteidigung, wenn eine zuverlässige Drahtverbindung vorhanden ist. In diesen Fällen erfolgt die Übermittlung von Meldungen und Informationen mit Hilfe anderer Nachrichtenmittel.
Aufklärungsteile (-einheiten) dürfen die Funkverbindung ohne jede Einschränkung benutzen.

68. Funken im Klartext ist zulässig:
- bei der Artillerie – für die Durchgabe von Kommandos zur Feuerleitung;
- bei der Luftwaffe – zur Leitung von Luftkämpfen, zur Durchgabe von Gefechtskommandos während des Fluges und bei Flugzeugunglücken oder Notlandungen; bei der Durchgabe von Meldungen vom Flugzeug aus über beobachtete Ziele, fdl. Truppenverschiebungen auf dem Gefechtsfeld und zur Feuerregelung des Art.-Feuers aus der Luft;
- bei Panzer- u. mot. Truppen bis zur Brigade einschl. – zur Durchgabe sämtlicher Kommandos im Gefecht;
- in Truppenverbänden und -teilen aller Waffengattungen von der Division abwärts – während des Gefechts, falls keine Möglichkeit besteht, andere Nachrichtenmittel zu benutzen oder wenn deren Benutzung oder die Verschlüsselung eine Verspätung von nach der Lage unaufschiebbaren Maßnahmen hervorrufen würde;
- bei Fliegerabwehr-Truppen – zur Durchgabe von Meldungen über Einflüge fdl. Flugzeuge sowie zum Heranführen eigener Jagdflieger an die fdl. Flugzeuge;
- für alle Truppenteile und -verbände – unter besonderen Umständen (plötzlicher Angriff von Panzer- und mot. Truppen

des Feindes); bei diesen Sendungen wird ein Kennwort zur Kennzeichnung der sendenden Funkstelle verwendet.

69. Während des Gefechts ist in der Armee (Korps) und Division (Brigade) das Senden im Klartext außerdem gestattet:
– bei Meldungen über den Eingang von Befehlen, den Angriffsbeginn, und das Erreichen der im Befehl festgesetzten Räume und Abschnitte;
– zur Anforderung von Art.-Feuer oder des Einsatzes von Fliegern und Panzerverbänden.

Beim Senden im Klartext werden die Nummern und Bezeichnungen der Truppenteile, die Dienstgrade der Führer und die Bezeichnungen von Geländepunkten verschlüsselt.

70. Zur Aufrechterhaltung einer unbedingt sicheren *Drahtverbindung* (Telegraf, Fernsprecher) sind erforderlich: Tarnung und pioniermäßiger Ausbau der Nachrichtenanlagen; Einrichtung eines tief gestaffelten Netzes von Ausweich- und vorgeschobenen Vermittlungen; Überwachung der Leitungen und technische Besichtigungen an Leitungen und Vermittlungen.

71. *Die Verbindung mit beweglichen Nachrichtenmitteln* ist bei allen Truppenteilen und -verbänden weitgehend als Ergänzung und häufig als Ersatz für die Draht- und Funkverbindung anzuwenden.

Als bewegliche Nachrichtenmittel werden eingesetzt: Flugzeuge, Kraftwagen, Kradmelder, Panzer, Panzerspähwagen, Motorschlitten, Skiläufer, Melder zu Pferde und zu Fuß, Motorboote, Boote, Draisinen und Hundegespanne.

72. *Führungszeichen* werden in der Hauptsache zur Benachrichtigung und zum Verbindunghalten beim Zusammenwirken angewandt. Sie werden vom Front-(Armee-, Korps-) oder Div.-(Brig.-)Stab festgelegt.

Fliegertücher zur Kennzeichnung der vordersten Linie werden ständig angewandt und von den Truppen auf Anforderung der Flieger ausgelegt. Sie sind einheitlich für alle Waffengattungen und werden vom Gen Stab der R. A. festgesetzt.

73. Die Ausführung eines jeden Gefechtsbefehls muß überprüft werden. Die Überprüfung der rechtzeitigen und genauen Ausführung von Befehlen und Anordnungen obliegt den Truppen-

führern und den Stäben. Indessen darf die Arbeit des Stabes dabei nicht unterbrochen werden. Auch die Bereitschaft der Nachrichtenmittel zur schnellen Durchgabe von Gefechtsbefehlen ist ständig zu überprüfen.

Erklärung dienstlicher Begriffe

Abhören:	Überwachen feindlicher Funk- und Fernsprechverkehre.
Arendt-Abteilung:	Im Ersten Weltkrieg eine einer Armee unmittelbar unterstellte Abteilung mit Trupps zur Überwachung des feindlichen Fernsprechverkehrs.
Arendt-Gerät:	Im Ersten Weltkrieg nach seinem Erfinder benanntes Gerät zur Überwachung des feindlichen Fernsprechverkehrs. Siehe auch: Lauschgerät.
Arendt-Trupp:	Im Ersten Weltkrieg Trupp zur Überwachung des feindlichen Fernsprechverkehrs. Siehe auch: Lauschtrupp.
Auswertung:	1. Sammeln von Erkenntnissen und Daten für die technische, taktische und operative Verwertung von Ergebnissen der Nachrichtenaufklärung, 2. Dienststelle, die sich mit diesem Sammeln und Verwerten befaßt, auch Auswertestelle oder Auswertungsstelle genannt.
Basis:	siehe Peilbasis.
Berichtigungssender:	Funksender zur Ausschaltung der Mißweisung der Peilstrahlen gegenüber der geographischen Lage.
Betriebsauswertung:	Sammeln von Erkenntnissen und Daten über die Abwicklung des feindlichen Funkbetriebs, d. h. über Wellen, Rufzeichen, Verkehrsarten, Verkehrszeiten und individuelle Eigentümlichkeiten von feindlichen Funkern.
Chiffrieren:	Verschlüsseln = Übertragen von Klartext in Geheimschrift. Weniger gebräuchlicher Ausdruck: Verziffern.
Dechiffrieren:	Entschlüsseln = Übertragung von Geheimschrift in Klartext nach vorhandenen Schlüsselunterlagen.
E-Dienst:	Entzifferung bei der deutschen Kriegsmarine.
Endauswertung:	Zusammenfassung der Ergebnisse von Betriebs-, Verkehrs-, Inhalts- und Peilauswertung.
Entzifferer:	Spezialist für das Entziffern von Geheimschriften = Kryptograph.
Entzifferung:	1. Einbruch in feindliche Geheimschriftverfahren und dadurch mögliche Übertragung von Geheimschrift in Klartext, 2. Dienststelle, die eine derartige Tätigkeit ausübt, d. h. deren Angehörige »entziffern«.

FENAK:	Fern-Nachrichtenaufklärungskompanie. Ab 1943 Bezeichnung für die Horchkompanie. Mobile Kompanie, die sich mit der Überwachung operativer und höherer logistischer Funkverkehre des Gegners befaßt. Auch Fernaufklärungskompanie genannt.
FENAST:	Fern-Nachrichtenaufklärungs-Stelle. Ab 1943 Bezeichnung für die Feste Horchstelle. Dienststelle, die sich mit der Überwachung von feindlichen Verkehren der höchsten Ebene befaßt. Auch Fernaufklärungsstelle genannt.
Fernaufklärung:	Beobachtung feindlicher Funkverkehre der operativen und höheren logistischen Ebene.
Fernmeldeaufklärung:	Sammelbegriff für die Beobachtung fremder Informationsübermittlungen jeglicher Art.
Feste Horchstelle:	Ortsgebundene Dienststelle für die Beobachtung fremder Funkverkehre auf höchster Ebene. Ab 1943 FENAST genannt.
Funkabwehr:	Beobachtung des Funkverkehrs der feindlichen Agenten und Widerstandsgruppen.
Funkbeschickung:	Überprüfung der geographisch richtigen Lage der Peilstrahlen mit Hilfe von Berichtigungssendern.
Funkempfangsstation:	Im Ersten Weltkrieg Station zum Beobachten von Funkverkehren.
Funkgespräch:	Sprechfunk = Sprechverkehr = über drahtlose Telephonie geführte Gespräche usw.
Funksicherungsstelle:	An die Grenze vorgeschobene Empfangs- und Peilstelle.
Funkspruch:	Auf dem Wege der drahtlosen Telegraphie mit Hilfe von Morsezeichen oder auch maschinell übermittelter Text.
Funktäuschung:	Täuschung des Gegners durch fingierte Funkverkehre.
Funküberwachung:	Beobachtung des *eigenen* Funkverkehrs, um Verstöße gegen die Funkdisziplin zu verhindern.
Horchempfänger:	Spezial-Aufnahmegerät für feindlichen Funkverkehr, insbesondere für Sprechfunkverkehr geeignet.
Horchen:	Überwachen feindlicher Funkverkehre.
Horchfunker:	Zum Überwachen feindlichen Funkverkehrs eingesetzter Funker – im Gegensatz zum Betriebsfunker, der eigenen Funkverkehr abwickelt.
Horchkompanie:	Siehe FENAK.
Inhaltsauswertung:	Auswertung des Inhalts feindlicher Funk- und Fernsprüche.
Kommandopeilung:	Mit Hilfe von Kommandosendern erteilte Weisungen an die Peiltrupps, die gleiche feindliche Funkstelle zu peilen.
Kommandosender:	Siehe Kommandopeilung.
Kryptographie:	Lehre über die Geheimschriften.
Kryptograph:	siehe Entzifferer.
Lauschdienst:	Beobachtung feindlicher Fernsprechverkehre.
Lauscherde:	Leitungsdraht mit Bodenstecker zur Aufnahme der Erdrückleitung feindlicher Fernsprech-Einfachleitungen.
Lauschgerät:	Siehe Arendt-Geräte.

Lauschtrupp:	Siehe Arendt-Trupp, in neuerer Zeit auch Drahtempfangstrupp genannt.
Marine B-Dienst:	(Beobachtungsdienst); Bezeichnung der Marine für ihre Funkaufklärung.
Nachrichtenaufklärung:	Beobachtung sowohl des feindlichen Funk- wie auch Fernsprechverkehrs.
Nachrichtennahaufklärung:	Beobachtung von feindlichen Funk- und Fernsprechverkehren im taktischen und Gefechtsführungs-Bereich.
Nahaufklärung:	Siehe Nachrichtennahaufklärung.
Nahaufklärungskompanie:	Kompanie, deren Aufgabe die Nahaufklärung ist. Seit Frühjahr 1942 in der Wehrmacht gebildet.
NANAK:	Bezeichnung für die Nahaufklärungskompanien seit Herbst 1943.
NATRU:	Nahaufklärungstrupp, als Ersatz für die NAZ (siehe dort) 1942/43 bei den Divisions-Nachrichtenabteilungen gebildete Trupps für die Nahaufklärung.
NAZ:	Von den Divisions-Nachrichtenabteilungen gebildete Nachrichten-Nahaufklärungszüge bis Frühjahr 1942.
Ortung:	Ermittlung des Standortes einer feindlichen Funkstelle durch Peilung. Begriff auch allgemein für Feststellung eines Standortes gebraucht.
Peilauswertung:	Zusammenfassung der Ergebnisse der Peiltrupps.
Peilbasis:	Strecke, auf der die drei Peiltrupps eines Kommandosenders eingesetzt sind.
Richtempfang:	Einstrahlige Peilung während des Ersten Weltkrieges (Richtempfangtrupp, Richtempfänger).
Schlüsseln:	Umsetzen eines Klartextes in Geheimschrift mit Hilfe vorhandener Schlüsselunterlagen (entsprechend: entschlüsseln, Schlüssler = Person, welche schlüsselt).
Schlüsseltrupp:	Trupp, bestehend aus Schlüsslern, die bei der Funkzentrale einer Funkeinheit in Zeiten mit starkem Verkehr beim Schlüsseln und Entschlüsseln eigener Funksprüche helfen.
Störsender:	Sender, die den Auftrag haben, feindliche Funkverkehre durch Dazwischenfunken auf deren Wellen zu stören.
Tonschreiber:	Erste Bezeichnung für ein 1943 in der Wehrmacht eingeführtes Bandaufnahmegerät, das insbesondere zum Ersatz von Dolmetschern bei Lauschtrupps eingesetzt wurde.
Verkehrsauswertung:	Ermittlung feindlicher taktischer und operativer Gliederungen mit Hilfe von durch Funküberwachung und Peilung gewonnenen Verkehrsbildern (Art der Kommunikation von Funkstellen, Rang ihrer Zueinanderordnung, ihre räumliche Verteilung).

Fachwörter der Kryptographie werden gesondert im Kapitel »Schlüsselsysteme unter besonderer Berücksichtigung der im Rahmen der Entzifferung der Nachrichtennahaufklärungskompanien gelösten russischen Verfahren« erläutert.

Abkürzungen
(s. auch Erklärung dienstlicher Begriffe)

Abt.	Abteilung
A. K.	Armeekorps
AOK	Armeeoberkommando
Art.	Artillerie
Aufkl.	Aufklärung
BA-MA	Bundesarchiv – Militärarchiv
Brig.	Brigade
B-Stelle	Beobachtungsstelle
Btl.	Bataillon
Div.	Division
d. R.	der Reserve
D. V. E.	etatmäßige Druckvorschrift
EK	Eisernes Kreuz
Ers.	Ersatz
Fallsch.	Fallschirm
F.Kp.	Funkkompanie
F. T.	Funkentelegraphie
Fu.St.	Funkenstation
g. geh.	geheim
GBRSS	Gruppe zur Gefechtsaufklärung mit Fernmeldemitteln
Gde.	Garde
Gef.St.	Gefechtsstand
Gen.Feldm.	Generalfeldmarschall
Gen.Kdo.	Generalkommando
Gen.Maj.	Generalmajor
GenStdH	Generalstab des Heeres
g.Kdos.	geheime Kommandosache
H.Dv.	Heeres-Druckvorschrift
H.Gr.	Heeresgruppe
H. K. K.	Höherer Kavallerie-Kommandeur
HKL	Hauptkampflinie
H. Nachr.W.	Heeresnachrichtenwesen
Inf.	Infanterie
Jäg.	Jäger
Kav.	Kavallerie
Kdr.	Kommandeur

Kfz. 2	kleiner oder leichter Fernsprech- bzw. Funk-Kraftwagen, 3 Sitze und Gerätekasten, offen
Kfz. 15	mittlerer geländegängiger Pkw., offen
Kfz. 17	mittlerer geländegängiger Pkw., kleiner Fernsprechbetriebs-, Funkbetriebs- oder Kabelmeß-Kraftwagen, geschlossener Aufbau (auf Basis Kfz. 15)
Kfz. 61	Fernsprechbetriebs- bzw. Funkbetriebskraftwagen, Fernschreib-, Peil- oder Verstärker-Kraftwagen, leichter geländegängiger Lkw. mit geschlossenem Aufbau, Einheits-Diesel
Kp., Komp.	Kompanie
Lt.	Leutnant
MB	Militärbezirk
mech.	mechanisiert
MG	Maschinengewehr
mob.	mobil
mot.	motorisiert
NA	Nachrichtenabteilung
Nachr.	Nachrichten
NEA	Nachrichtenersatzabteilung
Oberstlt.	Oberstleutnant
Offz.	Offizier
OHL	Oberste Heeresleitung
OKH	Oberkommando des Heeres
OKW	Oberkommando der Wehrmacht
Op.Abt.	Operationsabteilung
OQu	Oberquartiermeister
Pak	Panzerabwehrkanone
PO	peredowoj otdjel (Vorausabteilung)
Pz.	Panzer
R. D.	Reservedivision
Rgt.	Regiment
R. I. Br.	Reserve-Infanteriebrigade
Schtz.	Schützen
s. Qu.	sichere Quelle
S.R.	Schützenregiment
Stb	Stab
Ta	Tastverbindung (Funk)
Uffz.	Unteroffizier
Verb.	Verbindung
V.N.	Verläßliche Nachricht

Kurzbezeichnungen in den Führungsstäben des Heeres

I a	Führungsabteilung
I b	Quartiermeisterabteilung
I c	Feindaufklärung und Abwehr
O1	1. Ordonnanzoffizier

Quellen und Literatur

I. Ungedruckte Quellen

1. Bundesarchiv-Militärarchiv

RHD 7/11/4, Die Kriegswehrmacht der UdSSR, Stand Dezember 1941, Teil 1
RHD 18/204, Einzelnachrichten des Ic-Dienstes Ost, Nr. 34, vom 5. 9. 1944, Felddienstordnung der Roten Armee, Entwurf, hrsg. vom Volkskommissariat für die Verteidigung 1943

AOK 4

RH 20-4/671, Ic, Tätigkeitsbericht, 25. 5.–28. 11. 1941
RH 20-4/672, Ic, Anl. 3 zum Tätigkeitsbericht, Ausgehende Meldungen an Heeresgruppe und OKH, 22. 6.–1. 10. 1941
RH 20-4/681, Ic, Anl. 2 zum Tätigkeitsbericht, Eingegangene Meldungen, 22. 6.–26. 6. 1941
RH 20-4/682, Dass., 27. 6.–14. 7. 1941

AOK 9

RH 20-9/34, Gen.Kdo. VIII. Fl.K./Ia Nr. 1880/41 g. Kdos., 18. 6. 1941, Befehl für den ersten Einsatz im Fall »Barbarossa«
RH 20-9/248, Ic/A. O., Anl. II zum Tätigkeitsbericht, Feindnachrichtenblätter, 6. 7.–12. 9. 1941
RH 20-9/249, Dass., 14. 9.–30. 11. 1941

Pz.AOK 3 (Pz.Gr.Kdo. 3)

RH 21-3/v. 434, Ic, Anlagenband H Teil I zum Tätigkeitsbericht Nr. 2, Funklagemeldungen, 17. 3.–9. 8. 1941
RH 21-3/v. 597, Ia/ANafü, Nachr.Abt. 129 g. Kdos. Nr. 321/43, Ergebnisse der Nachrichten-Nahaufklärung während der Abriegelung des russischen Einbruchs südwestlich Kirow und der anschließenden Zurücknahme der Front in die »Pantherstellung«, 14. 9.–1. 10. 1943, vom 12. 10. 1943

Pz.AOK 4 (Pz.Gr.Kdo. 4)

RH 21-4/51, Ia, KTB Nr. 8, IV. Teil, 9. 1.–27. 4. 1942

RH 21-4/302d, Ic, Anl. 4 zum Tätigkeitsbericht, Feindnachrichtenblätter, 24. 3.–30. 6. 1943

RH 21-4/305, Ic, Anl. 2 zum Tätigkeitsbericht, Morgen- und Abendmeldungen, 1. 9.–31. 10. 1943

RH 21-4/306, Ic, Anl. 3 zum Tätigkeitsbericht, Morgen- und Abendmeldungen, 1. 11.–31. 12. 1943

Gen.Kdo. XX. A.K.

RH 24-20/12, Ia, Anl. C 1 zum KTB, Bd 2, Korpsbefehle, 22. 6.–31. 12. 1941

RH 24-20/17, Ia, Anl. C 3 zum KTB, Bd 3, Operationsakten, 1. 12.–31. 12. 1941

RH 24-20/73, Ic, Anl. zum Tätigkeitsbericht 1. 4.–23. 5. 1941, Feindbeurteilung sowie Zuweisung eines Kriegsberichter-Trupps, Mai 1941

292. Inf.Div.

RH 26-292/19, Ia, Anl. A, 6/b zum KTB, Ausgehende Fernsprüche, Funksprüche, Fernschreiben, II, 26. 10.–31. 12. 1941

RH 26-292/52, Ic, Feindlageberichte, 13. 5.–29. 12. 1941

RH 26-292/56, Ic, Gefangenenvernehmungen, 23. 6.–29. 12. 1941

RH 26-292/57, Ic, Beutepapiere, 28. 6.–30. 12. 1941

RH 26-292/61, Ic, NAZ-Meldungen, 22. 6.–31. 12. 1941

2. Bibliothek der Führungsakademie der Bundeswehr

Albert Praun, Eine Untersuchung über den Funkdienst des russischen, britischen und amerikanischen Heeres im Zweiten Weltkrieg vom deutschen Standpunkt aus (unter Mitarbeit von Kunibert Randewig), ungedr. Manuskript, im Auftrag der Historical Division, Headquarters, United States Army, Europe, 1950, P-038

3. Privatbesitz

a) NAZ-Auswertebehelf (292. Inf.Div.), g.Kdos., Abschriften
1. Sowjetischer Grund-Code PT 39a
2. Sowjetische Kriegsgliederungen
b) NAZ-Meldung (292. Inf.Div.), Feindlagekarte vor der Division April/Mai 1942, Abzeichnung
c) 2/NA 292, Liste verliehener Auszeichnungen von 1943 bis 1945
d) Sonderausweis für Angehörige der Nachrichtenaufklärung vom 6. 4. 1944, vom Februar 1945 und vom 14. 4. 1945

II. Deutsche Dienstvorschriften

Felddienst-Ordnung, Berlin 1887
Felddienst-Ordnung, Berlin 1900
D.V.E.Nr. 663, F.T.-Bestimmungen für das Landheer (F.T.L.), Berlin 1912, Neudruck 1916
D.V.Nr. 376, Vorschrift für den Infanterie-Fernsprechdienst vom 1. August 1914, Berlin 1914
Vorschriften für den Stellungskrieg für alle Waffen, hrsg. vom Chef des Generalstabes des Feldheeres, Teil 9: Nachrichtenmittel und deren Verwendung, vom 15. 12. 1917, Berlin 1917
H.Dv. 164, Unterrichtsbuch für die Fernsprechtechnik im Heere, Berlin 1930
H.Dv. 300/1, Truppenführung (T.F.), I. Teil, vom 17. 10. 1933, Berlin 1936
H.Dv. 300/2, Truppenführung (T.F.), II. Teil, 1934
H.Dv. 421, Der Nachrichtendienst im Reichsheer, vom 19. März 1922
H.Dv. 421/2, Ausbildungsvorschrift für die Nachrichtentruppe (A.V.N.), Heft 2. Die Nachrichtenverbindungen der oberen Führung (Einsatz der Nachrichtentruppe), vom 29. 6. 1938
H.Dv. 421/4a, Aufbau von Funkstellen (in den Anlagen: Stärkenachweis und Geräteausrüstung der verschiedenen Funktrupps), vom 10. 3. 1938
H.Dv. 421/4b, Funkbetrieb, 1940
H.Dv. 421/6c, Die Funkkompanie, vom 30. 9. 1937
H.Dv. 487, Führung und Gefecht der verbundenen Waffen (F. u. G.), Abschnitt XII–XVIII, vom 20. 6. 1923, Ausgabe Berlin 1927
H.Dv.g. 11, Die Wehrmachtsschlüssel, vom 27. 6. 1935
H.Dv.g. 17/1, Aufklärung durch Nachrichtenmittel, Heft 1. Die taktische und Gefechtsaufklärung durch Nachrichtenmittel (Funk- und Drahtaufklärung), vom 15. 3. 1938
H.Dv.g. 17/2, Aufklärung durch Nachrichtenmittel, Heft 2. Die operative Funkaufklärung, vom 25. 5. 1938
H.Dv.g. 26, Die russische Armee, 1933
H.Dv.g. 92, Handbuch für den Generalstabsdienst im Kriege, Teil I. u. II., abgeschlossen am 1. 8. 1939, Berlin 1939
D 915/1, Tornisterempfänger b, vom 21. 9. 1939
D 1041, Anleitung zum Tarnen des Nachrichtenverkehrs
D 1056/5, Merkblatt zur Bedienung des Funk-Horch-Empfängers »u« (FuHE u), vom 4. 6. 1940
D 1075/5, Merkblatt zur Bedienung des Ton-Schreibers c (Ton S.c), vom 23. 7. 1941
Merkblatt geh. 10 b/4, Die Nachrichtennahaufklärungskompanie, vom 24. 6. 1942

III. Literatur

Adamheit, Theodor, Sowjetarmee und Weltrevolution, Berlin, Leipzig ⁶1943 (1. Aufl. 1935)

Ahlfen, Hans v., und Hermann Niehoff, So kämpfte Breslau, Stuttgart 1976

Ammon, Fernsprecher und Fernschreiber, in: Die Technik im Weltkriege, S. 248–260

Andronikow, I. G., und W. D. Mostowenko, Die roten Panzer. Geschichte der sowjetischen Panzertruppen 1920–1960, hrsg. von F. M. v. Senger und Etterlin, München 1963 (russ. Orginalausgabe: Moskau 1958)

Antipenko, Nikolaj A., In der Hauptrichtung, Berlin (Ost) 1973 (russ. Originalausgabe: Moskau 1971)

Arnold, Wilhelm, Bericht an Fellgiebel über den Einsatz der Nachrichtentruppe in Stalingrad, in: Erich Fellgiebel. Meister operativer Nachrichtenverbindungen, S. 234–239

Die Aufzeichnungen des Generalmajors Max Hoffmann, hrsg. von Karl Friedrich Nowak, 2 Bde, Berlin 1929

Bagramjan, Ivan Ch., So begann der Krieg, Berlin (Ost) ²1979 (russ. Originalausgabe: Moskau 1971)

Balck, William, Entwicklung der Taktik im Weltkriege, Berlin 1920

Beachley, David R., Soviet Radio-Electronic Combat in World War II, in: Military Review, Bd 61 (1981), Nr. 3, S. 66–72

Befehl des Gewissens. Charkow, Winter 1943, hrsg. vom Bundesverband der Soldaten der Ehemaligen Waffen-SS e. V., Osnabrück 1976

Behrendt, Hans-Otto, Rommels Kenntnis vom Feind im Afrikafeldzug. Ein Bericht über die Feindnachrichtenarbeit, insbesondere die Funkaufklärung, Freiburg 1980 (= Einzelschriften zur militärischen Geschichte des Zweiten Weltkrieges, Bd 25)

Bernay, Alexander, Der Rahmen, sein Aufbau, seine Bedeutung für die Nachrichtenverbindungen der Division im Bewegungskrieg, Berlin 1926 (= Nachrichtendienst, H. 2)

Besymenski, Lew, Sonderakte Barbarossa. Dokumentarbericht zur Vorgeschichte des deutschen Überfalls auf die Sowjetunion – aus sowjetischer Sicht, Hamburg 1973

Bojko, I., Tyl zapadnogo fronta v pervye dni Otečestvennoj vojny (Die Etappe der Westfront in den ersten Tagen des Vaterländischen Krieges), in: Voenno-istoričeskij žurnal, 8. Jg (1966), H. 8, S. 15–26

Boldin, Ivan V., Stranicy žizni (Erinnerungen), Moskau 1961

Bonatz, Heinz, Die deutsche Marine-Funkaufklärung 1914–1945, Darmstadt 1970 (= Beiträge zur Wehrforschung, Bd 20/21)

Bonatz, Heinz, Seekrieg im Äther. Die Leistungen der Marine-Funkaufklärung 1939–1945, hrsg. im Auftrag des Arbeitskreises für Wehrforschung und der Bibliothek für Zeitgeschichte von Jürgen Rohwer, Herford 1981

Bose, Thilo v., Die Katastrophe des 8. August 1918, Oldenburg, Berlin 1930 (= Schlachten des Weltkrieges, Bd 36)

Brandt, Wim, Die Nachrichtenmittel und der Rundfunk im Chacokriege, in: Militär-Wochenblatt, 120. Jg (1936), Nr. 39, Sp. 1759–1769

Brixen gen. v. Hahn, v., Taktik der Kavallerie. 1897, in: Löbell's Jahresberichte über die Veränderungen und Fortschritte im Militärwesen, 24. Jg (1897), Berlin 1898, S. 340–366, Sonderdruck

Bychelberg, Georg, Kamerad Funker. Geschichte und Einsatz des Nachrichtenwesens, Berlin 1940 (Kleine Wehrmachtbücherei)

Carell, Paul, Unternehmen Barbarossa. Der Marsch nach Rußland, Frankfurt a. M., Berlin 1963

Carell, Paul, Verbrannte Erde. Schlacht zwischen Wolga und Weichsel, Frankfurt a. M., Berlin 1966

Chauvin, v., Organisation der elektrischen Telegraphie in Deutschland für die Zwecke des Krieges mit einer Übersichts-Skizze des in Frankreich 1870/71 ausgeführten Kriegstelegraphennetzes, Berlin 1884

Čikin, V., Razvedka sredstvami svjazi (Aufklärung mit Nachrichtenmitteln), in: Voenno-istoričeskij žurnal, 20. Jg (1978), H. 6, S. 87–89

Čikin, V., Razvedka v operacijach 16-j armii (Aufklärung im Zuge der Operationen der 61. Armee), in: Voenno-istoričeskij žurnal, 21. Jg (1979), H. 10, S. 53–58

Das Deutsche Reich und der Zweite Weltkrieg, Bd 4: Jürgen Förster u. a., Der Angriff auf die Sowjetunion, Stuttgart 1983

Dufais, Wilhelm v., Das militärische Nachrichtenwesen. Was muß der Offizier anderer Waffen von der Nachrichtentruppe wissen? Berlin 1932

Der Durchbruch der Schützenverbände durch eine vorbereitete Verteidigung. Nach Erfahrungen des Großen Vaterländischen Krieges der Sowjetunion 1941–1945, hrsg. von der Militärakademie M. W. Frunse, Berlin (Ost) 1959

Die englischen Flottenmanöver 1901, in: Marine-Rundschau, 12. Jg (1901), H. 10, S. 1133–1163

Die Entwicklung der Taktik der Sowjetarmee im Großen Vaterländischen Krieg, hrsg. von der Militärakademie M. W. Frunse, Berlin (Ost) 1961 (Originalausgabe: Moskau 1958)

Erich Fellgiebel. Meister operativer Nachrichtenverbindungen. Ein Beitrag zur Geschichte der Nachrichtentruppe, hrsg. von Karl Heinz Wildhagen, Selbstverlag 1970

Erlau, Peter, Flucht aus der weißen Hölle. Erinnerungen an die große Kesselschlacht der 1. Panzerarmee Hube im Raum um Kamenez-Podolsk vom 8. März bis 9. April 1944, Stuttgart 1964

Esau, A., Der Empfang von Sendern verschiedener Arbeitsweise und die dabei auftretenden Schwierigkeiten, in: Radio für Alle. Unabhängige Zeitschrift für Radiotechnik und Radiosport, Bd 1, Stuttgart 1924, S. 213–215

Farago, Ladislas, Codebrecher am Werk. Trotzdem kam es zu Pearl Harbor, Berlin 1967

Fellgiebel, Erich, Die Schwierigkeiten für die Nachrichtenverbindungen vorausgesandter Heereskavallerie (2. Kav.-Korps, Herbst 1914), in: Die F-Flagge, 8. Jg (1932), S. 130–133

Fellgiebel, Erich, Verwendung von Nachrichtenmitteln im ersten Kriegsjahr und Lehren daraus für heute, in: Militär-Wochenblatt, 119. Jg (1935), Nr. 34, Sp. 1331–1336

Fernsprechbetrieb ohne Draht, in: Kriegstechnische Zeitschrift, 4. Jg (1901), S. 383

Forbes, C. S., Garibaldi's Feldzug in Beiden Sicilien, Leipzig 1861

Forstmeier, Friedrich, Odessa 1941. Der Kampf um Stadt und Hafen und die Räumung der Seefestung, 15. August bis 16. Oktober 1941, Freiburg 1967 (= Einzelschriften zur militärischen Geschichte des Zweiten Weltkrieges, Bd 1)

Die französischen Flottenmanöver im Jahre 1901 (gez. M.), in: Marine-Rundschau, 12. Jg (1901), H. 9, S. 1002–1020

Fricke, Gert, »Fester Platz« Tarnopol 1944, Freiburg 1969 (= Einzelschriften zur militärischen Geschichte des Zweiten Weltkrieges, Bd 4)

Fuller, J. F. C., Erinnerungen eines freimütigen Soldaten, Berlin 1937

Die Funkaufklärung und ihre Rolle im Zweiten Weltkrieg, hrsg. von Jürgen Rohwer und Eberhard Jäckel, Stuttgart 1979

Gersdorff, Ursula v., Frauen im Kriegsdienst, Stuttgart 1969 (= Beiträge zur Militär- und Kriegsgeschichte, Bd 11)

Geschichte des Großen Vaterländischen Krieges der Sowjetunion, 6 Bde, Berlin (Ost) 1962–1968

Geyer, Hermann, Das IX. Armeekorps im Ostfeldzug 1941, hrsg. von Wilhelm Meyer-Detring, Neckargemünd 1969 (= Die Wehrmacht im Kampf, Bd 46)

Gill, E. W. B., War, Wireless and Wangels, Oxford 1934

Goltz, Colmar Frhr. v. d., Das Volk in Waffen. Ein Buch über Heerwesen und Kriegführung unserer Zeit, 5. umgearb. und verb. Aufl., Berlin 1899

Grankin, V., Očenka radioélektronnoj obstanovki (Die Einschätzung der Radarlage), in: Voennyj vestnik, Jg 1976, Nr. 4, S. 113–118

Grankin, V., und V. Zmievskij, Iz istorii radioėlektronnoj bor'by (Aus der Geschichte des funkelektronischen Kampfes), in: Voenno-istoričeskij žurnal, 17. Jg (1975), H. 3, S. 82–88

Graziani, Rodolfo, Somali-Front. Mit einem Vorwort von Benito Mussolini, München 1940

Gröhler, Olaf, Zur Einschätzung der Roten Armee durch die faschistische Wehrmacht im ersten Halbjahr 1941, dargestellt am Beispiel des AOK 4, in: Zeitschrift für Militärgeschichte, 7. Jg (1968), S. 724–738

Guderian, Heinz, Erinnerungen eines Soldaten, Heidelberg 1950

Günther, Hanns (d. i. W. de Haas), Radiotechnik. Das Reich der elektrischen Wellen, Stuttgart 1921

Guillaume, Augustin, Warum siegte die Rote Armee? Baden-Baden 1950

Haupt, Werner, Heeresgruppe Nord 1941–1945, Bad Nauheim 1967

Heereseinteilung 1939. Gliederung, Standorte und Kommandeure sämtlicher Einheiten und Dienststellen des Friedensheeres am 3. 1. 1939 und die Kriegsgliederung vom 1. 9. 1939, hrsg. von Generalleutnant a. D. Friedrich Stahl, Bad Nauheim 1954

Die Heeresnachrichtenschule im neuen Standort Halle, in: Militär-Wochenblatt, 120. Jg (1935), Sp. 366–367

Helmdach, Erich, Überfall? Der sowjetisch-deutsche Aufmarsch 1941, Neckargemünd 1975

Hepp, Leo, Die Funkaufklärung. Ein Teilgebiet des Wellenkrieges, in: Wehrwissenschaftliche Rundschau, 6. Jg (1956), S. 285–298

Hepp, Leo, Funktäuschung. Ein Hilfsmittel der operativen Führung, in: Wehrwissenschaftliche Rundschau, 4. Jg (1954), S. 116–123

Hoff, Ferdinand, Erlebnis und Besinnung. Erinnerung eines Arztes, Frankfurt a. M., Berlin, Wien 1980

Hoth, Hermann, Panzer-Operationen. Die Panzergruppe 3 und der operative Gedanke der deutschen Führung Sommer 1941, Heidelberg 1956 (= Die Wehrmacht im Kampf, Bd 11)

Irving, David, Rommel. Eine Biographie, Hamburg 1978

Iwanow, A. N., Kurze Zusammenstellung über die russische Armee, Berlin 1929

Iwanow, A. N., Kurze Zusammenstellung über die russische Armee, 2. völlig umgearb. Aufl., Berlin 1937

Kahn, David, The Codebreakers. The Story of Secret Writing, New York 1968

Kahn, David, Fernmeldewesen, Chiffriertechniken und Nachrichtenaufklärung in den Kriegen des 20. Jahrhunderts, in: Funkaufklärung und ihre Rolle im Zweiten Weltkrieg, S. 17–47

Kasakewitsch, Emanuel, Frühling an der Oder, Berlin (Ost) [4]1953

Kehrig, Manfred, Stalingrad. Analyse und Dokumentation einer Schlacht, Stuttgart 1974 (= Beiträge zur Militär- und Kriegsgeschichte, Bd 15)

Kleinschroth, Heinrich, Funkverbindungen im Heer, in: Wehrwissenschaftliche Rundschau, 3. Jg (1953), S. 71–78

Kondratjew, Sachar Iwanowitsch, Straßen des Krieges, Berlin (Ost) 1981

Krafft v. Dellmensingen, Konrad, Der Durchbruch am Isonzo, Teil I: Die Schlacht von Tolmein und Flitsch (24. bis 27. Oktober 1917), Oldenburg, Berlin 1926 (= Schlachten des Weltkrieges, Bd 12 a)

Krupennikov, A., Severo-zapadnee Bresta, in: Voenno-istoričeskij žurnal, 8. Jg (1966), H. 6, S. 29–35

Kuročkin, P., Svjaz' vo frontovych nastupatel'nych operacijach Velikoj Otečestvennoj vojny (Nachrichtenwesen bei den Angriffsoperationen des Großen Vaterländischen Krieges), in: Voenno-istoričeskij žurnal, 7. Jg (1965), H. 7, S. 35–45

Lewin, Ronald, Entschied Ultra den Krieg? Die alliierte Funkaufklärung im 2. Weltkrieg, hrsg. und mit einem Vorwort versehen von Jürgen Rohwer, Bonn 1981

Litzmann, Karl, Lebenserinnerungen, 2 Bde, Berlin 1927 und 1928

Lochner, Reinhard K., Die Kaperfahrten des kleinen Kreuzers Emden. Tatsachenbericht, München 1979

v. Löbells Jahresberichte über das Heer- und Kriegswesen, 40. Jg (1913), hrsg. von v. Voß, Berlin 1913

Ludendorff, Erich, Meine Kriegserinnerungen 1914–1918, Berlin 1919

Mäkelä, Jukka L., Im Rücken des Feindes. Der finnische Nachrichtendienst im Krieg, Frauenfeld und Stuttgart 1967

Manstein, Erich v., Verlorene Siege, Frankfurt a. M. 1969

Mehrfachtelegraphie ohne Draht, in: Marine-Rundschau, 12. Jg (1901), S. 233 f.

Melzer, Walther, Geschichte der 252. Infanterie-Division 1939–1945, Bad Nauheim 1960

Meydam, Wilhelm, Auf Aufklärungseskadron, in: Zur Geschichte der Nachrichtentruppe, S. 147–170

Meyer-Detring, Wilhelm, Die 137. Infanteriedivision im Mittelabschnitt der Ostfront, Petzenkirchen/N. Ö. (Selbstverlag) 1962

Moltkes Militärische Korrespondenz. Aus den Dienstschriften des Krieges 1870/71, hrsg. vom Großen Generalstabe, Abteilung für Kriegsgeschichte, Berlin 1897 (= Moltkes Militärische Werke, I, 3. Theil)

Moskalenko, K. S., In der Südwestrichtung, Berlin (Ost) 1975

Mügge, Karl-Albert, Die operativen Fernmeldeverbindungen des deutschen Heeres 1939, in: Erich Fellgiebel. Meister operativer Nachrichtenverbindungen, S. 37–104

Mühlmann, Carl, Das deutsch-türkische Waffenbündnis im Weltkriege, Leipzig 1940

Müller-Hillebrand, Burkhart, Das Heer 1933–1945, Bd II: Die Blitzfeldzüge 1939–1941, Frankfurt a. M. 1956

Nachrichten-Fibel, 10. Aufl., Berlin o. J.

Nekritsch, Alexander und Pjotr Grigorenko, Genickschuß. Die Rote Armee am 22. Juni 1941, Wien, Frankfurt, Zürich 1969

Neuburger, Albert, Chiffriermaschinen, in: Ullsteins Rundfunkführer für das Jahr 1925, Berlin 1924, S. 170–172

Nitz, Günther, Die 292. Infanterie-Division, Berlin 1957

Österreich-Ungarns letzter Krieg 1914–1918, hrsg. vom Österreichischen Bundesministerium für Heereswesen und vom Kriegsarchiv, Bd 2: Das Kriegsjahr 1915. Erster Teil: Vom Ausklang der Schlacht bei Limanowa-Łapanów bis zur Einnahme von Brest-Litowsk, Wien 1931

Palij, A., Radioêlektronnaja bor'ba v chode vojny (Funkelektronischer Kampf während des Krieges), in: Voenno-istoričeskij žurnal, 19. Jg (1977), H. 5, S. 10–19

Peresypkin, I. T., Sovetskie svjazisty Velikoj Otečestvennoj vojne (Sowjetische Nachrichtentruppen im Großen Vaterländischen Krieg), Moskau 1965

Der polnisch-sowjetrussische Krieg 1918–1920, hrsg. vom Generalstab des Heeres, Bd 1, Berlin 1940

Platov, V. V. Èto bylo na Buge (Das war am Bug), Moskau 1966

Praun, Albert, Erich Fellgiebel, der Meister operativer Nachrichten-Verbindungen, in: Erich Fellgiebel. Meister operativer Nachrichtenverbindungen, S. 18–36

Praun, Albert, Soldat in der Telegraphen- und Nachrichtentruppe, Würzburg (Selbstverlag) 1965

Randewig, Kunibert, Die deutsche Funkaufklärung in der Schlacht bei Tannenberg, in: Wissen und Wehr, 13. Jg (1932), S. 128–141

Randewig, Kunibert, 50 Jahre Deutsche Heeres-Funk-, Nachrichten- und Fernmelde-Aufklärung. Ein Rückblick auf ihre organisatorische Entwicklung, in: Wehrwissenschaftliche Rundschau, 14. Jg (1964), S. 615–621 und S. 685–693

Randewig, Kunibert, Organisatorische Entwicklung der Nachrichtentruppe im Weltkriege, in: Zur Geschichte der Nachrichtentruppe, S. 94–124

Randewig, Kunibert, Die sowjetrussische Funktäuschung in der Schlacht von Tscherkassy, in: Allgemeine Schweizerische Militärzeitschrift, 1953, S. 429–437

Randewig, Kunibert, Taktische Funkpeilung, in: Wehrtechnische Hefte, 52. Jg (1955), S. 104–110

Rokossowski, K. K., Soldatenpflicht. Erinnerungen eines Frontoberbefehlshabers, Berlin (Ost) 1973

Ronge, Max, Kriegs- und Industrie-Spionage. Zwölf Jahre Kundschaftsdienst, Zürich, Leipzig, Wien 1930

Rydeberg, Frey, C. Kempff und G. Gärdin, Rußlands Rüstung, Potsdam 1935

Salzmann, Major, Bilder vom Kriegsschauplatz in Mesopotamien, in: Zur Geschichte der Nachrichtentruppe, S. 194–197

Sandalov, Leonid Michajlovič, Oboronitelnaja operacija 4-j armii v načalnyj period vojny (Die Verteidigungsoperation der 4. Armee in der Anfangsperiode des Krieges), in: Voenno-istoričeskij žurnal, 13. Jg (1971), H. 7, S. 18–28

Sandalov, L. M., Perežitoe (Erlebtes), Moskau 1966

Seeck, Günter, Taschenbuch für den Fernmeldedienst, 7. Folge, Darmstadt 1973

Schlauch, Wolfgang, Rüstungshilfe der USA an die Verbündeten im Zweiten Weltkrieg, Darmstadt 1967 (= Beiträge zur Wehrforschung, Bd 13)

Schmid, Carl, Die deutschen Nachrichtentruppen auf dem ägyptischen und türkischen Kriegsschauplatz, in: Zur Geschichte der Nachrichtentruppe, S. 198–214

Schmid, Hugo, Taktische Tagesfragen mit Rücksicht auf die Erfahrungen im russisch-japanischen Kriege, Wien 1907

Schott, Generalmajor a. D., Geschichtlicher Überblick über die Entwicklung unserer Truppe, in: Zur Geschichte der Nachrichtentruppe, S. 25–93

Shukow, G. K., Erinnerungen und Gedanken, 2 Bde, 5. überarb. und erw. Aufl., Berlin (Ost) 1976

Siemens, Werner v., Lebenserinnerungen, Leipzig 1943

Ssemenow, Wladimir, Die Schlacht bei Tsuschima, Berlin 1907

Stavenhagen, Willibald, Verkehrs-, Beobachtungs- und Nachrichten-Mittel in militärischer Beleuchtung, Berlin 1896

Steuber, Werner, »Jildirim«. Deutsche Streiter auf heiligem Boden, Berlin 1924 (= Schlachten des Weltkrieges, Bd 4)

Stosch, Albrecht v., Somme Nord. I. Teil: Die Brennpunkte der Schlacht im Juli 1916, Oldenburg, Berlin 1927 (= Schlachten des Weltkrieges, Bd 20)

Stoves, Rolf, 1. Panzer-Division 1935–1945. Chronik einer der drei Stamm-Divisionen der deutschen Panzerwaffe, Bad Nauheim 1961

Die Streitkräfte der UdSSR. Abriß ihrer Entwicklung von 1918 bis 1968 (Autorenkollektiv), Berlin (Ost) 1974

Strutz, Georg, Die Tankschlacht bei Cambrai 20.–29. November 1917, Oldenburg, Berlin 1929 (= Schlachten des Weltkrieges, Bd 31)

Die Technik im Weltkriege. Unter Mitwirkung von 45 technischen und militärischen fachwissenschaftlichen Mitarbeitern hrsg. von M. Schwarte, Berlin 1920

Die Telegraphie ohne Draht, in: Kriegstechnische Zeitschrift, 1. Jg (1898), S. 30–37

Tippelskirch, Kurt v., Geschichte des Zweiten Weltkrieges, 2. neu bearb. Aufl., Bonn 1956

Trotzki, Leo D., Mein Leben. Versuch einer Autobiographie, Berlin 1930

Der Weltkrieg 1914 bis 1918, bearb. im Reichsarchiv. Die militärischen Operationen zu Lande, Bd 2: Die Befreiung Ostpreußens, Berlin 1925

Werther, Waldemar, Die Entwicklung der deutschen Funkschlüsselmaschinen: Die »Enigma«, in: Funkaufklärung und ihre Rolle im Zweiten Weltkrieg, S. 50–65

Wildhagen, Karl Heinz, Erich Fellgiebel, Charakterbild und Leistung, in: Erich Fellgiebel. Meister operativer Nachrichtenverbindungen, S. 174–215

10 let Osoaviachim (Zehn Jahre Osoaviachim), in: Vorošilovskij Strelok, Moskau 1937, H. 3

Zur Geschichte der Nachrichtentruppe 1899–1924, Bd 1, hrsg. von Fritz Thiele, Berlin 1925

Die Zitate aus Bojko, Boldin, Krupennikov, Kuročkin, Peresypkin, Platov und Sandalov wurden aus dem Russischen übertragen von V. D. Heydorn.

Einzelschriften zur militärischen Geschichte des Zweiten Weltkrieges. Herausgegeben vom Militärgeschichtlichen Forschungsamt.

Das Militärgeschichtliche Forschungsamt gibt seit 1967 in dieser Paperbackreihe Arbeiten zu aktuellen und grundsätzlichen Problemen des Zweiten Weltkrieges heraus. Gestützt auf amtliches Quellenmaterial, ergänzt durch mündliche und schriftliche Befragungen und einschlägige Literatur, werden hier politische und militärische Einzelaspekte und Fälle, Bausteine für spätere umfassende Gesamtdarstellung, kritisch und in größtmöglicher Konzentration behandelt.
Die einzelnen Bände sind thematisch und methodisch unterschiedlich angelegt: Von der streng sachlichen Analyse des Fachhistorikers über die Problemskizze bis zum Erlebnisbericht eines wichtigen Zeugen wechseln Enge und Weite der Fragestellung und wechselt gleichermaßen auch der Blick auf Zeitabschnitte, Schauplätze und Personen. Allen Untersuchungen gemeinsam ist das Bestreben, an exemplarischen Punkten tiefer in die komplizierten und komplexen Vorgänge des Zweiten Weltkrieges einzudringen. Dokumente, Kriegsgliederungen und Skizzen vervollständigen jeden Band.

Band 5: Albert Merglen: Geschichte und Zukunft der Luftlandetruppen (aus dem Französischen). Freiburg: Rombach 1977. 2. Auflage. 175 Seiten, 25 Kartenskizzen, kart. 14 DM (ISBN 3-7930-164-4).

Band 7: Herbert Schindler: Mosty und Dirschau 1939. Zwei Handstreiche der Wehrmacht vor Beginn des Polenfeldzugs. Freiburg: Rombach 1972. 2., unveränderte Auflage. 168 Seiten, geb. 13 DM (ISBN 3-7930-051-2).

Band 14: Joachim Hoffmann: Deutsche und Kalmyken 1942 bis 1945. Freiburg: Rombach 1977. 3. Auflage (^{1}1973, ^{2}1974). 214 Seiten, 3 Abb., kart. 9 DM (ISBN 3-7930-0173-3

Band 15: Rolf Elble: Die Schlacht an der Bzura im September 1939 aus deutscher und polnischer Sicht. Freiburg: Rombach 1975. 1. Auflage. 266 Seiten, 5 Kartenskizzen, kart. 10 DM
(ISBN 3-7930-0174-1).

Band 17: Klaus A. Maier: Guernica, 26. April 1937. Die deutsche Intervention und der Fall Guernica. Freiburg: Rombach 1977. 1. Auflage. 176 Seiten, 1 Kartenskizze, kart. 10 DM
(ISBN 3-7930-0176-8).

Band 18: Hans-Joachim Lorbeer: Westmächte gegen die Sowjetunion 1939 bis 1941. Freiburg: Rombach 1975. 1. Auflage. 143 Seiten, kart. 10 DM (ISBN 3-7930-0177-6).

Band 19: Joachim Hoffmann: Die Ostlegionen 1941 bis 1943. Freiburg: Rombach 1976. 1 Auflage. 197 Seiten, 2 Abbildungen, kart. 10 DM
(ISBN 3-7930-0178-4).

Band 20: Heinz Magenheimer: Abwehrschlacht an der Weichsel 1945. Vorbereitung, Ablauf, Erfahrungen. Freiburg: Rombach 1976. 1. Auflage. 160 Seiten, 6 Kartenskizzen, kart. 12 DM
(ISBN 3-7930-0179-2).

Band 21: Adalbert von Taysen: Tobruk 1941. Der Kampf in Nordafrika. Freiburg: Rombach 1976. 1. Auflage. 360 Seiten, 5 Kartenskizzen, kart. 20 DM
(ISBN 3-7930-0180-6).

Band 22: Hans Wegmüller: Die Abwehr der Invasion. Die Konzeption des Oberbefehlshabers West 1940–1944. Freiburg: Rombach 1979. 1. Auflage. 316 Seiten, 15 Skizzen, geb. 17 DM
(ISBN 3-7930-0181-4).

Band 23: Bertil Stjernfelt/Klaus-Richard Böhme: Westerplatte 1939. Freiburg: Rombach 1979. 1. Auflage. 144 Seiten, 23 Fotos, 10 Skizzen, geb. 13 DM (ISBN 3-7930-0182-2).

Band 25: Hans-Otto Behrendt: Rommels Kenntnis vom Feind im Afrikafeldzug. Freiburg: Rombach 1980. 1. Auflage. 350 Seiten, Abbildungen, geb. 24 DM (ISBN 3-7930-0184-9).

Band 26: Hans Meier-Welcker: Aufzeichnungen eines Generalstabsoffiziers 1939–1942. Freiburg: Rombach 1982. 1. Auflage. 240 Seiten, 2 Kartenskizzen, geb. 18 DM (ISBN 3-7930-0185-7).

Band 27: Joachim Hoffmann: Geschichte der Wlassow-Armee. Freiburg: Rombach 1984. 1. Auflage, 488 Seiten, 32 DM (ISBN 3-7930-0186-5).